全国高职高专**学前教育专业**系列规划教材

学前儿童数学教育

庄爱平　　编著

化学工业出版社

·北京·

学前儿童数学教育是学前教育专业的一门专业性课程，该课程的主要任务是培养具有一定的学前数学教育专业理论和专业能力的幼儿教师。与此相对应的，本课程的内容分为基本理论模块和基本实践模块两大部分。基本理论模块包括学前儿童数学教育的性质、认知数学的特点、目标和内容、途径、方法和组织形式、设计和组织五个项目。基本实践模块包括学前儿童感知集合的教学、感知10以内初步数概念的教学、感知10以内加减运算的教学、感知量概念的教学、感知形体概念的教学、感知方位和时间概念的教学六个项目。这些是作为一名合格的幼儿教师从事学前儿童数学教育所必须学习的基本内容，也是经过长期的实践证明的、能够完成本课程任务的有效内容。

图书在版编目（CIP）数据

学前儿童数学教育／庄爱平编著．—北京：化学工业出版社，2015.1（2025.8重印）
全国高职高专学前教育专业系列规划教材
ISBN 978-7-122-22485-9

Ⅰ．①学⋯　Ⅱ．①庄⋯　Ⅲ．①学前儿童－数学教学－教材　Ⅳ．①G613.4

中国版本图书馆 CIP 数据核字（2014）第 287540 号

责任编辑：王　可　蔡洪伟　于　卉　　　　　　　装帧设计：张辉
责任校对：边　涛

出版发行：化学工业出版社（北京市东城区青年湖南街 13 号　邮政编码 100011）
印　　装：北京天宇星印刷厂
787mm×1092mm　1/16　印张14　字数320千字　2025年8月北京第1版第10次印刷

购书咨询：010-64518888　　　　　　　　　售后服务：010-64518899
网　　址：http://www.cip.com.cn
凡购买本书，如有缺损质量问题，本社销售中心负责调换。

定　　价：28.00元

前　言

　　坚持"以服务为宗旨、以就业为导向"的职业教育办学方针，要求我们的课程建设应把培养学生具有较高的能力作为一项重要的任务来对待。学前儿童数学教育作为学前教育专业的一门技能课程，理应把培养学生具有从事幼儿数学教育所应掌握的基本的学科理论和较高的学科能力作为自己的目标追求。

　　本书的编著力求体现《幼儿园教育指导纲要（试行）》和《3～6岁儿童学习和发展指南》的基本精神，反映国家对高职高专院校教育教学的基本要求。在内容上分为基本理论模块和基本实践模块两部分。基本理论模块的编写以"够用"为原则，基本实践模块的编写以突出对学生实践能力的培养为特色。基本理论模块包括学前儿童数学教育的性质、认知数学的特点、目标和内容、途径、方法和组织形式、设计和组织五个项目。这些项目是本学科必须掌握的基本理论知识。基本实践模块包括学前儿童感知集合的教学、感知10以内数概念的教学、感知10以内加减运算的教学、感知量概念的教学、感知形体概念的教学、感知方位和时间概念的教学六个项目。设计这些项目的主要目的是培养学生设计、组织和评价数学教育各内容的实践能力。在两个模块中，设计了大量的实训项目，目的在于通过大量的实训活动，提高学生的实践能力，加强对所学基本知识的理解，达到理论和实践的有机结合。对于这些实训项目，在具体教学中，可以根据学生的实际情况灵活选择和处理。

考虑到学生的实际和本学科教学对于逻辑性的要求，力求遵循各内容内在的逻辑性，展示其教学的基本过程，为学生的学习提供基本的过程模式。当然，这些模式不是固定不变的，在幼儿园的实际教学和在校学生具体活动计划的设计中，可灵活掌握和运用。

　　本书主要的使用对象是幼专和高职高专学前教育专业的学生，也可作为幼儿师范学校、本科学前专业学生以及其他旨在培养学生实践能力的培训机构的教学参考用书。同时，还可成为广大幼儿园教师学习和培训的用书。

　　由于水平有限，加之资料的搜集所限，书中不妥之处在所难免，敬请读者和专家批评、指正。

　　化工出版社的编辑们为本书进行了精心的设计和编辑，对于他们认真的工作态度，在此表示由衷的敬佩和感谢！

庄爱平

2014年10月

目 录
contents

模块一　学前儿童数学教育的基本理论

模块二 学前儿童数学教学的基本实践

模块一

学前儿童数学教育的基本理论

模块任务

1. 理解并初步掌握学前儿童数学教育的性质。
2. 明确学前儿童数学教育的价值。
3. 初步掌握学前儿童认知数学的特点。
4. 初步掌握学前儿童数学教育的目标和内容。
5. 初步掌握学前儿童数学教育的途径、方法和组织形式。
6. 初步掌握学前儿童数学教育的设计和组织。

基本结构

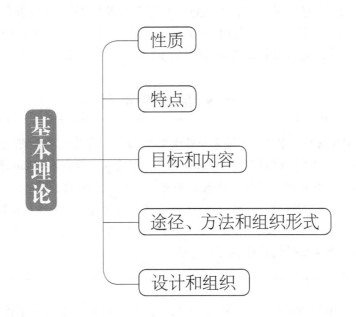

项目一
学前儿童数学教育的性质

任务一 初步掌握学前儿童数学教育的性质

学前儿童数学教育是指在教师的指导下，学前儿童在与周围环境的相互作用中，通过自身的建构活动，获得早期数学素质的过程。

学前儿童数学教育既是一种教的过程，也是一种学的过程，更是一种学前儿童发展的过程。学前儿童数学教育是学前儿童主动建构的过程；是学前儿童与环境相互作用的过程；是学前儿童全面发展的过程；是学前儿童经历"数学化"的过程；是学前儿童在教师指导下活动的过程。

一 是学前儿童主动建构的过程

瑞士心理学家皮亚杰说过："数学的抽象乃是操作性质的，它的发生、发展要经过连续不断的一系列阶段，而其最初的来源是一些十分具体的行动。"学前儿童对数学知识的学习来源于学前儿童的行动。学前儿童通过自己的行动作用于具体的事物，在此过程中，他们不断协调自己的行动，并把这种协调在自己的头脑中进行加工、处理，努力反映蕴藏于事物间的关系。这种关系最终建构成他们头脑中的数学知识。

实·训·练·习

一天，妈妈拿着数字卡片，一遍又一遍地告诉婷婷："这是数字2，跟妈妈说2，2就是2棵树、2条鱼，听懂了吗？"婷婷似懂非懂地点点头，可再等妈妈出示一张画有2只小狗的卡片，问婷婷是几只时，婷婷的头直摇。这时，爸爸走过来，先拿出2颗糖果，让婷婷用手指点数。婷婷告诉爸爸是"2颗糖"。爸爸又拿出2个苹果，让婷婷继续点数。婷婷很快地说："2个苹果。"妈妈疑惑了，自己教了半天，女儿没学会，怎么爸爸没讲几分钟，女儿就懂得了？

问题：你能为这位妈妈解释她的疑惑吗？

明确学前儿童主动建构数学知识这一观点，要求教师在组织数学教育时，应充分尊重、相信学前儿童，应认识到学前儿童不是一张白纸可以任教师随意"书写"。每个学前儿童都是按照自己对世界的认识来理解世界的意义。教师应做的是根据学前儿童的需要，创设适宜的环境，提供充足的材料，让学前儿童充分感知、观察、探索、交流，去建构属于他们自己的数学知识和经验。

二 是学前儿童与环境相互作用的过程

个体的发展是环境作用的产物，环境的性质决定了学前儿童学习的效果和学习的方向。学前儿童建构数学知识的过程就是学前儿童和环境相互作用的过程。它既包括与物的相互作用，又包括与人的相互作用；既包括与同伴的相互作用，又包括与成人的相互作用；既包括外在的操作、探索过程，又包括内在的思考和反思的过程。

为此，作为教师应根据学前儿童感知、探索数学的实际需要，努力为学前儿童创设一个有利于他们体验数学经验、发现数学关系、发展数学能力、形成良好的数学态度的环境。同时，在具体的数学实践中，应引导学前儿童与环境进行充分的互动。

三 是学前儿童经历"数学化"的过程

"现实数学"的思想认为，数学教育应尊重数学的传统，根据数学的发现规律来开展。这样，才能使学前儿童真正获得充满着关系的、富有生命力的数学知识，使学前儿童不仅理解这些知识，而且能够应用。而数学的传统或数学的发现规律则是人类发现数学的过程。因此，作为教育的数学，应引导学前儿童重复人类数学的发现过程，并将之作为现实生活的"数学化"过程。

所谓"数学化"过程，是指学前儿童从一个具体的情景问题开始，到得出一个抽象数学概念的教育全过程。这个过程也就是"再发现"、"再创造"的过程。这个过程就是教师创设具体的情景问题，通过对情景问题中的数学因素的分析，把情景问题转化为数学问题，然后，引导学前儿童去解决具体的数学问题，使具体的问题转化为抽象的问题。经历这样的过程，学前儿童才能真正理解数学，热爱数学，使数学成为他们生活中有用的本领，使学前儿童体验到学习数学的乐趣，增强学习数学的信心。

案例介绍

教师发给幼儿每人一张"电影票"，带幼儿到创设好的"电影院"去"看"电影，同时，向幼儿提出要求："根据电影票上的数字，找到自己的座位。"此时，教师再引导幼儿发现"电影院"里的座位的排列顺序以及座位后面的数字所表示的意思，从而把"找座位的问题"变成"学习序数的问题"，最后，通过幼儿自己的发现、同伴的交流以及教师的教学、小结和提升，初步理解了序数的含义，也最终找到自己的座位，完成了教师交予的任务。这个过程就是一个"数学化"的过程。

案例解释 买玩具

　　"买玩具"是主题活动——"玩具总动员"下的一个子活动。玩具商店新开张喽！里面的玩具特别多，可爱的娃娃、新型的小汽车、会唱歌的史努比……在每一样玩具上都贴有相应的标价。商店营业员（老师扮）："每人可以选择两样自己最喜欢的玩具，把它和标价一起记录下来，明天记住把钱带来，就可以到玩具商店里来买了。"

　　滔滔（小男孩）在纸上画了一架小飞机（旁边写了一个"5"，表示5元）和一辆小汽车（旁边又写了一个"3"），滔滔画完后，开始皱眉头，自言自语："那我明天应该带几块钱来买呢？应该是5加3，可老师还没有教过我怎么算呢……"（沉思片刻）"啊！有了！"突然，滔滔的小手一拍脑袋，脸上绽开了喜悦的笑容。只见他在每一个数字的下面，分别标上了小圆点。"5接着数3个数，6、7、8。哈哈……我算出来，我明天要带8块钱，就能来买玩具了。"

　　"买玩具"这个案例清楚地展示了滔滔学习5+3=8所经历的数学化的过程。首先是教师为幼儿创设一个生活化的购买玩具的情境，并提出探索的要求。然后，让幼儿自己去探索、去思考、去发现其中所存在的数量关系。为了解决当前的问题，幼儿（滔滔）运用已有的数数经验，发现了5+3=8这一数量关系，完成了教师布置的任务，不仅感知了数量关系，而且体验了发现数学、学习数学的乐趣。

　　承认学前儿童具有"潜在的发现能力"是实施"数学化"的前提条件。在"现实数学"的研究者看来，学前儿童的思维和行为方式具有教师甚至是数学研究人员的特征，即在学前儿童身上可以实现重现人类数学发现的活动。数学教育应当挖掘并发展这种潜能，使学前儿童头脑中已有的那些非正规的数学知识和数学思维上升为科学的结论，实现数学的"再发现"和"再创造"。

资料链接

"现实数学"的基本思想及其对幼儿数学教育的启示

　　"现实数学"是一种经过实践检验的新型的数学教育思想。它开始于20世纪30年代末的荷兰数学教育改革活动，目前已波及欧美等许多国家。它是针对传统的数学教育脱离现实生活、脱离幼儿实际、幼儿有知识无实际能力而展开的改革活动。

　　"现实数学"的基本思想主要有以下三个。

　　1. "现实数学"是关于"现实生活"的数学

　　数学来源于现实生活，因而也必须扎根于现实生活，应用于现实生活，为现实生活服务。如果脱离了丰富多彩的现实生活，数学必将成为"无源之水，无本之木"。

2. "现实数学"是关于"数学化"的过程

数学教育应尊重数学的传统，根据数学的发现规律来进行，这样才能使幼儿真正获得充满着关系的、富有生命力的数学知识，使幼儿不仅理解这些知识，而且能够应用。而数学的传统或数学的发现规律则是人类发现数学的过程。

3. "现实数学"应是每个幼儿的"数学现实"

由于幼儿处于不同的思维发展水平，幼儿用数学方法、数学眼光观察客观世界表现出各自的特征，因而，每个幼儿都有各自的"数学现实"，对于大多数幼儿来说，掌握数学与外部世界的密切联系，获得现实生活所需要的数学知识和数学能力，认识数学在面对情境时所能发挥的解决问题的实际作用，对他们更为重要。

［资料来源：庄爱平. "现实数学"的基本思想及其对幼儿数学教育的启示. 幼儿教育：教科版，2006，（6）：23–26.］

四　是学前儿童获得全面发展的过程

学前儿童学习数学是一种综合智慧的活动，它要求学前儿童的认知、技能和情感的全面参与才能保证活动的顺利进行，同时，在这一过程中，学前儿童的认知、技能和情感也能得到积极的、协调的发展。在学前儿童数学教育中，学前儿童的认知、技能和情感是相互作用、相互影响的，它们共同伴随着学前儿童数学探索活动的始终，缺少了某一要素的参与，学前儿童的数学探索活动将是不可想象的。

根据这一观点，要求教师在学前儿童数学活动中，不仅要利用学前儿童已有的知识经验、认知能力和对数学的情感与态度，组织他们对数学知识和关系进行科学的探索，而且要在数学活动中让学前儿童积累丰富的数学经验、发展多方面的数学能力、养成对数学活动积极的态度和情感，最终促进学前儿童整体数学素养的提高。

五　是在教师指导下活动的过程

虽然学前儿童在与物的接触和人的交往中，获得了一些关于数学的感性经验，同时也学会在日常生活中运用这些经验去解决生活中出现的简单问题，但由于学前儿童认知能力的发展水平不高，加之数学知识的抽象性特点，使得他们所获得的这些经验往往是零散的、片段的、表面的，并不能内化到学前儿童的数学认知结构中。要使学前儿童建构起初步的数概念，并促进他们思维能力的发展，教师必须帮助他们归纳、整理零散的、无系统的感性经验，将物体的数量、形状特征、事物之间的数量关系鲜明地凸现出来，使他们注意到物体的这些特征，感受到蕴含于物体中的数量关系。

学前儿童数学教学是教师教、学前儿童学的双边活动，教师的教必须以学前儿童的学为基础，而学前儿童的学则必须在教师教的指导下进行。在这里，学前儿童是学习的主体，而教师是学前儿童学习的引导者，起着主导的作用。我们强调让学前儿童在数学活动中进行主动地建构，并不意味着对教师指导作用的削弱，相反的，教师的指导作用更应加强。只是这种作用应更多地体现在对教师间接指导的要求上。

总之，对于学前儿童数学教育，我们应以全面、科学、辨证的观点看待，既要看到学前儿童在整个过程中的主体地位和探索特点，又要重视教师在其中所扮演的角色地位。学前儿童的数学素质的发展是多种因素综合影响的产物。

任务二　明确学前儿童数学教育的价值

学前儿童所处的生活世界充满着丰富的数学信息，为了认识和探索这个世界，他们必须具备一定的数学素质，并从这个世界中获得最早的数学素养。同时，作为基础教育有机组成部分的学前教育，早期的数学教育能够为学前儿童入学时接受小学数学教育打下良好的基础。总之，对学前儿童进行数学教育是他们认识周围世界的需要，是提高他们数学素养的需要，也是他们入小学接受数学教育的需要。

一　学前儿童感知周围环境的需要

1．适应周围生活的需要

学前儿童要经常面对许许多多的生活问题，这些问题需要他们具备一定的数学知识和能力才能解决。因此，只有通过对学前儿童进行必要的数学教育，使他们具备一定的数学素质，才能去认识生活中所发生的种种现象，才能去解决生活中的种种问题。一句话，只有对学前儿童进行一定的数学教育，才能使他们适应所处的生活环境。如，要知道什么时候上幼儿园，才不会迟到；要知道简单的数量，才能完成教师布置的"把三个皮球拿给老师"的任务；要分清左右，才能在穿鞋时不会穿反，等等。

2．认识周围事物的需要

好奇、好问、好探索是学前儿童的天性。对于生活中的周围事物，学前儿童总是充满着好奇。他们总想去探究"是什么"、"为什么"，而周围事物又是以一定的数量关系、时空关系存在着。学前儿童掌握了认识周围世界的重要工具——数学，不仅能满足他们认识事物的需要，保护其好奇心，而且能使他们在探索过程中获得对事物更加准确、科学的认识。例如要认识兔子，学前儿童必须掌握5以内的数量，了解数的本质，才能知道兔子有两只长长的耳朵、两只圆圆的眼睛、三瓣嘴、四条腿、前腿短、后腿长，还有一条短尾巴。

二　学前儿童数学素养发展的需要

1．能激发学前儿童学习数学的欲望

数学是对具体事物的抽象，而抽象的知识对于以具体形象思维为主要认识特征的学前儿童来说无疑是难以理解的，因而学起来往往容易感到枯燥乏味。如果教师能根据学

前儿童的兴趣和需要，选择适宜的数学教育内容，提供丰富的可操作的材料，采用形式多样的教学方法和组织形式，数学活动同样可以激起学前儿童学习的兴趣。特别是如果教师能引导学前儿童参与到数学操作的活动中，使他们在具体的操作活动中真正体验到数学本身的内在魅力，就会使学前儿童对数学操作活动的外在兴趣转化为对数学本身的内在兴趣。

2．能促进学前儿童数学能力的提高

前苏联教育家加里宁曾经指出："数学是思维的体操。"数学对于学前儿童思维发展的促进作用不仅体现在思维类型上，还表现在它能促进学前儿童思维品质的发展上。数学本身所具有的抽象性和逻辑性的特点，决定了数学教育能促进学前儿童初步逻辑思维的发展。例如"认识圆柱体"，教师通过提供各种颜色、大小的圆柱体，让学前儿童进行充分的感知、触摸、比较，从中抛去非本质的特征，概括出圆柱体的特征。在这一活动中，学前儿童的数学思维经历了一次从具体到抽象的过程，其数学的抽象性思维得到了一次锻炼。

3．能让学前儿童积累基本的数学经验

一定的数学经验是学前儿童认识周围事物和生活的需要。学前儿童数学教育能满足他们的这一需要。通过教师有目的、有计划、有组织地实施数学教育，学前儿童可以从教师为他们创设的环境中感知、体验到丰富的数学经验，能够使他们在日常生活中获得的零碎的、表面的、片面的数学经验系统化、逻辑化，并内化为初步的数学概念。这样的数学学习才能真正为学前儿童所理解，否则，仅靠学前儿童自己在生活中所积累的数学经验往往是不能解决现实中的实际问题的。他们对数学知识的理解只能停留在表面上，或只是对数学的简单记忆上，这样的数学经验的积累充其量只能是形式上的数学学习。

> **案例解析**
>
> 在小班幼儿进行口头数数活动时，让幼儿从1开始数到10，幼儿基本上都能完成，但让他们倒着数10、9、8……1，他们基本不能完成。但是，在语言活动中让幼儿来背诵儿歌："1、2、3、4、5、6、7，7、6、5、4、3、2、1，七个阿姨来摘果，七个果子摆七样……"，幼儿基本上都能完成。
>
> 这一案例说明，学前儿童进行口头数数和背诵古诗一样，只是停留在机械记忆层面，在他们进行口头数数的表面现象背后反映的是幼儿对抽象的数学知识的不理解。只有通过教师较长时间的教育和训练，学前儿童才能理解自然数列的本质涵义。

三 学前儿童入学接受数学教育的需要

学前儿童教育是基础教育的基础。对学前儿童教育的这一定位决定了学前儿童数学教育必须为学前儿童入小学学习数学做好准备。研究表明，学前儿童在入学前接受启蒙的数学教育，能够在数学的知识和经验、数学的能力和数学的学习品质上为其入小学做好准备。根据甘肃省对农村边远山区和一些少数民族地区一年级学生的一次调查表明，入学前受过一年学前教育的儿童与未受过学前教育的儿童相比较，在数学的考试成绩上具有很明显的差异（具体见表1-1）。

表1-1　两类儿童一年级数学成绩比较表

成绩＼项目　类别	考试人数	及格人数	及格率	平均分
受过学前教育	692	462	66.7%	71.3
未受过学前教育	75	39	52%	54.2

实·训·练·习

【内容】

观看数学活动录像（内容教师自定）。

【指导】

1. 问题讨论。

问题：（1）你是如何认识幼儿数学教育活动本质特征的？

（2）某一数学活动内容，你将如何组织教学？

2. 观看录像。

3. 讨论录像内容。

讨论：（1）对照刚才的讨论结果，思考录像中的幼儿教师为什么要这样组织教学？

（2）你与该教师存在什么样的差距？为什么？怎么办？

4. 学生交流、汇报讨论的结果。

5. 教师小结。

项 目 二
学前儿童认知数学的特点

任务一 初步掌握学前儿童认知数学的一般特点

《3～6岁儿童学习与发展指南》（以下简称《指南》）强调，应"理解幼儿的学习方式和特点"，这样才能避免"拔苗助长"式的超前教育和强化训练。幼儿教师要对学前儿童实施有效的数学教育，必须以理解和掌握学前儿童学习数学的认知特点为前提。

一 启蒙性

从个体发展的整个历程来看，学前期是个体发展的起步时期。这一时期的学前儿童对周围世界表现出强烈的好奇心，什么都想问，什么都想探索，但他们对周围世界的认识，特别是对蕴涵于事物之间的数学关系的认识是蒙昧的、初级的，因此，学前儿童数学教育应是启蒙的，目的在于使学前儿童获得最基本的数学教育。

1. 对数学知识的探索是启蒙的

学前儿童身心发展水平和数学的抽象性特点，决定着学前儿童对数学知识的探索只能是处于启蒙的状态。这种状态主要有两方面的表现：一是学前儿童对于数学知识的探索水平是感性的。他们更多地借助于自身的感觉器官去认识和探索数学知识；更多地通过事物表面的特征去认识蕴涵于事物内部的数学知识，一旦脱离了感官的直接支持，学前儿童对于数学知识的认识就较为困难。二是学前儿童对于数学知识的探索范围是广泛的。由于学前儿童发展处于启蒙的时期，他们对什么都感兴趣，对存在于事物中的数、量、形、体、时、空等方面的数学知识均表现出探索的欲望。

2. 对数学知识的理解是启蒙的

学前儿童数学探索能力的启蒙性，在很大程度上决定着他们对数学知识的理解也是处于启蒙状态。这种状态也有两方面的表现：一是他们所获得的数学知识更多的是经验性的，因而往往是零碎的、表面的。对于那些具有更加明显的依着于事物外部特征的数学知识，学前儿童表现出更多的认识倾向和更好的探索效果。例如，对于事物的量的特征、几何形体等的认识，学前儿童更愿意去认识，认识的效果也比较好，而对于有关抽象的数的方面知识的认识，学前儿童认识的效果则较差。二是他们所获得的数学知识是粗浅的，包括简单的数的知识，初步的时间、空间观念等，对于更为复杂的数学知识，学前儿童则较难理解。

学前儿童对于数学知识的学习所表现出来的启蒙性特点，要求我们对他们进行数学教育时应立足于启蒙教育。学前儿童数学教育实际是一个准备性的教育。作为基础教育的基础，学前儿童数学教育应为学前儿童入小学学习数学作准备，应为学前儿童未来数学素养的可持续发展作准备。因此，学前儿童数学教育"要启于未发，适时而教，循序而育，以免损伤幼嫩的芽"。

《幼儿园教育指导纲要（试行）》（以下简称《纲要》）指出："幼儿园教育内容是全面的，启蒙性的……"如果我们不能正确把握学前儿童数学教育这一基本的定位，而是让他们进行大量的计算技巧训练，或进行超出他们理解水平的抽象数学学习，不仅会影响他们对数学学习的兴趣，还会使他们对数学产生畏惧心理。国内外大量调查研究表明，在学前儿童没有真正理解和知道什么是数时，就提前让他们学习大量的加减法，学前儿童最终并不能获得数学思维能力和解决问题的能力，也不能真正对数学产生兴趣。

二 探索性

学前儿童对于数学的学习实质上是一个探索的过程。这一过程不可能一次性完成，往往需要经历一个不断的尝试，从错误到小的成功再到成功的过程。这一过程虽然不是很正规、很科学，但却具有与成人探索科学一样的性质——探索性。

1. 具有探索的特点——试误性

探索经验的不足、探索能力的有限以及数学知识的抽象性特点，使得学前儿童对于数学知识的学习呈现出试误性的特点。他们在学习数学的过程中，不断地调节着作用于操作材料的动作，从最初的不成功到逐步走向成功。

教师应创设条件，放手让学前儿童进行探索和尝试；应改变以前那种认为学前儿童没有能力进行探索的旧的思维习惯；应对学前儿童的探索活动保持一份耐心，允许学前儿童反复尝试，出现错误；应对学前儿童的探索结果有正确的认识，即使学前儿童没有获得理想的探索答案，但他们真正经历了自己的探索过程，在探索中进行了真正的思考、交流和讨论，在探索中体验到愉快的情绪，这样的探索是有意义的，是他们所需要的。

案例解析 在实践活动中进行数学教育的尝试——记一次数学调查活动

活动开始前，教师与幼儿一起记录了最近一周的早餐食谱，与幼儿一起学习了调查访问的技巧，与幼儿一起了解统计方法、统计表格。

调查活动开始了。幼儿拿着调查表来到大一班，看见许多小朋友，显得有点害怕。

教师说："找你要调查的小朋友吧。"

幼儿壮起胆子，开始寻找调查对象了。

宋儒找到了一个小朋友，说："请问，在炸酱面、牛奶馒头、牛奶通心粉、三鲜面这四种早餐里你最喜欢吃哪一种？"两三个幼儿听到宋儒的发问后都觉得很好奇，七嘴八舌地答道："我喜欢吃炸酱面""我喜欢吃牛奶馒头"……宋儒不停地记录，都分不清自己调查的是第几个小朋友了。

从大一班出来后，教师觉得幼儿的记录有点问题，问："你们访问了多少个小朋友啊？"

幼儿争着把自己访问了的人数说出来。这时，教师发现有些幼儿没有把访问的结果填写在相应的栏里，便组织大家分析记录。

歆彤马上说："这样记录会乱的，到最后都弄不清楚自己调查了多少个人了。"

嘉骏说："要记录清楚，不要把第二个小朋友喜欢吃的也记在第一个小朋友那里了。"

调查完大一班以后，大家又一起兴高采烈地来到了中二班。

一恒拉着倩莹说："这个小朋友刚刚已经被访问了，你不能再去问啦。"

倩莹说："为什么不行？我还没问过他。"

一恒说："我访问过他，你也访问，结果就会重复的。"

倩莹就走开了。

紫薇很高兴找到了一个对象，就立刻发问了，可是她得到一个让她傻了眼的答案：

"我都喜欢，不能挑吃的哦！"紫薇想了想，没有记录就走开了……

刚来到小二班，就听到小宇皱着眉头、生气地说："老师，我才跟他说了一句你好，他就躲开了。"

紫薇小朋友说："你这么大声，弟弟都害怕了。"

教师笑眯眯地说："小班的小朋友比较怕生，没关系，再去找一个小朋友问，温柔一点啊。"

没过几分钟，朗文说："老师，我向他解释好几遍了，告诉他有那四种早餐，可他还是一会指这一会又指那，我都不知道他究竟喜欢吃哪一种早餐。"

教师摸了摸朗文的小脑袋说："对小班的弟弟妹妹，耐心一点，慢慢地多说几遍。"朗文耐心地解释了几次，终于……。

调查过程结束后，教师与幼儿一起回到了班上进行数据整理。幼儿三三两两地坐在一起统计表格的结果，准备把自己调查的结论汇总到总表上。

歆彤："喜欢吃炸酱面的有7个，喜欢吃牛奶馒头的有1个，喜欢吃三鲜面的有4个，喜欢吃牛奶通心粉的有3个，我总共调查了15个小朋友。"

宋儒："喜欢吃炸酱面的有15个，喜欢吃牛奶馒头的有13个，喜欢吃三鲜面的有4个，喜欢吃牛奶通心粉的有6个，我总共调查了38个小朋友。"

一恒："哇，怎么这么多啊！"

歆彤："调查表只能调查15个小朋友。"

教师从宋儒手上拿过表格给小朋友看，发现表上的格子几乎全打上记号。

教师："表上的序数代表什么呢？"

明君："序数代表第几位调查的小朋友。"

教师："我们发现了什么问题呢？"

一恒："这些数据都乱了，不准确。"

再看安琪的统计表时，大家又发现表上的前三格都用黑色的笔打了一个叉。

教师："这些叉是什么？"

安琪："我开始记录错了，把第二个小朋友喜欢吃的也记到第一个小朋友那了。"

教师："在统计时你有没有加上这三格的记录呢？"

安琪："加了。"

嘉骏："不对，你已经删除了，怎么还算上？"

教师："调查结果不准确，汇总表还能不能反映真实的情况呢？"

安琪："我们再去做一次调查吧！"

教师："相信我们肯定会吸取这次的不足，做一次成功的调查的。"

第一次总会有那么一点点的教训，但更多的是经验，相信下一次尝试他们会离成功更近。

对于记录小朋友喜欢吃的食物，幼儿一开始是混乱的。有访问而没有记录的；有重复记录的；有重复访问的；有记录不正确的……可以说，这时的记录是尝试性的。虽然在之前做了一定的准备，但由于他们没有实际的调查和记录经验，因而，在调查和记录中出现了种种问题。这是幼儿尝试性探索的真实反映，也是他们探索能力的真实表现。但幼儿的探索活动不会因此也中断，随着探索活动的继续，幼儿不断进行着讨论、交流，特别是有了教师的适时指导，他们对于自己的探索方法和过程进行不断的调整，不断地排除无关因素的干扰，他们探索的结果也在不断地接近答案。

［资料来源：陈楠，李智文. 在实践活动中进行数学教育的尝试——记一次数学调查活动. 教育导刊：上半月，2004，（18）：15-17.］

2．经历探索的过程——猜想、探索、验证

与成人相比较，学前儿童对数学的探索虽然是简单的，是处于启蒙的阶段，但与成人一样，他们的探索过程是完整的，即同样经历了猜想、探索和验证等基本环节。因此，对于学前儿童的探索活动，教师应尽量让学前儿童经历探索的完整过程，应让学前儿童对所探索的现象或活动进行一定程度的猜测，然后创设环境，让他们通过比较、操作、讨论、思考、记录去验证自己的猜测，掌握验证的方法。教师对于学前儿童的探索活动，不要急于介入，哪怕是出现分歧、困难，只要他们还在继续探索，教师都应有等待的耐心和相信他们能够自己解决的信心。

案例解析

　　数学区域中，两个幼儿在玩着手中的绳子。甲幼儿拿着一根有点卷的绳子对乙幼儿说："我的绳子比你的长。"乙幼儿看看自己桌上的绳子，挑了一根，拿起来对甲幼儿说："我的这根比你的长。"甲幼儿看了看乙幼儿的绳子，回应道："你的短，我的长。"

　　乙幼儿："你的绳子弯弯的，比我短。"甲幼儿一听说，双手把自己的绳子拉直，说："你看，你看，我的绳子这么长。"乙幼儿不服气地说："那，咱们来比一比。"他们把各自的绳子用双手拉直，不停地在空中来回比较着，谁也不服谁。这时，丙幼儿走过来，对他们说："你们应该把绳子放在桌上，这样才能看清楚谁的长。"

　　听到丙幼儿的话，两位幼儿把绳子放在桌子上，又开始比较起来。乙幼儿指着绳子的一边说："你看，我的这边比你长。"甲幼儿也指着绳子的另一边说："我的这边比你长。"接下来，他们把各自的绳子来回移动，都说自己的绳子长。比了一会儿，甲幼儿突然说："那，我们把绳子的一端对整齐，不就知道谁的长？谁的短？"结果一比较，原来甲幼儿的绳子比乙幼儿的长。

　　从上面的案例描述中可以看出，学前儿童在比较绳子的长短中经历了一个相对完整的探索过程。一开始，他们相互比较着两根绳子，并猜测谁的长，谁的短。此时，他们判断绳子的长短主要是用目测的方法，同时受绳子的外形的影响，因而不能正确地比较出结果。接着，他们把绳子拉直，并不断地比较着，但由于方法不正确，也没有比较出结果来。虽然是这样，但毕竟经历了一个探索的过程。最后，他们找到了正确比较的方法，也验证了绳子的长短。

　　学前儿童对于数学知识的学习所表现出来的探索性特点，要求教师：① 应改变以前那种认为学前儿童没有能力进行探索的旧的思维习惯。同时应创设条件，放手让他们进行探索和尝试；应对他们的探索活动保持一份耐心，允许他们反复尝试，出现错误。同时应提供充足的时间，让他们在尝试中不断修正自己的探索方向和探索策略，获得积极的探索结果；应对他们的探索结果有正确的认识，即使没有获得理想的探索答案，但他们真正经历了自己的探索过程，在探索中进行了真正的思考、交流和讨论，在探索中体验到愉快的情绪，这样的探索才是有意义的。② 应尽量让学前儿童经历探索的完整过程。应让他们对所探索的现象或活动进行一定程度的猜测，然后通过比较、操作、讨论、思考、记录去验证自己的猜测，掌握验证的方法。

三　发展性

　　学前儿童学习数学经历了一个不断发展的过程，这一过程与他们思维发展的过程具有密切的联系。在这一过程中，学前儿童对数学的认知能力经历了一个从简单到复杂、从低级到高级的螺旋式的发展过程。

1．从具体到抽象

学前儿童的思维发展经历了一个从直觉行动思维到具体形象思维再到抽象思维的过程，在他们学习数学时也明显地表现出这一特征。小班幼儿的思维处于直觉行动思维阶段，他们学习数学需要借助于具体的动作和对事物的操作，才能理解数学知识。随着具体形象思维的发展并逐步在学前儿童的思维中占优势，特别是到了中班，学前儿童在学习数学时更多的是依赖于对具体事物观察、操作，依赖于与具体事物进行相互的作用，并从中获得对抽象的数学知识的理解。到了大班，学前儿童对抽象的数学符号有了进一步的理解。他们能够从数量众多的具体事物中概括出抽象的数学知识，能够理解蕴涵于事物中的数学关系，能够对一些数概念有初步的理解。

案例介绍

小班幼儿面对两辆汽车，一辆是小车，一辆是卡车，他们会说"一辆是小车，一辆是大车"，但很难直接概括为"两辆汽车"。随着年龄的增长，他们能够理解这是"两辆汽车"，并逐步地认识到，只要是两辆汽车，不管是什么类型和特点的车，都可以称为"两辆汽车"。

掌握学前儿童认识数学的这一特点的实践意义是：教学时应采用直观性的教学手段，帮助学前儿童理解、掌握数概念。同时，应使学前儿童的数学教学从直观逐步走向抽象，以促使学前儿童的思维向抽象方向发展。当遇到学前儿童对一些较为抽象的数学问题难以解决时，教师可以以反向的做法，降低学习的难度，引导学前儿童在直观的水平上进行学习。例如，当大班的儿童对8-5=？不能正确运算时，教师可以以编应用题的形式或通过提供直观的教具，帮助他们进行运算。

2．从个别到一般

学前儿童对数概念的理解，存在着一个逐步摆脱具体，向抽象水平发展的过程。与此相伴随的，他们对数概念的理解也存在一个从个别到一般的过程。所谓的个别，是指学前儿童对数概念的认识一开始是与具体的、特定的事物相联系的，具有很大的排他性。所谓的一般，是指学前儿童能够理解数概念一般和普遍的意义。

案例介绍

让小班幼儿给图形娃娃"找家"，他们在每一个"家"中分别放一张相应的图形娃娃，如"三角形的家"放一张三角形娃娃；"正方形的家"放一张正方形娃娃。其余的图形娃娃则拿在手中。问："为什么不帮其他的图形娃娃找到家？"回答是："家里已经有图形娃娃了，不能再放进去了。"随着年龄的增长，学前儿童逐步认识到，只要是三角形娃娃，都可以放到"三角形的家"中。

掌握学前儿童认识数学的这一特点的实践意义是：教师应为学前儿童提供多样化的操作经验，使学前儿童积累丰富多样的具体经验，在此基础上，引导学前儿童摆脱对具体事物的依赖，逐步抽象出数学概念。如在学习数字4时，教师应提供各种各样数量是4的物体，让学前儿童进行多次的感知、点数，然后，总结出它们的共同特征——数量都是4，都可以用数字4来表示，并引导学前儿童寻找周围生活中可以用数字4来表示的物体，以使学前儿童对数量4的认识一般化，真正理解其实际意义。

实·训·练·习

有些幼儿在按数取物的活动中往往会认为与一张数字卡（或点子卡）相对应的只能取放一张相同数量物体的卡片。

请分析该现象，并提出相应的教育对策。

3．从外部动作到内部动作

小班学前儿童的思维发展是直觉行动的，他们的学习活动需要借助于外显的动作，边动作边思考，通过动作作用于具体的物体，从中感知事物的数量关系。随着学前儿童思维的发展，他们对数概念的掌握逐步内化，即他们能在头脑中理解抽象的数概念，确切地说，此时的学前儿童学习数学主要是凭头脑中对抽象的动作表象的呈现来理解数学概念。

案例介绍

老师问："2+3=？"幼儿A伸出手，一个一个按着手指数了起来："1、2、3……"老师："把手放下，用心算。"幼儿A偷偷把手放在背后，一个手指一个手指数了起来。慢慢地，幼儿A能够在心中进行默数，然后把得数告诉老师。幼儿A计数能力的这一发展，从一个侧面反映了他学习数学经历了从外部动作到内部动作的发展过程。

掌握学前儿童认识数学的这一特点的实践意义是：作为教师应理解和认识到学前儿童发展的这一特点。对于不同年龄的学前儿童应区别对待。同时，应努力促进学前儿童从外部动作向内部动作转化。例如，对于有些学前儿童在计算时出现掰手指的现象，作为教师不要随便制止，应允许学前儿童通过掰手指去解决他们计算中遇到的问题，同时教师应意识到这些学前儿童的计算能力还处于外部动作阶段或者说还没有完全地内化。教师应通过多种形式和手段，促进他们的数学学习从外部动作向内部动作转化。

4．从同化到顺应

同化、顺应是瑞士心理学家皮亚杰提出的两个心理学术语，用于说明儿童适应环境的两种形式。同化是指将外部环境纳入自己已有的认知结构中。顺应是指改变已有的认知结构以适应环境。皮亚杰认为，儿童认知结构的发展是同化和顺应相互作用、动态平衡的发展过程。这个过程是儿童自我调节、主动发展的过程。

学前儿童数学认知结构的发展过程同样是同化和顺应相互作用、动态平衡的发展过程。在学前儿童进行数学学习的一开始，往往是同化占优势。此时的学前儿童更愿意采用原来他们认为有效的办法来解决问题，虽然这一办法所花的时间较长，效果并不那么明显，但学前儿童似乎乐此不疲。随着学前儿童学习经验的不断积累，特别是学习难度的不断增加，原来的方法已不能适应新的学习内容，他们就会去寻找新的办法。这时，顺应开始占优势。

案例介绍

在对两组集合进行比较时，一开始，幼儿更愿意根据物体排列的长短或密集的程度来进行数量多少的判断，即使在提示他们可用数数的情况下，许多幼儿也不愿意用数数的方法来判断两个集合的数量的多少。这就说明此时幼儿数数能力的发展处在同化水平。他们使用的是原有的认知办法，即使新的办法更加有效，幼儿也不轻易接受。只有当比较的集合的数量增多，原有的目测比较的办法不能正确判断两个集合的数量时，他们才会接受成人的建议，改用数数的办法。

掌握学前儿童认识数学的这一特点的实践意义是：教师应明确，教育和环境只是学前儿童数学能力发展的外部因素，学前儿童认知结构的发展才是他们数学能力发展的内在因素。即所谓的内因决定外因。作为教师，要做的是充分了解学前儿童数学能力的发展状态，然后创设环境，实施教育，以促进学前儿童数学认知结构在同化和顺应的相互矛盾中得到不断的发展。

5．从不自觉到自觉

个体对自己的言行有两种觉醒状态，一种是不自觉，另一种是自觉。所谓的"不自觉"，是指个体对自己的言行不能意识和控制。如，学前儿童常常出现言行不一致、成人酒后的失态等就是一种不自觉的状态。而"自觉"，则是指个体对自己的言行有清醒的认识和控制能力。学前儿童的这两种觉醒状态受到他们语言的发展水平和思维的自我意识的影响。

由于学前儿童语言和思维的出现和发展相对于动作的发展较为缓慢，表现在早期儿童的数学操作和探索中，学前儿童对于自己的数学操作和探索行为，往往出现做的和说的不一致的情况。后来，随着学前儿童语言和思维发展水平的提高，他们能意识到自己的所做、所说、所想，也就能正确地表述自己的数学操作活动了。

> **案例解析**
>
> 某小班幼儿按一红一黄的规律排列卡片。老师问："你是怎么排序的？"该幼儿问答："我是按一个长方形，一个正方形排序的。"以后，在老师的引导、教育下，幼儿能正确表达自己的排序活动。
>
> 此案例说明，小班幼儿对于自己的排序动作是不自觉的，其语言表达是随意的，并不受到其思维的控制。以后在老师的引导、教育下，他们对自己的排序动作的自觉性提高了，能够用自己的语言准确地表达自己的操作动作。

掌握学前儿童认识数学的这一特点的实践意义是：教师应充分意识到幼儿表达自己操作结果的不自觉情况，同时应促进学前儿童从不自觉向自觉方向发展。教师不仅要重视学前儿童的操作表达和他们的操作活动是否是一致的；而且要重视促进学前儿童语言对于自己的操作活动的引领和概括的作用，应要求学前儿童学会准确地用完整的语言来表达自己的操作结果，以提高他们对于自己动作的自觉程度。

6．从自我中心到社会化

受学前儿童思维中心性的影响，学前儿童早期的数学学习活动具有明显的自我中心特点。他们只能站在自己的角度认识自己的操作活动，而对于别人的数学操作活动，学前儿童却很难理解和认识。随着学前儿童认识水平的不断提高，特别是学前儿童在与同伴的相互交流中，他们慢慢地能站在别人的角度思考和看待问题。

> **案例解析**
>
> 一位小班幼儿按照形状特征给花片排序。排完后，看到同桌是按照颜色特征排的，就说："你怎么乱七八糟地排。"同桌幼儿看了看自己排的花片，又看了这个幼儿排的花片，就说："你才是乱七八糟地排，你不会排。"
>
> 事实上，案例中的两个幼儿都能正确地进行排序，但此时的他们只能从自己的角度对排序作出判断，而不能理解别人的排序，因而，当看到别人的排序作品时，就说别人是"乱七八糟地排"，表明这时的两位小班幼儿排序能力还处于自我中心水平。随着幼儿思维的社会性的发展以及他们在与其他幼儿的相互作用中，他们就逐步能理解别人的排序活动。

掌握学前儿童认识数学的这一特点的实践意义是：教师应站在学前儿童的角度看待他们的数学学习行为，教师不能随意强求学前儿童改变他们的数学学习行为和对数学学习的看法，哪怕是错误的看法。同时，教师应促进学前儿童的数学学习活动从自我中心向社会化转变。如在安排某些教学内容时，应遵循学前儿童的这一认知规律，要求学前儿童从自我中心的认识向社会化的认识转变。例如认识前后方位时，应先安排学前儿童以自我为中心认识前后，再安排以他人为中心认识前后。

四 生活性

生活是学前儿童数学学习的源泉，学前儿童最初的数学学习发生于他们所生活的周围环境，因此，学前儿童的数学学习具有明显的生活痕迹。学前儿童在生活中感知数学并不是被动的，而是对现实生活的"再发现"和"再创造"，即经历了一个数学化的过程。在这一过程中，学前儿童积累了对现实生活最初的数学经验，这些经验为他们以后接受正规的数学教育提供了基础。

1．在生活中感知数学

学前儿童最初获得的有关数学的感性经验来源于生活。儿童从出生的那一刻起，就开始和物质的、直观的现实世界发生直接的接触，同时也就意味着开始与隐藏在直观的现实世界背后的数学世界发生这样或那样的联系，也就意味着他每时每刻都在接触一个由一定的"数"按一定的"形"和"序"所构成的数学世界。在这一过程中，周围世界的各种数学信息以不同的方式为学前儿童的各种感官所感知，因此，在学前儿童的早期生活中，他们是在不知不觉中积累了丰富的数学经验。例如，学前儿童很早就接触到各种圆形的东西，并从中积累有关圆形的经验。

学前儿童在生活中所积累的数学经验大多是在自然状态下发生的，因而这些数学经验往往是零碎的、表面的。这些数学经验有时谈不上是科学的，但它无疑构成了儿童早期经验结构的一个重要组成部分，它为以后的数学学习提供了充分的感知基础。在学前儿童早期的数学经验的积累过程中，他们同时也获得了学习、探索数学的简单方法，以及运用数学去解决生活中遇到的问题和困惑的经验，初步体验到数学对于他们生活的意义。

案例介绍

今天的午点又是橘子。平时，我们总是两个人分一个。今天橘子多了，可一个人一个又不够。我请幼儿想办法。

"三个人分一个橘子。"

"两个人一个橘子多出来了，要是三个人会怎么样？"

"会更多。"

"那用什么方法更合适呢？"

"三个人分两个橘子。"

"两个人分一个，看剩下多少再分。"

"谁愿意多吃就吃一个，谁不愿意吃就两个人一个。"

"每人分6瓣橘子。"

哪种方法比较合适呢？我们首先试用了三个人分两个的方法。因为每个橘子基本上是9瓣（个别也有特殊的），所以每人分到手里的还真是6瓣。第二天，我们和厨房的师傅联系，午点还是给我们班吃橘子，数量与昨天相同。于是，我们又试用了两个人分一个的方法，也得到了孩子们的赞同。这样，幼儿在分橘子的过程中，就知道了"一共有多少，需要几个人分，要分成几份，每份是多少"，逐步理解了整体与部分，感受到了数学在生活中的应用，积累了一些相关的数学经验。

2．对现实生活的数学化

从人类探索数学的历程看，无论是数学的概念，还是数学的运算与规则，都是由于现实世界的实际需要而形成的。学前儿童探索数学的过程，实际上也需要经历人类探索数学的历程。这个过程就是对现实生活的"数学化"的过程。

学前儿童对现实生活的数学化，是学前儿童以自己的观点数学地对待现实生活的探索过程，也是学前儿童对现实生活的"再发现"和"再创造"的过程。在这一过程中，学前儿童既依赖于自己所积累的现实生活经验，又带有自己明显的情感色彩。也就是说，学前儿童是以自己的思维方式和对现实生活中的数学的理解来探索、解决当前所遇到的问题。

案例解析

这天，午点吃的是葡萄。每张桌上都放着满满一盘洗净的又圆又大的紫葡萄。我问："小朋友，葡萄不像苹果那样能一人分到一个，这么多葡萄，怎样才能让每个小朋友分到的一样多呢？"有孩子说："先数一数共有多少粒葡萄，再看每人能分到几粒。"有孩子反对道："这么多能数过来吗？又没有那么多盘子，往哪里数呀？"激烈地讨论后，浩浩说："老师，我有办法，我们每人先都拿5粒葡萄，吃完后，看能剩下多少，如果够的话，然后再一起2粒2粒、1粒1粒地分着吃，这样不就一样多了吗。"我惊讶于他的观察力和思维力，赞同地说："好吧，现在每个小朋友先吃5粒。"教室里顿时响起了1、2、3、4、5的数数声。接下来，孩子们又采用了两次大家一同分2粒的方法，两

19

次一同分1粒的方法，渐渐地他们发现盘子里的葡萄越来越少。宇宇说："老师，还剩2粒葡萄，我们组有6个人，不够分了怎么办呀？"我走过去，说："这2粒我们就分给今天积极动脑的浩浩，大家说好不好？"孩子们异口同声地回答："好。"

对于分葡萄中出现的生活问题，学前儿童首先想到的是借助原有的数数经验来解决。这里由于葡萄的数量远超于他们的数数能力，他们想出了按次分（也就是按次数）的办法，并最终解决了分葡萄的问题。在这一过程中，学前儿童把具体的生活问题转化为数学问题，然后用自己已有的数数经验和等分经验来创造性地解决问题，这就是他们对现实问题解决的"再发现"和"再创造"的过程。

3．以生活经验为基础学习数学

从某种意义上来说，学前儿童很小就生活在与数、量、形状、空间等数学形式密切相关的环境中，从小就感受、发现着事物的数、量、形等特征，积累着有关生活中初步的感性数学经验。而这一切的接触与感知都是学前儿童今后理解和建立数概念的基础。

学前儿童对于某一数学概念的相关经验的积累越丰富，他们再学习这一数学概念就越容易，也有可能越早地学习和接受。反之，如果学前儿童没有相关的数学经验的积累，他们就难以理解和接受这一数学概念。因此，充分理解学前儿童早期的数学经验是教师进行数学教育的前提。

案例介绍

学前儿童生活的早期接受到的圆形、正方形、三角形的事物较多，也积累了丰富的感性经验，这为他们认识这些图形提供了基础，因此，对于这些形状的认识在小班就可以开始了，而对其他较为复杂的图形的认识则要依赖于他们生活经验的不断丰富才能逐步展开。同样的，学前儿童对于其他数学概念的理解和掌握，如量的认识、时间的认识和加减运算的认识等也必须依赖于他们在生活中是否积累了相应的生活经验。

学前儿童认识数学所具有的生活性特点，要求教师：① 应把学前儿童的数学教育与他们的生活紧密结合起来。教师应引导学前儿童在生活中发现、感知数学，体验数学就在他们身边。同时，应积极创设条件，引导学前儿童把所学的数学知识运用于他们的生活中，去解决生活中的实际问题，从中体会数学的重要和有趣。② 应将学前儿童数学教育生活化，努力创设具有学前儿童生活气息的问题情景，让他们通过问题情景去感知、发现存在于问题情景中的数学问题，并引导他们把具体的数学问题转化为抽象的数学概念，即引导学前儿童经历数学化的过程。而只有这样，学前儿童所学的数学概念、所积累的数学经验，才能内化为他们的数学能力，真正成为有生命力的东西。③ 应通过各种形式研究学前儿童的早期数学经验，并以学前儿童早期的数学经验为出发点去组织各种数学教育活动。只有这样，教师组织的各种数学教育活动才能为学前儿童所接受，才能使学前儿童的数学素质在原有的基础上得到不同程度的发展。

五 差异性

学前儿童数概念的形成和发展是综合因素影响的结果。由于每一个学前儿童先天生理条件和后天环境的不同，他们在数概念的形成和发展中就表现出明显的个体差异。这种差异不仅表现为学习水平和速度上的差异，而且表现为学习风格和方式上的差异。

1．学习水平和速度上的差异

每个学前儿童的数学能力的发展，都遵循着同样的规律和步骤，即都是从动作水平的操作到具体水平的操作直至抽象水平的运算过程，但在发展的具体过程中，则会表现出一定的差异，即有的学前儿童需要比别人更长的时间来实现这一发展过程。周欣在对刚入园学前儿童唱数的发展水平的研究中发现，学前儿童在唱数的发展水平上表现出很大的个别差异性，见表2-1。

表2-1 刚入园学前儿童唱数的发展水平统计表

样本	人数	年龄	唱数平均数	标准差	水平范围
1	61	3：6	20	20.5	0～109
2	63	3：8	35.8	28.6	0～109

表2-1的数据表明，学前儿童刚入园时的唱数能力的个别差异很大，好的可以唱数到119，差的只能数到2或3，或有可能一个也不会数。而且，不同的幼儿园学前儿童入园的唱数水平也有明显的差异。

表2-2 学前儿童按数取物的发展水平统计表

样本	人数	年龄	按数取物均数	标准差	水平范围
1（小班上）	61	3：6	5.6	6.0	0～25
2（小班上）	63	3：8	9.2	6.6	0～25
3（小班下）	97	4：1	9.2	3.7	0～25
4（中班初）	59	4：7	16.9	10.3	2～30

表2-2的数据表明，从考察学前儿童的基数概念的"按数取物"水平来看，好的学前儿童能根据要求拿25个或更多的物体，而差的学前儿童1个物体也拿不出来。表2-2还表

明，中班儿童的按数取物能力的差异并不比刚入园的儿童的个别差异小，好的学前儿童能拿出30个或更多的物体，而差的学前儿童只能拿出2个物体。

2．学习风格和方式上的差异

周欣的研究表明，学前儿童对书面数符号的理解表现出很大的差异。如对算式2+2=4的理解。主试出示一张写有阿拉伯数字或数学运算式卡片，说："请你告诉小熊这个卡片上写的是什么？因为小熊看不懂卡片上写的东西，你可用纽扣摆出来给它看。"学前儿童运用了多种表征的方法：① 正确方法——摆出得数（4颗纽扣）；② 摆出算式中所有阿拉伯数字的总和（8颗纽扣）；③ 摆出算式中1个加数和得数的和（6颗纽扣）；④ 摆出整个算式（8颗纽扣加上摆"+"号与"="号所需纽扣）；⑤ 摆出阿拉伯数字符号本身（如4的形状）或形象地摆出整个算式的符号；⑥ 摆出珠心算所用算盘珠的位置。

上述关于学前儿童对书面数符号的理解所呈现的特点反映了学前儿童学习数学时所表现出来的学习风格和方式上的个体差异性。这种差异是学前儿童自己的"发明"，是学前儿童以自己对数学的理解在具体数学学习内容上的表现。

学前儿童数学学习中所表现出来的差异性特点，要求教师：① 应具备学前儿童心理学的知识和观察学前儿童数学发展的能力，要善于深刻地研究每一个学前儿童的数学学习行为和特点，依据每个学前儿童发展的不同需要，采取有针对性的指导策略，以促进每一个学前儿童在原有的水平上得到不同程度的发展。② 应在具体的活动中，采取差异化的教学策略。在数学活动目标的确定上体现灵活性，对能力强的学前儿童可以适当提高要求，而对能力差的学前儿童则可以降低学习的要求。在数学材料的提供上体现层次性，对能力强的学前儿童可以增加材料的干扰因素或操作类型。在具体的指导策略上体现差异性，有的学前儿童只要采取提醒的策略就可以了，而有的学前儿童则需要作具体的指导。在学习要求上体现个性化，对有的学前儿童要求他们动作尽量要快，而对有的学前儿童则要提供充足的时间，让他们慢慢地操作和思考；对有的学前儿童要求他们做事应认真、细心，而对有的学前儿童则要求他们大胆作业，不怕犯错误。

实·训·练·习

下面是学前儿童学习数学的心理特点的具体行为表现，每一题有A、B、C、D四个选项，请选择你认为最合适的一个写在括号中。

1. 问东东："几岁了？"东东总是数数自己的手指头，然后再回答："4岁。"东东的这一行为表明，他认识年龄具有（　　　　）的学习特点。

    A. 依赖于动作　　　　　　　　　　B. 依赖于表象

    C. 依赖于多样化的生活经验　　　　D. 依赖于练习

2. 有些小班幼儿不能正确地比较数量的多少，起初是通过直觉的判断，即使老师告诉他们要通过一一对应比较多少才是一个正确的方法，他们也不会轻易接受，直到他们自己感到现有的认知策略不能适应问题情境了，才会主动改变策略。这一现象说明他们学习数学所具有的特点是（　　　　）。

　　A. 从具体到抽象　　　　　　　　　B. 从同化到顺应

　　C. 从外部动作到内化动作　　　　　D. 从不自觉到自觉

3. 幼儿学习数学是从"数行动"发展到"数概念"的过程，说明幼儿获得数学知识的过程是（　　　　）。

　　A. 从具体到抽象　　　　　　　　　B. 从同化到顺应

　　C. 从外部动作到内化动作　　　　　D. 从不自觉到自觉

4. 问一个二三岁的儿童："你家里一共有几个人？"他能列举出"家里有爸爸、妈妈，还有我"却回答不出"一共有3个人"。这一现象说明他们学习数学所具有的特点是（　　　　）。

　　A. 具体的心理特点　　　　　　　　B. 不能顺应的心理特点

　　C. 不自觉的心理特点　　　　　　　D. 自我中心的心理特点

5. 一位小班幼儿在给花片归类时，他自己是按照形状特征分的，当看到同桌是按照颜色特征分的时，就说别人是"乱七八糟"，但问其"按照什么分的"时，却不能回答，经提醒，认识到别人分类的依据了。这一现象说明他们学习数学所具有的特点是（　　　　）。

　　A. 从自我中心到社会化的特点　　　B. 从不自觉到自觉的心理特点

　　C. 从具体到抽象的心理特点　　　　D. 从外部动作到内部动作的特点

6. 小班幼儿在将物体归类时，不少幼儿能根据感官判断其共有的形状进行归类，但语言表达上却说成"红片片我送你回家"而不是"方片片"。这一现象说明他们学习数学所具有的特点是（　　　　）。

　　A. 具体的心理特点　　　　　　　　B. 不能顺应的心理特点

　　C. 不自觉的心理特点　　　　　　　D. 自我中心的心理特点

7. 有些幼儿在按数取物的活动中往往会认为与一张数字卡（或点子卡）相对应的只能取放一张相同数量物体的卡片。这一现象说明幼儿学习数学具有的特点是（　　　　）。

　　A. 外部动作　　　　　　　　　　　B. 不自觉

　　C. 个别性　　　　　　　　　　　　D. 一般化

8. 幼儿在比较两组物体数量多少的过程中，采取原有的目测方法去解决并获得成功，这一现象说明幼儿学习数学具有的特点是（　　　　）。

　　A. 顺应　　　　　　　　　　　　　B. 同化

　　C. 个别性　　　　　　　　　　　　D. 一般化

9. 幼儿在计数时，最初需要用手点着物体逐一计数，逐步发展到可以用眼看着物体默默计数，这反映了幼儿在数学学习中具有（　　　　）。

　　A. 从个别到一般心理的特点　　　　B. 从不自觉到自觉的心理特点

　　C. 从具体到抽象的心理特点　　　　D. 从外部动作到内部动作的特点

10. 在玩"超市"的游戏中，明明很熟练地拿着不同币值的"钱"到各个收银点结算，而且似乎每一次都算得很对，而其他小朋友却往往算错。后来老师了解到，原来明明经常跟妈妈一起到超市买东西，而每次妈妈都拿着钱让明明去结算。这反映了明明学习数学具有（　　）心理特点。

  A. 启蒙性   B. 生活性

  C. 发展性   D. 探索性

11. 让大班的幼儿认识长方体，教师只让幼儿知道长方体有6个面是长方形的，而没有让幼儿进一步认识长方体有12条棱和8个角。这一做法是基于幼儿认知数学的（　　）特点来考虑的。

  A. 启蒙性   B. 生活性

  C. 发展性   D. 探索性

12. 小明在对应排列卡片时，总要先和上面一排相对应的卡片碰一下，然后才把它放在下面。这一现象说明小明学习数学所具有的特点是（　　）。

  A. 依赖于动作   B. 依赖于表象

  C. 依赖于多样化的生活经验   D. 依赖于练习

13. 妈妈拿了一个正方形，告诉婷婷："这叫正方形，有4条一样长的边，4个一样大的角。"要求婷婷反复说几遍。然后，指着正方形，问婷婷："你告诉我，正方形有什么特点？"婷婷摇了摇头说："不知道。"妈妈很是生气。妈妈的这一做法说明其并不理解婷婷学习数学所具有的（　　）特点。

  A. 启蒙性   B. 生活性

  C. 发展性   D. 探索性

14. 老师问："4+5=？"班级的幼儿有的马上说是9；有的按了按手指头，算了一会儿，才说是9；有的想了一会儿说是8……幼儿表现出来的这些现象说明，他们学习数学具有（　　）特点。

  A. 个体差异性   B. 生活性

  C. 发展性   D. 探索性

15. 两个幼儿面对面站着，老师问幼儿A："你的左手是哪一只手？"该幼儿能够答对，但要求他指出幼儿B的左手，他指的是与自己的左手同一边的那一只手。说明幼儿A认知数学所具有的特点是（　　）。

  A. 外部动作   B. 不自觉

  C. 个别性   D. 自我中心

学前儿童心理发展是共性和个性的统一。学前儿童对数学的学习既表现出一般性的认知特点，在学习不同的数学内容时，又具有个性的特点。认识这些特点是教师开展有针对性的数学教学的重要前提和保障。

一 学前儿童感知集合的特点

1．感知分类的特点

（1）分类的年龄特征问题 学前儿童分类能力的发展大致可分为以下几个阶段。

第一阶段：3岁的学前儿童不能按照物体的特征进行分类。他们往往根据自己的意愿和当时的心境来摆弄实物或玩具，如把自己喜欢的东西放在一起，把不喜欢的放在一边。此时的分类更多的是具有游戏的性质。以后逐步能按照颜色或大小对实物或玩具进行分类。但是，他们还不能把颜色精确地区别开来，如往往是把大红、粉红、紫红混在一起，把蓝色、天蓝色、黑色混在一起。因为，这时的学前儿童对物体的感知是笼统的、模糊的，他们分不清物体的本质特征和非本质特征。

案例介绍

瑞瑞2岁3个月的时候，最喜欢玩各种各样的玩具汽车，而且还喜欢将玩具到处乱放。一天，妈妈拿出2个大篓子，给了瑞瑞一个，对他说："瑞瑞，你把汽车放在这个大篓子里，妈妈帮你把其他玩具放在这个大篓子里，我们一起收拾收拾好吗？"瑞瑞很愉快地拿了大篓子，捡起娃娃、积木、汽车等玩具就放进篓子里。妈妈拉过瑞瑞，重新说了一遍，可是，妈妈发现瑞瑞仍然将汽车与其他玩具一起放进了自己的篓子里。妈妈便动手将瑞瑞篓子里的娃娃、积木等玩具拿到自己篓子里，对瑞瑞说："瑞瑞收汽车，妈妈收这些玩具。"可是瑞瑞却不高兴了，大叫："放这里、放这里。"重新将自己的玩具拿回篓子里。

第二阶段：3～4岁的学前儿童，开始能够理解分类，知道将具有相同特征的物体放在一起，但此时的学前儿童通常把完全相同的物体归在同一类。因而，在对物品分类的时候，总会分成许多小类。例如，给他们一些不同颜色、不同形状的积塑片，他们会主动捡出形状和颜色完全相同的放在一起，而不会把颜色相同但形状各异、或形状相同颜色各异的积塑片归在一起。这说明，此时的学前儿童还没有形成类包含概念，不理解具有某一相同特征的事物可以归为一大类，在这一大类之中，可以根据其他特征再划分细小的子类。

第三阶段：5~6岁的学前儿童对物体分类时，不再要求每一类的物体要完全一样，只要某一特征是相同的，就可归成一类。例如，他们会把红色和黄色的圆柱体放在一起，把各色的立方体归到另一组。此时的学前儿童开始能够按照多个分类标准对物体分类，认识到以不同特征为依据，同一物体可以划入不同的类别之中。这一阶段的学前儿童不再局限于按照外部特征对物体进行分类，开始能够按照物体的功能等内在特征进行分类。例如：学前儿童做游戏时，会把青菜、萝卜、芹菜等放在一起，做菜给"客人"吃，把蛋糕、饼干等放在一起，给"客人"吃点心，把苹果、橘子等放在一起，给"客人"吃水果。

（2）分类标准的稳定性问题　对分类最基本的要求是在同一次分类活动中，分类标准不能发生变化，即分类标准必须具有稳定性。那么学前儿童何时能按照固定标准进行分类呢？

20世纪30年代，心理学家维果斯基运用不同形状、大小、颜色的木块作为刺激材料，混在一起摆放在学前儿童面前，让学前儿童把这些木块分成若干堆。通过这种研究，维果斯基发现学前儿童分类能力的发展可以分为三个阶段，即主观印象阶段、临时规则阶段和固定标准阶段。在主观印象阶段，学前儿童完全按照自己的主观愿望对木块进行分类，没有表现出任何分类规则；在临时规则阶段，学前儿童在某个时刻按颜色分类，而有的时候又按形状分类，分类标准时时变化；在固定标准阶段，学前儿童则能够按照一个固定的标准对所有的刺激物进行分堆。

（3）分类标准的类型问题　Heyman和Gelman等人的研究发现，在幼儿园阶段，学前儿童经常倾向于按照事物的具体特性进行分类，把具有同样颜色或形状的物体放在一起，而不是把属于同一类别的物体分成一堆。例如，研究者发现，学前儿童倾向于把苹果和皮球放在一起，而不是把它和香蕉放在一块，原因是苹果和皮球都是圆的。在知觉特征和概念特征进行竞争时，对于学前儿童来说，知觉特征是占优势的。同时，Smiley等人还发现，在功能关系和概念关系竞争时，对学前儿童来说，功能关系在分类时是占优势的分类标准。如学前儿童在分类时，常常把蜘蛛和蜘蛛网分在一起，而不是把蜘蛛和小甲虫分为一类；他们倾向于把马和马鞍子放在一起，而不是把马和狗放在一起。人们认为学前儿童倾向于按照视觉特征（如颜色、形状）或功能关系进行分类是正常的，因为视觉特征比抽象特征更为明显，加工抽象的概念特征比加工视觉特征更耗时，更复杂。

上述学前儿童分类活动所表现出来的特征，要求对学前儿童进行分类教育时，要根据不同年龄的学前儿童的分类发展需要，提出不同的分类要求和实施不同的分类指导办法，即按照从知觉特征到功能关系再到概念关系的分类要求，逐步对他们进行分类教育。

实·训·练·习

蓉蓉4岁了，她是个爱劳动的孩子。一天，她把箱子里的书和书架上的书拿出来，放在地上。然后，从一堆书中拿起一本《狼和小羊》的书，她说："宝宝的书"，把它放在一边；又拿一本杂志，说："妈妈的书"，放放一边。接着又拿一本说："宝宝的书"，放在了《狼和小羊》的上面。就这样,她把书分成两堆。一堆是她自己的书,一堆是妈妈的书。爸爸看见了,说:"蓉蓉,怎么那么不乖,本来放得好好的,怎么弄得那么乱呀!"说着,把书放回原处了。

问题:

(1)请分析案例中蓉蓉的行为。

(2)爸爸的做法对吗?如何正确对待蓉蓉的行为?

2. 比较两组物体的认知特点

学前儿童对两组物体(集合)数量的感知会经历一个不断发展的过程。

2岁左右的学前儿童就已经能够感知两组物体(集合)的数量,如让学前儿童选择两组数量不等的物体,他们往往会毫不犹疑地选择数量多的那一组,但这两组物体的数量差别要比较明显。他们不是从具体的数量上去比较两组物体的多少,而是从视觉上去感知和判断。此时,要求他们把一组物体一一对应地放在另一组物体的上面,他们往往把空位的地方也放进去,甚至超过集合的界限,如图2-1所示。

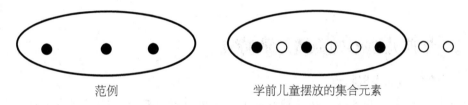

范例　　　　　　　　　　学前儿童摆放的集合元素

图2-1　2岁学前儿童对两组物体(集合)数量的感知

3岁左右的学前儿童还不能从数量上准确地比较两组物体(集合)的多少,但他们能在集合的界限里摆放两组物体,即他们掌握的比较技能有一定程度的发展,如图2-2所示。

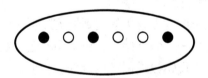

图2-2　3岁学前儿童摆放的集合元素

3岁半～4岁的学前儿童能够用比较的方法确定两组物体的多少,他们的对应比较能力有了迅速的发展。这种发展标志着学前儿童开始摆脱以视觉作为手段来判断物体数量的认知模式,是学前儿童感知、比较物体数量的一种"质"的飞跃,如图2-3所示。因此,比较两组物体数量这一内容也就被安排在小班的下学期进行教学。

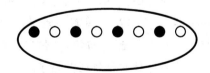

图2-3　3岁半～4岁学前儿童摆放的集合元素

4～5岁的学前儿童能够通过计数准确地比较两组物体的数量的相等和不等，但这种比较一开始只是局限于相邻两数的多1和少1的关系。这种比较能力的出现是在学前儿童掌握了计数技能，初步理解了基数的含义后发生的。

实·训·练·习

4岁的贝贝从玩具盒里拿出4个彩色小圆环。她一会儿把它们滚一滚，一会儿把它们向上扔一扔，玩得很开心。过了一会儿，贝贝拿起一个圆环套在大拇指上，又拿一个套在食指上，又在中指、无名指上各套了一个，接着她开始找圆环，没找到，于是她跑到妈妈那儿说："还少一个环环。"妈妈说："为什么？"她竖起小拇指说："还要一个。"妈妈说："没有了，就算了，小宝贝，妈妈在做事呢，到其他地方玩去。"

问题：

（1）分析贝贝学习数学的行为特点。

（2）妈妈的做法对吗？请你提出教育对策。

二 学前儿童感知数概念的特点

1. 计数能力的发展特点

学前儿童数概念的发展是从计数开始的。学前儿童计数能力的发展不仅标志着他们对数的实际意义的理解程度，还标志着学前儿童数概念的初步发展。学前儿童计数能力发展的顺序是：口头数数 → 按物点数 → 说出总数 → 按数取物 → 按群计数。

（1）口头数数 3～4岁的学前儿童一般能从1数到10，有的甚至可以数到100。这一阶段的学前儿童的口头数数表现出以下特点。

① 一般只会从1开始顺序地往下数，如果遇到干扰就数不下去，或者出现重新数的现象。

② 一般不能从中间的任意一个数开始数，更不会倒着数数。

③ 在口头数数中，常会出现跳数或循环重复数字的现象。

④ 不会正确地进位。

案例介绍

4岁的茜茜正在大声数数："1、2、3、……10、11、12、13、14、15、16、17、18、19、50，"声音变小，"51、52、53"声音开始变大。妈妈说："茜茜，你数错了，19后面是多少？"茜茜小声说："19后面是50。"妈妈问："那49后面是多少？""30，"茜茜回答。"错了，19后面是20，49后面才是50，你再数一遍。"茜茜再数的时候还是错了。

3~4岁学前儿童的口头数数更多地属于"顺口溜"的性质，是机械记忆的结果，他们并不理解数的实际意义。虽不理解，但它能使学前儿童获得数词的名称以及自然数顺序方面的知识和经验。这对他们以后正确地计数和理解自然数的顺序还是有积极意义的。因此，对于学前儿童日常生活中所出现的口头数数的现象，应鼓励而非阻止。同时，应引导学前儿童由口头数数向按物点数过渡。

案例解析

3岁的东东熟练地数着"1、2、3……"妈妈高兴地对他说："东东，拿2块糖果给妈妈。"结果却失望地看到东东随手抓一把糖递过来。

案例说明，东东口中虽会念着"1、2、3……"，但心中并不理解这些数字的意义，东东的数数行为属于"顺口溜"性质。对于东东来说，"1、2、3……"只是一种"语言"，听得多了自然就会念，这和背诵儿歌并没有两样。

（2）按物点数 按物点数是指手逐一指点物体，同时有顺序地逐个说出数词，使说出的每一个数词与手点的每一个物体一一对应。

学前儿童按物点数比口头数数发展得要晚一些。3~4岁的学前儿童点数实物，特别是点数5以上的实物时，往往出现"手口不一致"的现象，具体表现如下。

① 会出现遗漏数字或循环重复、颠倒数字的现象。

② 口能从1数到10，但手不能按实物一个一个点，而是乱点。

③ 手能按实物一个一个点，但口却乱数。

④ 口和手虽能有节奏地配合，但不是一对一的配合。

出现这种现象的原因，一是由于学前儿童不理解数词的实际含义，不知道点数实物时，必须把被数的实物与自然数列里从1开始的自然数词建立一一对应的关系；二是按物点数时，要求多个器官（手、眼、口、脑等）的协同一致活动。学前儿童在5岁以前，由于大脑皮层抑制机能发展较差，手眼协调动作不灵活，再加上口头数数还不熟练，因此会产生种种手口不一致的现象。例如，一个3岁半的学前儿童在数姑姑给他带来的一盒糖。他数了几次，结果都不一样。最后就自言自语："我每次数的都不一样，真奇怪，难道这些糖会变魔法吗？"之所以会出现这种现象，主要的原因在于这位学前儿童不能手口一致地点数。

5岁多的学前儿童按物点数的数目与口头数数的数目范围基本趋于一致；6岁以上的学前儿童基本上都具有按物点数的能力。

问题解决

妈妈平时很注重对婷婷的启蒙教育，当婷婷2岁半时，妈妈就利用糖果、小玩具等教婷婷数1~10。可教了一段后，发现了这样一个问题：婷婷每次数数时，都会漏掉几个数，或者将数的前后顺序颠倒。妈妈纠正婷婷数错的地方，然后再叫婷婷数，但婷婷仍然数错，妈妈开始担心婷婷的数学能力的发展。

问题：妈妈的担心有必要吗？你怎么为婷婷的妈妈分担她的忧虑？

（3）说出总数　说出总数是指在按物点数后，能说出一个数词来代表所数过的物体的总数。

3～4岁的学前儿童点数完实物后，要求其说出总数，他们往往不能准确表达，具体表现如下。

① 看着提问的人，默不作声。

② 重数一遍，说出一个数词，有时说对，有时说错。

③ 说出总数的下一个词。

④ 说出自己平时经常说的一个数词，有时则是随意说一个数。

之所以出现上面的现象，是因为这需要学前儿童在掌握点数的基础上理解数到最后一个实物时，它所对应的数词就代表这一组实物的总数，要把数过的实物作为一个整体——数群来把握。由于学前儿童的理解能力和概括能力较差，需要一个较长时间来反复实践才能逐步掌握。

问题解决

我的孩子数数时很奇怪，明明他数了5个苹果，却告诉我有8个。我让他重数，他却又乱说是7个，这是怎么回事呢？

问题：请你为这位妈妈解析这一现象。

一般4岁以后的学前儿童大多能说出10以内物体的总数。学前儿童能手口一致点数并说出总数，标志着学前儿童已经开始理解数的实际意义。如，妈妈为4岁的晨晨买了一盒画笔，她打开笔盒，发现里面有许多颜色的画笔，就一根一根地数了起来，"1，2，3……11，12，哦!一共有12种颜色!"这表明晨晨不但能够准确点数，还能说出所点物体的总数，也就是说，这时的晨晨已经开始理解数的实际意义。

（4）按数取物　按数取物是指按指定的数目取出同样多的物体。按数取物要求学前儿童必须学会说出总数，理解数的实际意义后才能做到，是对数的实际意义的进一步理解和实际的运用。

3～4岁的学前儿童一般只能按数取出三四个物体。4岁多的学前儿童能取出10以内数量的物体。半数以上的学前儿童按数取物的数目与说出总数的数目大体趋于一致。5～6岁的学前儿童基本上都能按指定的数正确地取出物体。

（5）按群计数　按群计数是指以数群为单位进行计数活动。主要有两个两个数、五个五个数、十个十个数等。按群计数要求学前儿童具备一定的抽象能力，即能够把一群物体作为一个整体来看待，因此，一般到5～6岁才具备这样的能力。这种能力的出现，标志着学前儿童计数能力有了一个质的飞跃。

案例介绍

　　5岁的点点不小心碰翻了爸爸的围棋，他赶快把围棋捡起来放回去，边捡边数："1、2、3、4、5……不行，这样数太慢了。对了，5个5个数，这样更快。"这说明点点已经能够5个5个地按群计数了，知道了某一个数是由若干个"5"加上余下的尾数组成的。这种计数方式为以后对数的组成的认识打下了一定基础。

　　学前儿童的计数能力在整个发展的过程中，经历了从外部展开的动作向内部压缩的动作发展的过程，手的动作和语言的动作是密切联系的。开始数数时会移动物体并大声说出数词，然后过渡到只触摸物体并小声说出数词，再过渡到在一定距离外指点物体并动动嘴唇，最后过渡到用眼睛区分物体和默数。这也说明学前儿童认数刚开始需要多种感官（视觉、听觉、手的触摸觉和言语运动觉）同时参与，最后发展到只用少数感官（视觉、言语运动觉）参与。

2．感知相邻数的发展特点

　　学前儿童感知相邻数经历一个不断发展的过程，这个过程主要表现为三个阶段。

　　第一阶段，3～4岁的学前儿童通过一一对应的方法，能够比较两组物体的多1和少1的关系。这种比较依赖于具体的事物，并没有涉及具体数量的比较，也不能进行抽象的数的比较。如问一个叫宝宝的4岁孩子："4和3比，哪个多？哪个少？"宝宝答到："3在前面，4在后面。"说明这一年龄的学前儿童虽能理解3和4这两个数的顺序关系，但对它们的大小关系还不能理解。

　　第二阶段，4～5岁的学前儿童开始理解相邻两数之间多1和少1的关系，表明学前儿童已经在数和数之间建立起联系，这是对自然数列之间关系的最初理解形式。这种理解是伴随着数的形成过程完成的，是对数的实际意义的进一步理解，但这种理解是借助于实物并依靠计数来实现的。

　　第三阶段，6岁的学前儿童开始理解相邻3个数之间多1和少1的关系。因为理解相邻三数之间的关系涉及数的相对性问题，同时要求学前儿童能够进行数与数之间的推理运算。此时，对相邻数的理解具有抽象和概括的意义，是对自然数列中的等差关系的理解。

　　学前儿童感知相邻数所经历的三个发展阶段，要求教师在对他们进行相邻数的教学时，应遵循一定的规律，即在小班进行"比较两组物体的多少"的教学时，通过一一对应的方法初步感知两组物体的"多"和"少"的关系。在中班进行"数的组成"的教学

时，比较2个数的"多1"或"少1"的关系。在大班进行"相邻数"的教学时，比较3个数的"多1"或"少1"的关系。

实·训·练·习

有一个中班幼儿在小组活动中选择了"印点子"的作业。他先在7和9之间点了7个点子，研究者问他应该是几，他问答是8。"怎样才能是8呢？"他去掉了一个点子。研究者让他数，他数了以后说："现在是6了。""怎样才能是8呢？"他说再去掉一个。去掉以后，再一数，发现是5。便加了一个点子，一数是6，又加一个，一数是7，然后他又去掉一个，变成了6。这一次他加了两个点子，但是又数错了，数成7，又准备去掉一个，研究者提醒他再数一数，他终于发现正好是8个，于是完成了任务。

问题：请对本案例中幼儿的表现进行分析，并提出教育建议。

3．感知数的守恒的发展特点

学前儿童感知数的守恒经历了三个阶段。

第一阶段，不理解阶段。3岁半的学前儿童不能理解数的守恒。这时的学前儿童判断两组物体是否相等主要是根据两组物体的排列长度和所占的空间大小，而不是物体的数目。

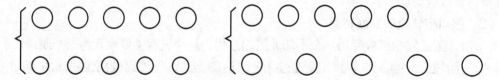

图2-4 不理解阶段

如图2-4中的两组物体，对于3岁半的学前儿童来说，他们不能正确地判断。对于第一组物体，大多数学前儿童都说下面的比较少，因为它们小；对于第二组物体，他们会说是下面的比较多，因为它们比较长。即此时学前儿童判断物体的数量受物体所占空间的影响。

案例介绍

3岁多的洋洋在玩雪花胶片。妈妈拿出10粒纽扣，又拿出10个雪花胶片，问洋洋："洋洋，雪花胶片多还是纽扣多？"洋洋看了一下，指了指雪花胶片说："雪花胶片多。"妈妈说："再看一看。"洋洋说："还是雪花胶片多。"妈妈说："10个雪花胶片和10粒纽扣都是10个，不是一样多吗？你再数一数。"洋洋数了一下说："10粒雪花胶片，10个纽扣。妈妈，还是雪花胶片多嘛！"

第二阶段，过渡阶段。当两组等量的物体一一对应排列时，4岁的学前儿童能理解它们是相等的，但当另一组物体被分散地排列后，学前儿童则不能正确判断它们是相等的。如图2-4中的两组物体，第一组物体学前儿童往往能判断它们是相等的，而第二组物体学前儿童则认为它们是不相等的。

第三阶段，理解阶段。5～6岁的学前儿童绝大部分能排除物体外部特征和排列形式的干扰，正确判断两组物体的守恒。如上面两组物体，学前儿童都能判断它们是相等的。

4．感知10以内数的序列的发展特点

学前儿童认识数序的发展特点包括认识相邻两数的前后顺序关系和大小关系这两个内容，具体特点表现如下。

3～4岁的学前儿童能按自然数的顺序进行口头数数，但往往是在一个数词和另一个数词之间机械地建立起前后联系，并不明白数的顺序关系。5岁以后的学前儿童很多能从中间任意一个数接着往下数。他们也开始理解相邻两数的前后顺序关系。

3～4岁的学前儿童多数能按物点数5以内数量的物体，但问起"4个"和"5个"哪个多时，相当多的学前儿童并不知道。有的学前儿童提出要求说："你得拿出东西来让我数一数。"这说明学前儿童只能看着实物依靠数数来比较数的大小，还没有建立起抽象数的顺序与数的大小的明确关系。4～5岁的学前儿童大约有一半能比较10以内数的大小。5～6岁的学前儿童一般都能顺利地比较10以内数的大小。

学前儿童给3个以上的实物或数字卡片排序的能力发展得更晚一些。因为学前儿童在排序时，不仅要熟悉数的数序，能比较每两个数的大小，还要能协调几个数之间的关系。4岁以下的学前儿童排序能力较差；4～5岁的学前儿童的排序能力有了明显的提高；5～6岁的学前儿童一般都能排10以内数的数序；6岁以上的学前儿童一般都能比较顺利地排出20以内数的顺序关系。

3～4岁的学前儿童分不清基数和序数，如要求他们把第三个苹果拿过来，他们往往拿了三个苹果，或随便拿一个过来。5～6岁的学前儿童还有少数会对基数和序数产生混淆，他们对基数和序数的转换往往感到难以理解。因此，引导学前儿童区别基数和序数是序数教学的一个难点。

5．感知10以内数的组成的发展特点

学前儿童对数的组成的理解比对基数、序数的理解要晚一些。4岁半以前的学前儿童不能理解数的组成，有的学前儿童虽然在行动上把物体分成两部分，但口头上不能正确地表述，如学前儿童把6个东西分成2个和4个，但在口头上却说成是2个和6个。5岁的学前儿童分合物体时，更多地考虑事实上的合理性，而不是数学逻辑上的合理性。如要求5岁的学前儿童把5个苹果分给爸爸和妈妈，他们往往无从下手。问"为什么不分？"他们会说，"不好分，因为一个两个苹果，一个三个苹果，这样不公平。"有的学前儿童则会把两个苹果分给爸爸，把两个苹果分给妈妈，另外的一个则放在旁边。

5岁以后的学前儿童多数能借助教具和实物初步理解数的组成，会按教师的要求，把10个以内的物体分为不同的两个部分；但掌握抽象数的组成还有一定的困难，不会连贯地讲述一个数可以分成两个数，两个数合起来又是原数。经过适当的教育，6岁左右的学

前儿童基本上能理解数的组成，初步理解数群的整体与部分、部分与部分之间的关系。可见，10以内数的组成的教学宜安排在大班的第二学期进行。

实·训·练·习

今天学习4的组成的时候，我用糖果和玩具熊作为上课的教具，问小朋友把4粒糖分给两只小熊吃该怎么分，小朋友一致都认为每只熊2粒糖果。问他们还有没有其他的方法可以分，小朋友都说没有了。

问题：本案例中学前儿童对数的认知表现出什么样的行为特点？如何根据这些特点进行教育教学？

三 学前儿童感知10以内加减运算的特点

1．具有发展的阶段性

学前儿童感知10以内加减运算能力的发展具有一定的顺序性和阶段性，即经历了由实物操作阶段过渡到表象阶段，再到初步的抽象阶段的过程。

三岁多的学前儿童开始进入加、减法的实物操作阶段。他们能够借助实物（包括数手指）做一些简易的加、减计算，但是还不能用实物来解决他们不熟悉的或数目稍大的计算题，也不能进行抽象的加减运算。如不能回答2+1=？这样的算式运算。在进行加法运算时，他们需要将表示加数和被加数的两堆实物合并，再逐一点数后得出总数；在进行减法运算时，也一定要把减掉的实物部分拿掉，再逐个数剩下的实物个数，得到剩余数。这时，他们主要依靠动作进行思维。

四五岁的学前儿童进入到加、减法的表象阶段。在不要求学前儿童掌握应用题结构的情况下，不使用加、减和等于这些符号和术语的条件下，他们能做到解答所有认识的数目范围内的简单加减应用题。

五六岁的学前儿童开始进入初步的抽象数的加、减计算阶段。特别是在他们学习了数的组成以后，能在成人的引导下，运用数的组成的知识进行加减式题的运算，从而摆脱了逐一加减的水平，达到按数群运算的程度。

2．学习减法比加法难

学前儿童往往把减法理解成加法，在进行加减运算时，把减法运算成加法，如把6-2=？运算成6-2=8。或者虽会理解减法，但运算减法的能力相比运算加法的能力发展得较晚。同样是进行加、减运算，学前儿童减法运算的错误率要比运算加法高。这主要与他们的运算方式以及是否考虑数群关系等有关。

3．学习加、减大数比加、减小数难

学前儿童进行加、减运算时，常常出现加、减小数容易而加、减大数难的现象。如5+2=？ 6-3=？ 等加、减小数的运算式子，他们运算的正确率较高，而像3+7=？10-8=？ 等加、减大数的运算式子，他们运算的正确率则较低。出现这种现象的主要原

因有二，一是受他们的加减运算经验的影响。二是受运算方式的影响。

4．具有多样化的运算方法

大班学前儿童进行加、减运算所采用的方法具有多样性的特点，不同的学前儿童又具有明显的个体差异，但总的来说，大班学前儿童的运算方法呈现出由具体到抽象的发展过程。以加法为例，他们主要的运算方式有：① 采用"全部数"的方法。即把表示两个加数的物体合并在一起，然后从1开始把所有的物体全部数出来，得出总数。② 采用"从一个加数接着数"的方法。即不再数第一个加数，而是在第一个加数的基础上，接着数第二个加数，得出总数。③ 采用"已有的运算经验"的方法。即会自觉地利用已经积累的加、减运算经验来解决后面的加、减算式。④ 采用"数的组成"的方法。即会利用数的组成的经验和知识来解决数的加、减问题。如问：3+5=？回答：3+5=8；再问：为什么3+5=8？回答：因为3和5合起来等于8，所以3+5=8。说明学前儿童能利用数的组成知识来解决3+5=？这一加、减问题。采用这种方法，一开始往往需要教师的引导和帮助，随着经验的积累，学前儿童就能自觉地运用这一方法。这种方法的采用，是学前儿童摆脱实物运算向抽象的数群运算过渡的标志，是学前儿童运算水平的一个质的飞跃。⑤ 采用"抽象的口诀"的方法。即不借助于具体的事物，而是凭借着熟练的加减口诀进行抽象的加、减运算。

一般情况下，对于每一个个体来说，上述五种运算方法的采用是按时间的前后顺序出现的，但这种顺序不是直线式的，而是螺旋式的发展过程。当学前儿童采用高一级的运算方法进行运算遇到困难时，他们往往会自觉地采用低一级的运算方法去解决遇到的难题。

实·训·练·习

豆豆在学习"2+6=？"这道题时，又像以前那样伸出两只小手，掰弄着手指，边数边算，班上老师看见后，立即对他说："豆豆，快放好你的小手，你要用自己的小脑袋算题。"

问题：请对本案例中豆豆和老师的表现进行分析，并提出教育建议。

5．解答应用题会受到题目中的情节内容的干扰

解答应用题要求学前儿童注意应用题中的数量关系，但在实际的教学过程中，学前儿童往往把注意力放在题目的情节和内容上，而忘记了教师对他们提出的分析问题和解决问题的任务。如教师口述了这样一道应用题："小明有6个梨子，分给了小玲2个，小明还剩下几个？"有的学前儿童不是去思考如何回答老师的问题，而是问："为什么要分2个给小玲？"有的则说："应该分3个给小玲。"问："为什么？"回答说："每人3个，这样才公平。"说明学前儿童受到了题目中的情节和内容的干扰。他们思考的是：小明好好的6个梨子，为什么要分给别人，或者应公平地分梨子。

6．自编应用题存在的问题

（1）在情节内容方面存在的问题

① 往往编出违反生活逻辑的情节内容。由于缺乏生活经验，加上思维的局限性，学

前儿童在编题时，有时会出现只考虑应用题中的数量关系，而难以照顾到自己所编的应用题的情节是否符合生活实际。例如：有的学前儿童是这样编的："我早上喝了4杯牛奶，后来又喝了5杯牛奶，问我早上一共喝了几杯牛奶？"该学前儿童所编的这一应用题的情节内容，显然是不符合他们的现实生活的，因为，一般情况下，一个学前儿童在一个早上是不可能一下子喝了9杯牛奶的。

② 往往编出违反教育要求的情节内容。学前儿童编题的内容往往是他们生活的客观反映，也就是说，学前儿童会把他们生活中曾经发生过的事情编进应用题中，因此，在学前儿童所编的应用题中，也就会出现一些明显违反教育要求的情节和内容。例如，有的学前儿童编出这样的应用题："我原来有5辆小汽车，后来，我又要我的爸爸给我买4辆，问我一共有几辆小汽车？"这位学前儿童的编题内容与教师对他们所进行的勤俭教育的要求是相违背的。

③ 往往编出违反自然规律的情节内容。由于学前儿童往往对自然界的事物和现象不了解，因此，在他们所编的有关自然界方面的应用题中，常常会出现违反自然规律的内容。例如，有的学前儿童是这样编的："有一只母鸡，昨天生了4个蛋，今天又生了3个蛋，问一共生了几个蛋？"很显然，母鸡是不可能在一天的时间里生那么多鸡蛋的。

（2）在数量关系方面存在的问题

① 不会提出问题。学前儿童不能理解提出问题在应用题中的作用，因此，在他们所编的应用题中，往往只有已知条件却没有问题（未知条件）。例如，有的学前儿童是这样编题的："天上有3只老鹰，后来，又飞来了4只。"

② 没有问题，却有答案。有的学前儿童把编题等同于讲一件事或一个故事，在他们所编的应用题中，没有提出问题，却有运算答案，即以答案代替问题。例如，有的学前儿童是这样编题的："天上有3只老鹰，后来又飞来了4只，天上一共有7只老鹰。"

③ 缺少已知条件。有的学前儿童编题时缺少一个条件或一个条件不明确。例如，有的学前儿童编出："水里有2只小鱼，问现在水里有几只小鱼？"这是一个缺少一个条件的应用题。有的学前儿童则是这样编的："水里有2只小鱼，一会儿，又游来了好几只小鱼，问现在水里有几只小鱼？"这是一个条件不明确的应用题。

实·训·练·习

某大班幼儿学习自编应用题时，出现了下列现象。

红红："树林里有2只小象，又跑来了3只，树林里一共有5只小象。"

明明："我上午吃了6个桃子，下午又吃了3个桃子，我一共吃了几个桃子？"

兰兰："树上有7只小鸟，飞走了4只小鸟。"

晨晨："我有2个皮球，爸爸又给我买了一些皮球，我一共有几个皮球？"

问题：请对上述学前儿童所编的应用题进行分析，并提出应对策略？

学前儿童学习10以内的加减运算所表现出来的这些特点，对教师进行教学的启示是：

① 根据学前儿童不同的发展水平，实施不同的教育教学策略。② 让学前儿童理解加、减法的含义，加强对减法的练习。③ 根据学前儿童的发展水平和接受能力，对加、减大数的教学内容进行分解，以降低教学的难度。④ 研究学前儿童加、减运算的具体方法，鼓励他们采用多样化的方法，促进他们运算方法的发展。⑤ 理解学前儿童解答应用题的特点，避免应用题的情节和内容对他们造成的影响。⑥ 理解学前儿童编题中出现的种种问题，给予有针对性的指导。

四 学前儿童感知量的特点

1. 各种常见量的感知特点

学前儿童对各种常见量的感知主要包括对大小、长短、粗细、高矮、厚薄、宽窄的感知。学前儿童对各种常见量的感知表现出明显的年龄特点。

3～4岁的学前儿童能区分差别较为明显的物体的大小和长短，并能用简单的词汇表达。如，他们会说："我有一个大皮球"、"我家有一把长剑"等。他们能从一堆物体中找出最大（长）或最小（短）的物体。但他们往往把物体的大小、长短和高矮等物体量的特征看成是绝对的。3～4岁学前儿童对物体的大小、长短、粗细、高矮、厚薄等属性的认识是模糊不清的。他们有时把大小作为表示各种量的通用词来表达，有时则把一种物体的量同时用其他量来表达。

> **问题解决**
>
> 我家的宝宝2岁9个月。他已经能分辨大小，可我发现宝宝只喜欢用大小来区分一切物体。如他说我们用的筷子是"大筷子"，宝宝用的是"小筷子"；说毛笔是"大笔"，他的蜡笔是"小笔"……我不知道应不应该告诉他有关长短的知识，纠正他的错误。
>
> 问题：请你帮助这位母亲解决她的困惑。

4～5岁的学前儿童感知量的精确性有了很大的提高。开始能区别差别不太明显的物体的大小、长短、粗细、高矮、厚薄、宽窄等，并能用相应词汇表达。如能表达："这个人高，那个人矮"、"这本书很厚"。能从一组物体中找出相同大小的物体，但此时的学前儿童还不能认识物体量的守恒。对量的相对性的认识也开始发展起来。

5～6岁的学前儿童能正确地认识并用相应的词汇描述物体的各种特征，同时对量的相对性有了较好的了解。如让学前儿童对三支不同长短的铅笔作比较后，问："这支红铅笔是长呢，还是短呢？"有的学前儿童会回答："它又是长的，又是短的。"还有的学前儿童回答："红铅笔比黄铅笔长，但比绿铅笔短。"另有的学前儿童回答："不一定，要看它和谁比。"这些回答反映了学前儿童对长度相对性的认识，知道不能绝对地说红铅笔是长还是短，它有时可以是长的，有时也可以是短的。5～6岁的学前儿童在认识量的方面有一个重要的发展，那就是能理解物体在长度、面积、容积等方

面的守恒。

总之，学前儿童对各种量的认识表现出一定的规律性，即从明显差异到不明显差异；从绝对到相对；从模糊、不精确到逐步精确。

2．对物体重量的感知特点

重量是物体的一个属性，相对于物体的其他属性，如大小、长短、高矮等，学前儿童对重量的感知更具内隐性，更容易受到物体外部特征的影响，因此，其发展也相对较晚。

3岁的学前儿童对重量差异大的物体易于辨别，而差异较小的则有困难。有人曾让3岁的学前儿童用手掂量两个重量分别为140克和15克的瓶子（瓶子的颜色、形状、体积均相同），结果发现，能正确回答"它们是一样重还是不一样重"的问题的人数达到80%；而瓶子重量分别为140克和70克时，正确回答的人数只有37%。这时的学前儿童只有17%的人数能正确用"这个重（轻）"来表达，而大部分学前儿童往往用"这里的水多"、"这里的药少"来表达对重量的感知，显然是受到瓶子中水或药的多少这一外在因素的直观影响。

4岁的学前儿童能从若干对象中找出同样重量的物体，如在桌上任意并放着6个形状、颜色和体积相同而轻重不同的瓶子，其中两个140克、两个70克、两个15克，主试从中拿出一个重70克的瓶子，要求学前儿童从其余的瓶子中找出一样重的瓶子，结果3岁能完成的人数只有13%，而4岁已达到43%。4岁的学前儿童能用"轻"、"重"词汇表示不同瓶子重量的人数可达53%。

5岁的学前儿童能理解和运用"轻"、"重"词汇的人数已达73%～100%。同时，5岁的学前儿童感知轻重的相对性的能力有显著的发展，如对任意并放的三个形状、颜色和体积相同而重量分别为140克、70克、15克的瓶子，能判别并说出其中哪个最重、哪个最轻、哪个比较重的人数可达67%。

国外有研究资料表明，随着重量感觉的发展，5～6岁的学前儿童已能够认识到小的物体可以比大的物体重。而大小一样的物体，由于制作材料的不同，重量也可以不同。这种对重量与体积之间相反关系的认识，表示此时的学前儿童的思维守恒性与可逆性已发展到一定的程度。

3．测量技能的发展

瑞士心理学家皮亚杰曾以要求学前儿童用积木搭出与提供给他们的模型塔一样高度的方法来研究学前儿童测量技能的发展情况，结果发现学前儿童掌握测量技能经历了三个发展阶段。

第一阶段：只用眼睛测量而不用任何测量工具。如一个学前儿童搭塔时，自己觉得不满意，他宁愿拆掉重搭，而不企图用主试提供给他的一根木棒去测量自己所搭的塔是否与模型塔一样高。

第二阶段：企图探索一次性的测量工具。这时的学前儿童在判断自己所搭的塔是否与模型塔一样高时，他们开始企图寻找与自己所搭的塔一样高的一次性的测量工具，然后，用这一工具与模型塔比较。

第三阶段：学会测量的方法。此时的学前儿童能够用任意长的物体作为普通的测量工具进行测量。学前儿童选择较短的测量工具进行测量，知道把被测物体分成和测量工具长度相等的若干份，认识到整体是各部分之和。此时的测量对于学前儿童来说是一种智慧或运算的测量。

总之，在教育的条件下，5～6岁的学前儿童对测量能够理解，并表现出很大的兴趣。他们知道为了确定物体的量可以通过测量的方法去认识，还知道不同的量可以用不同的测量工具去测量。

学前儿童认识量的概念所表现出来的这些特点，对教师进行教学的启示是：① 在各年龄班应开展不同的量的教学；② 对各年龄班量的教学提出不同的教学要求。

4．排序能力的发展

（1）排序类型的发展 学前儿童数概念研究协作组（《心理学报》，1979年第一期）的调查实验表明：学前儿童对物体大小、长短等量的排序要早于对物体数量的排序；对物体数量排序的认识又比对抽象数字排序的认识早。

（2）排序物体的数量的发展 林嘉绥、王滨对学前儿童学习长度排序进行了实验研究（《学前教育研究》1989年第五期），研究结果表明：以正排序为例，在未接受过排序教育的条件下，3岁的学前儿童70%能完成3根小棍的排序任务，而5根和10根小棍的排序则无人能完成。4岁的学前儿童80%能完成3根小棍的排序任务，35%能完成5根小棍的排序任务，10根小棍的排序则无人能完成。5岁的学前儿童100%能完成3根小棍的排序任务，80%能完成5根小棍的排序任务，55%能完成10根小棍的排序任务。6岁的学前儿童完成3根和5根小棍排序任务的正确率均达到100%，而有90%能完成10根小棍的排序任务。这表明，随年龄的增长，学前儿童排序物体数量的能力是逐步增强的。

（3）排序方法的发展 3岁的学前儿童的排序方法带有很大的游戏性和任意性，他们往往把手中的物体作为玩具随意摆放、玩耍。当摆出一定的形状后，他们会认为已完成教师交代的任务，就不再作出任何动作，有时则是打乱了重新摆放。他们在进行长短和高矮排序时，没有基线的概念。

4岁的学前儿童往往用分组的方法进行5以内物体数量的排序，这一方面说明他们对于数量较多的物体排序尚存在着困难，另一方面也说明他们已开始企图寻找排序的办法。他们在进行长短和高矮排序时，只有少数学前儿童能注意到排序的基线。此时，学前儿童排序的试误次数还较多。

5岁的学前儿童开始具备一定的目测能力，即排序时，能先观察物体量的特征，然后再排序物体。5岁的学前儿童排序5以内物体时，试误明显减少，但排序10以内物体时，试误较多。此时的学前儿童在进行长短和高矮排序时，能注意到基线，错误时，能主动改正。

6岁的学前儿童目测能力有明显的提高，他们能在一堆物体中先找出最长或最短（最高或最矮）的物体，然后，再用眼睛观察其余的物体，找出最长或最短，依次类推地顺利完成任务。有的学前儿童能自觉地应用简便的方法排序物体。如，有的学前儿童把要排序的10根小棒全部握在手中，然后在桌上轻轻地磕两下，最后，依次找出最长的一根摆成一排，快速地完成了排序任务。由于学前儿童目测能力的提高和学会了简便的排序

方法，试误次数也明显减少了

（4）正逆排序的发展 3～4岁的学前儿童对3个以内物体能进行正排序，4～5岁的学前儿童对5个以内物体能进行正排序，5～6岁的学前儿童对10个以内物体能进行正排序。

3岁的学前儿童对3个以内物体能进行逆排序的只有25%，而没有人能对5个以内的物体进行逆排序。4～5岁的学前儿童对5个以内物体能进行逆排序的人数由20%上升到75%，说明4～5岁是学前儿童逆排序能力迅速发展的时期。

（5）排序思维能力的发展 学前儿童排序活动中的思维发展是指排序中的传递性和双重性的发展。物体排序的传递性是指如果A>B，B>C，那么A>C。双重性是指物体序列中的任何一个元素的量都比前面一个元素大，比后面一个元素小。林嘉绥、王滨的研究表明，5岁以前，学前儿童认识排序中的传递性有困难，5～6岁是学前儿童认识传递性较好的时期。而5岁以前学前儿童是不能理解排序中的双重性的，学前末期可达到初步理解。

学前儿童排序能力的发展所表现出来的这些特点，对教师进行教学的启示是：在排序教学目标、各种排序类型的教学、排序物体数量的提供和排序方法的指导等方面，各年龄班都应有一定的差异。

五 学前儿童感知几何形体的特点

1．具有明显的年龄特点

3～4岁的学前儿童认识图形时，表现出如下的发展特点。

（1）能较好地匹配平面图形 研究表明，绝大部分小班的学前儿童能按范例找出部分的平面图形，其成功率均在80%以上。

（2）能正确配对、指认和命名圆形、正方形和三角形，能按照这些图形找出周围环境中相应的物品。

（3）受几何形体摆放位置的影响 下面是台湾学者周淑惠与一个4岁多学前儿童的对话。

周淑惠：这是什么形状？

学前儿童：三角形。

周淑惠：这是三角形，好聪明喔！知道这是三角形，那么这样子呢？（将小卡片当着学前儿童的面翻转，使顶点朝下）

学前儿童：不知道。

周淑惠：不知道呀！再想想看，这是什么形状？

学前儿童：不知道。

周淑惠：好！那么这样子呢？（将卡片翻转回原态）

学前儿童：三角形。

从上面的对话中可以知道，学前儿童认识三角形受三角形的摆放位置的影响。当三角形处于常态摆放时，学前儿童能正确感知，但当三角形处于非常态摆放时，学前儿童却不能正确感知。这一现象也说明，此时的学前儿童还没有达到对三角形守恒的认识。

4～5岁的中班学前儿童认识图形时，表现出如下的发展特点。

（1）能正确配对、指认和命名长方形、半圆形、椭圆形和梯形，能按照这些图形找出周围环境中相应的物品。

（2）能理解平面图形的基本特征。如知道长方形有4条边、4个角，2条边长，2条边短，对边一样长。

（3）能对平面图形进行比较，找出它们的相同和不同。主要是对正方形和长方形、圆形和椭圆形进行比较。

（4）能理解图形的守恒，即能不受图形的大小、形态、颜色和摆放位置的影响，正确辨认和命名图形。

（5）能理解平面图形之间的简单关系，能对图形进行分、合、拆、拼的转换。如把长方形分成2个或4个小的长方形、2个或4个小的三角形、2个正方形等。

（6）能用平面图形拼搭出许多图形。

（7）容易把平面图形和立体图形相混淆。

5～6岁的大班学前儿童认识图形时，表现出如下的发展特点。

（1）能认识一些基本的立体图形，如球体、正方体、长方体、圆柱体，知道它们的名称和基本特征。

（2）能进一步理解图形之间的关系，如理解平面图形与立体图形、立体图形和立体图形之间的关系。

（3）对图形具有一定的概括能力。如把正方形、长方形、梯形、平行四边形概括为四边形。

学前儿童认识几何形体既表现出年龄上的差异，同时，也表现出共同的特征，即都需要各种感官的协同作用。学前儿童认识几何形体的特征不仅需要视觉感知，还需要触摸觉的联合作用，而语言的参与描述，会使学前儿童对几何形体的认识更加清晰。生活经验对学前儿童认识几何形体会产生积极的影响。凡是与学前儿童日常生活中接触的物体相似的形体，学前儿童就容易认识，反之，学前儿童认识就比较困难。

2．具有一定的发展顺序

学前儿童认识几何图形具有一定的发展顺序，具体有如下几个方面的表现。

（1）先认识平面图形，再认识立体图形。

（2）认识平面图形顺序是：圆形 → 正方形 → 三角形 → 长方形 → 半圆形 → 椭圆形 → 梯形。

（3）认识立体图形顺序是：球体 → 正方体 → 长方体 → 圆柱体。

（4）词参与认识活动的顺序是：配对→指认→命名。配对是指找出与提供的范例图形相同的图形。指认是按成人口述的图形名称，找出（指出）相应的图形。命名是说出提供的图形的名称。丁祖荫（《南京师范大学学报》1985年第三期）以八种图形为内容，对各年龄班学前儿童的配对、指认、命名的发展进行了研究，研究结果如表2-3所示。

表2-3　各年龄班幼儿正确辨认形状的平均百分率　　　　单位：%

正确率　　项目　　年龄	配对	指认	命名
小班	91.2	54.1	44.8
中班	99	74.8	71.2
大班	99.1	82.2	76.8

表中的百分比说明，学前儿童图形配对的正确率最高，指认次之，命名最低。

（5）与实物形状联系的顺序是：几何形体与实物等同 → 几何形体与实物作比较 → 几何形体作为区分实物形状的标准。

几何形体与实物等同是将几何形体理解为学前儿童日常生活中所熟悉的物体。如问学前儿童："这是什么形状？（指圆形）"学前儿童："这是太阳"或回答："这是大饼"等。这也说明学前儿童没有形体名称的概念，还不能用形体名称命名物体的形状。

几何形体与实物作比较是指学前儿童将几何形体与他们所熟悉的物体联系起来，用物体的形象来比喻几何形体。如问学前儿童："这是什么形状？"学前儿童："三角形。"再问："你告诉我，什么是三角形？"学前儿童："三角形像一座山。"说明学前儿童已掌握三角形的名称，并把三角形与山的形象联系起来。

几何形体作为区分实物形状的标准是指学前儿童将几何形体作为标准，以它来区分或选择物体。如在一堆光盘、碟子、皮球、苹果等物体中让学前儿童区分物体形状的不同，学前儿童能把光盘、碟子分成一类，说明它们是圆形，把皮球、苹果分成一类，说明它们是球体。

3．具有容易混淆的特征

学前儿童对图形的认识具有拓扑学的特征，即把图形作为一个整体来认识。这种认识特征使得他们不能详细地区分图形的细微部分和局部，因此，容易把具有相似性的图形混淆起来。主要表现在：一是平面图形与平面图形、立体图形与立体图形的混淆；二是平面图形和立体图形的混淆。

案例解释

4岁2个月的凡凡在看书，妈妈随手画了一个长方形，问"凡凡，这是什么图形？"凡凡说："方形。"妈妈又画了一个正方形，问："凡凡，这是什么图形？"凡凡说："方形。"妈妈问："哪个是长方形？"凡凡指了指正方形和长方形说："长方形。"妈妈说："你看，长方形有一条边长，一条边短。"指着长方形，"这才是长方形。"又指着正方形说："正方形四条边一样长，这叫正方形。""告诉妈妈哪个是长方形？"凡凡指着正方形说："方形。"

案例中说明，此时的凡凡是分不清长方形和正方形的，他把这两种图形都叫做"方形"，即使在妈妈向他解释长方形和正方形的特征后，他仍然不能把这两种图形区别开来。

案例解释

4岁9个月的乐乐很爱玩积木。她拿了一个圆柱体，妈妈问："这是什么形状的？"乐乐说："这是圆形的。"妈妈说："再想一想。"乐乐说："是圆形。"妈妈说："这是圆柱体，是立体的，圆形是平面的，这是圆柱体。""再说一遍，这是什么形状？"乐乐小声说："是圆柱体。"妈妈说："你不能大声讲吗？"

乐乐最后的回答表明她还是不能区别圆形和圆柱体的。区别这两种图形要到大班才能做到，对于乐乐这一年龄是很难真正地理解的。

学前儿童认识几何形体所表现出来的特征，对于学前儿童几何形体教学的启示作用是：① 重视年龄上的差异，在教学要求、教学内容、教学方法、指导策略上应有所区别；② 应调动学前儿童的多种感官参与认识活动；③ 应联系学前儿童的生活，使学前儿童对几何形体的认识活动建立在学前儿童生活经验的基础上；④ 应尊重学前儿童认识几何形体所表现出来的顺序性特点，循序渐进地对他们提出要求；⑤ 应通过比较等方法，让他们区别容易混淆的图形。

4．感知等分的特点

（1）受生活经验的影响　学前儿童对二等分的理解较容易，而对四等分的理解相对较难。这与他们生活经验的积累有关。例如：学前儿童手上拿着一块面包，邻居的一个小朋友来到家里玩。家长经常会要求"把面包分一半给小朋友吃"，而家中如果有两个兄弟姐妹，家长也经常要求"一人一半"。这样，他们就有二等分的机会。但要求学前儿童把一块面包分成四份，或家中同时有四个兄弟姐妹的现象就很少出现，因此，学前儿童进行四等分的机会也就很少。

（2）受等分后物体形状和摆放位置的影响　研究表明，学前儿童理解和判断等分后的物体的面积，往往受等分后物体的形状和摆放位置的影响。这也与他们还没有面积和体积守恒的观念有很大的关系。如，图2-5（a）的两个一样大的正方形，等分后的三角形和长方形让学前儿童进行判断，学前儿童往往不能正确判断它们是一样大的。图2-5（b）是把两个一样大的正方形进行等分后，其中的一个横向排列，另一个纵向排列，然后让学前儿童判断这两个图形是否一样大，学前儿童也往往不能作出正确的判断。

（a）　　　　　　　　　　　　　　　　（b）

图2-5　感知等分

六　学前儿童感知空间方位的特点

1．感知的难易程度具有一定的顺序性

研究表明，学前儿童对空间基本方位的认识和判断的难易顺序是：上下→前后→左

右。这是由方位本身的复杂程度所决定的。

我国心理学的研究一般认为，3岁的学前儿童能辨别上下，4岁能辨别前后，5岁以后才开始辨别左右，但发展尚未完善。

问题解决

　　我女儿4岁多了，从小就爱跳舞，每次教她跳，她学得都很快，但遇到左右方位的动作，她就分不清了，这是怎么回事呢？

　　问题：请你为这位母亲解释。

2．感知的方法具有一定的顺序性

在确定物体的空间方位时，学前儿童一开始是以实际动作来判断的。如问："球在你的哪一边？"学前儿童把球拿到自己的胸前，说："在我的前面。"如果把球拿到自己的头上，会说："在我的上面。"以后，学前儿童是以视觉估计来判断物体的空间方位，即只用眼睛看而不用动作来判断物体的方位。

3．感知的参照物具有一定的顺序性

判断物体的位置需要有一个参照物。学前儿童判断物质空间位置的参照物经历了一个发展过程，即以自我为中心发展到以他人为中心，最后发展到以他物为中心。学前儿童首先判断的是自己身体部位的方位，将不同方位与自己身体的一定部位相联系。如上面是头，下面是脚，前面是脸，后面是背，拿笔的手是右手，扶碗的手是左手。在此基础上，再以自身为中心确定客体的空间方位。如，"我的前面坐着东东，后面坐着玲玲。""我的上面有灯，下面有地板。"

在以自身为中心判断物体的空间方位的基础上，中班的学前儿童逐步学习以客体为中心判断与其他客体的相互位置关系。学前儿童以客体为中心判断上下、前后方位比较容易，但以客体为中心判断左右方位就比较困难。这种能力一般要到小学以后才逐步发展起来。

4．感知的区域具有一定的顺序性

学前儿童判断空间方位的区域是随着年龄的增长而不断扩展的。三四岁的学前儿童只能认识靠近自己身体、并且正对自己的物体的方位，对于稍微有些偏离或倾斜的物体，学前儿童往往不能判断其方位。五岁的学前儿童可以判断离自己身体比较远的偏离的物体的方位，而且开始逐步将空间方位理解为一个连续的统一整体。

5．感知的概念具有一定的顺序性

学前儿童最初对空间概念的理解是绝对的，之后，逐步认识到物体的空间位置会随着物体方向的改变以及参照物的不同而发生变化，即能认识物体空间方位的相对性。如，相对于小明，自己坐在他的前面，而与小东比较，自己又坐在他的后面。

学前儿童认识空间方位所表现出来的特征，对于教学的启示作用是：应遵循学前儿童空间方位发展所表现出来的顺序性规律，对不同年龄班的学前儿童进行循序渐进的教育。

七　学前儿童感知时间的特点

时间，由于其抽象性的特点，学前儿童对其的感知还处于较低的水平。

3～4岁的学前儿童只能掌握一些最初步的时间概念，并且这些时间概念的获得必须和他们熟悉的生活事件联系起来。他们能认识早晨和晚上、白天和黑夜。因为这些时间概念可以和明显的事物特征，以及学前儿童生活中的具体事件联系起来。如认识早晨，学前儿童可以联系到"天亮了"、"起床，穿衣服"、"上幼儿园"等生活事件和具体事物的明显特征。但这种联系往往具有绝对性的特点。如他们会认为，只要是"穿衣服"的时间都是早晨。此时的学前儿童还不能认识具有相对意义的时间概念，如昨天、今天和明天。他们对这些时间概念的认识是含糊的。如，他们往往用"昨天"泛指过去，"明天"泛指将来，或把"昨天"和"明天"相混淆。

实·训·练·习

4岁的兰兰跟妈妈到同事家做客。在聊天的时候，妈妈听见兰兰对小朋友说："昨天，我和妈妈坐飞机到新疆去。""我明天不来了，我上小学了。"妈妈很生气，责备兰兰说："你这孩子，为什么总和小朋友说谎呢？"

讨论：兰兰是否在说谎？为什么？

4～5岁的学前儿童能较好地理解和运用早晨和晚上、白天和黑夜等词汇，能理解昨天、今天和明天。知道今天就是从早上到晚上，昨天就是刚刚过去的一天，今天过去了就是明天。但总体上来说，中班学前儿童时间概念的发展还不够迅速。

案例介绍

下面是某节目主持人与一个4岁幼儿的对话。

主持人：你今年几岁？

幼儿：4岁。

主持人：明年几岁？

幼儿：8岁。

主持人：你爸爸几岁？

幼儿：93岁。

主持人：你妈妈几岁？

幼儿：9岁。

　　6～7岁的学前儿童对时间的认识逐步向更长和更短两个时间段发展。一方面他们能理解较长间隔的时间单位。如能认识前天和后天；能认识星期；也能认识季节和年这些时间单位。另一方面大班学前儿童能理解较小的时间单位，能认识时钟，学会看整点和半点。此外，大班学前儿童对时间的周期性也有了初步的认识。他们知道每一周都是从星期一到星期日，然后不断地轮回。知道一年四季中春、夏、秋、冬是不断更替的。

　　学前儿童认识时间概念所表现出来的特征，对于教学的启示作用是：不同年龄班应有相应的时间教育内容和要求；进行时间教学时，应尽量与学前儿童的生活经验联系起来。

学前儿童数学教育的目标和内容

学前儿童数学教育的目标是什么？为了达到目标应选择什么样的内容？这些内容如何安排到各个年龄班？这些问题是每一位幼儿教师从事学前儿童数学教育需要回答的。

任务一 初步掌握学前儿童数学教育的目标

学前儿童数学教育目标是学前儿童数学教育的指南，也是学前儿童数学教育评价的标准。学前儿童数学教育目标的制定必须以学前儿童发展的需要、现实社会的需求和数学学科的特点为依据。

一 学前儿童数学教育目标的意义

学前儿童数学教育目标是指教育者对学前儿童数学教育活动的一种期望，是对学前儿童数学教育结果的一种规定。学前儿童数学教育目标是教师进行学前儿童数学教育的指南，也是评价学前儿童数学教育有效性的标准。

1. 是学前儿童数学教育活动的指南

学前儿童数学教育目标是教师进行学前儿童数学教育的出发点。它规定了学前数学教育内容的选择、教育方式方法的运用、教育过程的组织和教育环境的创设等。也就是说，其他教育活动要素的选择和运用必须以教育目标为依据，必须服务于教育目标的实现。

例如，"幼儿能从生活和游戏中感受事物的数量关系，体验到数学的重要和有趣。"这是《纲要》为学前儿童数学教育所确定的目标之一。依据这一目标，教师在组织教学时应注意：学前儿童数学活动应当联系现实生活，寓教于乐，在生活场景和游戏情境中层开；学前儿童数学活动的价值追求应倾向于"感受"、"体验"等情绪情感的表征和行为动机，应关注学前儿童的感官参与和主观投入；学前儿童数学活动的现实目标应立足于感知周围事物的数量关系，对数学现象产生兴趣，应让学前儿童在运用数学思维和技术工具的过程中体会数学的现实意义，在解决实践问题的过程中满足求知欲望，发展认知情感。

2. 是学前儿童数学教育评价的标准

学前儿童数学教育目标是教师开展学前儿童数学教育的归宿。获得良好的教学效果是教师开展学前儿童数学教育的追求，而衡量教学效果是否达到以及达到的程度则应以学前儿童数学教育目标为标准。依据数学教育目标，人们可以考察、评价在学前数学教育中教师的行为表现和学前儿童的发展状况，也可依据学前数学教育目标考察、评价数学教育的计划、手段、方法及环境创设等。可以说，学前儿童数学教育目标既是衡量学前儿童发展的尺度，也是衡量教育成效的尺度。

同样的，《纲要》所确定的"幼儿能从生活和游戏中感受事物的数量关系，体验到数学的重要和有趣"这一数学教育目标应成为评价教师组织的学前儿童数学教育活动的依据。它要求以是否让学前儿童"感受事物的数量关系"、是否让学前儿童"体验到数学的重要和有趣"和是否通过"生活化教育"和"游戏化手段"作为评价的标准。

二　学前儿童数学教育目标的内容

《纲要》和《指南》对于学前儿童数学教育目标都有明确的规定，依据这一规定，我们对它进行了重新的建构。

1.《纲要》目标

2001年7月教育部颁布的《纲要》中规定科学领域的目标如下。

（1）对周围的事物、现象感兴趣、有好奇心和求知欲；

（2）能运用各种感官，动手动脑，探究问题；

（3）能用适当的方式表达、交流探索的过程和结果；

（4）能从生活和游戏中感受事物的数量关系并体验到数学的重要和有趣；

（5）爱护动植物，关心周围环境，亲近大自然，珍惜自然资源，有初步的环保意识。

《纲要》目标的主要特点有：①《纲要》目标的制定是以领域的形式出现的，即把原来的"科学课程目标"和"数学课程目标"结合起来阐述的。② 主要阐述的是本领域重点追求的目标及其主要的价值取向。③《纲要》把情感培养作为首要的追求目标来看待。④ 数学目标更多的是以内蕴的形式出现的。

2.《指南》目标

2012年10月教育部颁布的《指南》把学前儿童科学教育目标分为"科学探究"和"数学认知"两部分，其中的"数学认知"目标包括以下三个部分。

（1）初步感知生活中数学的有用和有趣；

（2）感知和理解数、量及数量关系；

（3）感知形状与空间关系。

《指南》目标的主要特点有：① 把数学教育目标单独列出，反映了幼儿园数学教育的现实。② 把学前儿童数学教育目标定位于"数学认知"有失偏颇，与我们所倡导的全面发展和品质培养不相一致。③ 强调学前儿童的亲自"感知"。

《指南》对于每一个目标都提出了各年龄段儿童学习与发展的目标，为广大教师和家长建立起对学前儿童数学素质发展的合理期望，为学前儿童数学教育实践指明了正确的方向。如表3-1所示。

表 3-1　各年龄段儿童学习和发展的典型表现

典型表现\目标	典型表现		
	3~4岁	4~5岁	5~6岁
初步感知生活中数学的有用和有趣	1. 感知和发现周围物体的形状是多种多样的，对不同的形状感兴趣 2. 体验和发现生活中很多地方都用到数	1. 在指导下，感知和体会有些事物可以用形状来描述 2. 在指导下，感知和体会有些事物可以用数来描述，对环境中各种数字的含义有进一步探究的兴趣	1. 能发现事物简单的排列规律，并尝试创造新的排列规律 2. 能发现生活中许多问题都可以用数学的方法来解决，体验解决问题的乐趣
感知和理解数、量及数量关系	1. 能感知和区分物体的大小、多少、高矮、长短等量方面的特点，并能用相应的词表示 2. 能通过一一对应的方法比较两组物体的多少 3. 能手口一致地点数5个以内的物体，并能说出总数。能按数取物 4. 能用数词描述事物或动作。如我有4本图书	1. 能感知和区分物体的粗细、厚薄、轻重等量方面的特点，并能用相应的词语描述 2. 能通过数数比较两组物体的多少 3. 能通过实际操作理解数与数之间的关系，如5比4多1；2和3合在一起是5 4. 会用数词描述事物的排列顺序和位置	1. 初步理解量的相对性 2. 借助实际情境和操作（如合并或拿取）理解"加"和"减"的实际意义 3. 能通过实物操作或其他方法进行10以内的加减运算 4. 能用简单的记录表、统计图等表示简单的数量关系
感知形状与空间关系	1. 能注意物体较明显的形状特征，并能用自己的语言描述 2. 能感知物体基本的空间位置与方位，理解上下、前后、里外等方位词	1. 能感知物体的形体结构特征，画出或拼搭出该物体的造型 2. 能感知和发现常见几何图形的基本特征，并能进行分类 3. 能使用上下、前后、里外、中间、旁边等方位词描述物体的位置和运动方向	1. 能用常见的几何形体有创意地拼搭和画出物体的造型 2. 能按语言指示或根据简单示意图正确取放物品 3. 能辨别自己的左右

3．目标内容

学前儿童的身心发展一般包括认知方面的发展、动作技能方面的发展、能力方面的发展和情绪情感方面的发展。因此，学前儿童数学教育目标从这四个方面提出，比较靠近学前儿童发展的目标结构。

（1）情感态度目标　学前儿童数学教育的情感态度目标可以确定为：对周围环境中的数学现象和数学关系有好奇心和求知欲；喜欢参加数学活动和游戏；体验数学的重要和有趣，对学习数学有信心；初步养成认真思考、耐心操作、勇于克服困难、大胆质疑等良好的学习品质。

（2）能力目标　学前儿童数学教育的能力目标可以确定为：在感知数学活动中，思维能力得到发展；能进行简单的数学思考，能用所学的数学知识和技能去解决生活和学习中遇到的问题或困难；能用适当的方式表征、交流操作和解决问题的过程和结果。

（3）动作技能目标　学前儿童数学教育的动作技能目标可以确定为：能正确使用数学操作材料；掌握简单的数学操作技能。这些数学操作技能主要有：对应、计数、比较、测量、统计、运算技能等。

（4）认知目标　学前儿童数学教育的认知目标可以确定为：能从生活和游戏等活动

中感受有关数、量、形、时间、空间等的感性经验；理解事物的数量关系；形成初步的数学概念；体验探索和发现数学的过程。

林嘉绥等人的研究认为，学前儿童可以理解的有十二种主要的数量关系：1和许多的关系、对应关系、大小和多少关系、等量关系、守恒关系、可逆关系、等差关系、互补关系、互换关系、传递关系、包含关系以及函数关系。

学前儿童数学教育的四大目标是相辅相承、互相统一的。认知目标是其他目标实现的载体，其他目标是伴随着认知目标的实现过程而实现的。动作技能目标和能力目标的实现能够保证认知目标的实现。情感态度目标则为其他目标的完成提供了最佳的情绪背景。在具体的教育教学实践中，教师应以整体的、联系的观点加以对待。同时，要认识到上述四大目标的划定是相对的，所表述的内容也只是主要的。教师应根据本班学前儿童发展的具体情况和数学教学内容的特点和价值，灵活地处理并不断地完善。

实·训·练·习

【内容】

树叶的形状

秋天户外活动时，中班的孩子们自发捡树叶玩，借此机会教师引导孩子们观察各种树叶形状的不同，了解植物叶子的多样性。观察中，孩子们发现银杏树的叶子形状与众不同，像扇子。于是，有人给它起名叫扇形。但他们说不清柿子树、核桃树、玉兰树的叶子形状。"长圆"、"椭圆"、"长方形"，孩子们回答各异。

回到班里，教师把椭圆、长方形两种形状分别画在黑板上，请幼儿拿着三种树叶在两种形状上自己观察比较寻找答案。幼儿既可以知道是什么形状的树叶，又可以学会运用比较观察的方法去学习。孩子们最终在比较中自己获得了答案。他们兴奋地大声喊着："椭圆形!椭圆形!"

问题：上述活动中，幼儿获得了哪些方面的发展？教师是如何促进幼儿发展的？

【指导】

1. 提出分析要求。

要求：（1）认真阅读案例中的内容，特别是一些关键词。

（2）根据案例后的问题进行分析。

2. 学生分析案例。

要求：（1）找出案例中可以反映幼儿发展的内容。

（2）启发学生对照幼儿数学教育的目标进行分析。

（3）可单独进行分析，也可小组讨论。

任务二 初步掌握学前儿童数学教育的内容

学前儿童数学教育的内容是实现学前儿童数学教育目标的媒介和保证，但并不是所有的数学内容都适合于各年龄班学前儿童。幼儿教师在教学前必须对数学内容进行选择和安排，才能使数学内容适合学前儿童的需要并转化为学前儿童的早期数学素质。

一 选择依据

学前儿童数学教育内容的选择是指从数学知识宝库中选择学前儿童需要的、能促进其发展的教学内容。对于教育教学内容的选择，《纲要》做出了明确的规定。

（1）既适合幼儿的现有水平，又有一定的挑战性。

（2）既符合幼儿的现实需要，又有利于其长远发展。

（3）既贴近幼儿的生活来选择幼儿感兴趣的事物和问题，又有助于拓展幼儿的经验和视野。

上述规定，体现了一个重要的思想，那就是应以辨证的思想来选择教学内容。对于学前儿童数学教学内容的选择，具体应考虑如下要求。

1．目的性

学前数学教育内容是实现学前数学教育目标的载体，也就是说，学前数学教育内容必须依据学前数学教育目标来选择，只有那些有利于学前数学教育目标实现的内容才是有价值的。这种价值性具体表现有："有利于学前儿童获得基本的数学经验的内容"、"有利于学前儿童掌握基本的数学动作技能的内容"、"有利于发展学前儿童的各种认知能力的内容"、"有利于培养学前儿童的情感态度的内容"。对于所选择的数学内容，教师应充分考虑其综合的价值，以最有利于学前儿童全面数学素质的发展作为首要的判断标准。

2．启蒙性

学前儿童数学教育的基础性特征和学前儿童数学学习的启蒙性特点，决定了学前儿童数学教育的内容必须是启蒙的。学前儿童数学教育内容的启蒙性，是指为学前儿童选择的数学内容必须适合学前儿童现有的发展水平，是他们可以接受的，其难易程度要处在学前儿童的"最近发展区"。目的在于让学前儿童获得较丰富的感性经验，而不是形成科学的数学概念；目的在于对学前儿童进行早期的数学素养的培养，而不是培养未来的数学家。

3．趣味性

学前儿童的年龄特征决定了兴趣是直接支配他们学习的最大动力，因此，学前儿童数学教育内容的选择必须考虑学前儿童的兴趣特点。教师可运用以下三种策略来协调教育内容与学前儿童兴趣之间的关系：其一，教师预设一些既能促进学前儿童发展，又是他们感兴趣的内容。其二，观察学前儿童，及时捕捉他们的兴趣点，由学前儿童感兴趣的事物生成活动内容。其三，对一些促进学前儿童发展确有必要，但难以直接引发学前儿童兴趣的内容，教师应通过有趣的方法和形式，让学前儿童在学习中体验到愉悦的情绪。

4．生活性

现实生活是学前儿童学习数学的源泉。学前儿童数学教育的内容应与学前儿童的生活实际紧密联系，应从学前儿童的周围生活中寻找数学教育的内容。这样的内容为学前儿童所熟悉，因而容易为他们所理解和掌握，能使他们体验到成功的乐趣，增强学习数学的自信心。同时，能让他们感受到数学可以解决他们生活中遇到的问题，体验数学的重要。

案例介绍

教师可引导学前儿童观察、发现周围环境中哪些地方、哪些物体上有数字，这些数字表示什么。像房子上的门牌号码、书上的页码、汽车和汽车站上的数字、日历上的日期等，它们分别表示着不同的意义。正是这些数字帮助我们解决生活中的许多问题，使我们既能准确地判断物体的数量，对数量进行比较，知道谁多谁少；还能通过数字去辨别物体的位置，判断具体的时间。

学前儿童数学教育内容的选择既要认真考虑以上每一点要求，又要把四点要求综合起来考虑。只有这样，才能使所选的内容既能为学前儿童所喜欢和理解，又能发挥数学教育对于学前儿童发展的促进作用。

二 教育内容

依据学前儿童数学教育内容的选择要求，学前儿童数学教育内容应包括以下的主要内容。

1．感知集合

（1）物体的分类；

（2）认识1和许多；

（3）比较两组物体的多少。

2．10以内的数概念

（1）10以内基数；

（2）10以内序数；

（3）10以内数的组成；

（4）10以内单双数；

（5）10以内倒数；

（6）10以内相邻数；

（7）认读和书写10以内阿拉伯数字。

3．10以内的加减

（1）10以内的加减；

（2）解答和自编应用题。

4．简单的几何形体

（1）平面图形；

（2）立体图形。

5．量

（1）常见的量；

（2）量的排序；

（3）量的守恒；

（4）量的相对性和传递性；

（5）自然测量。

6．空间方位

（1）空间方位；

（2）空间运动方向。

7．时间

（1）早晨、晚上；白天、黑夜；

（2）昨天、今天、明天；

（3）时钟、整点和半点；

（4）日历。

以上各项内容是学前儿童数学教育的基本内容，是学前儿童早期数学素质形成的重要载体，是实现学前儿童数学教育目标的基本保证。在学前儿童数学教育中，应确保这些内容在实践中得到贯彻落实。

三 安排原则

学前儿童数学教育内容的安排是指把选择而来的学前数学教育内容，按照一定的原则安排到各个年龄班。学前儿童数学教育内容应依据数学内容本身的系统性、学前儿童身心发展的规律来安排。

1．依据数学内容本身的系统性安排

前苏联教育家克鲁普斯卡娅说过，数学是知识的链条，当中间去掉一个环节时，整个链条就被破坏了。学前儿童的数学教学虽是启蒙的，但也应注意数学知识的系统性和逻辑性，使前面学习的内容为后面打基础，后面的内容是前面内容的发展和提高。这种在新旧知识之间的连贯性安排既要在同一年龄段之内遵守，也要在各个年龄段之间遵守。遵守了数学知识的系统性的安排要求，可以确保学前儿童认知能力特别是逻辑思维能力的发展。

要让幼儿学习按量的特征（如大小）进行分类，首先应让幼儿感知物体量的特征。如果幼儿对物体量的特征都还没有认识，就不能按量的特征进行分类。在幼儿学习按量的特征进行分类后，再安排让幼儿学习按量的差异进行排序。因为按量的特征进行分类，幼儿只要把物体分成两大类，即只要感知物体量的两个特征（如大小），而按量的差异排序则需要幼儿感知物体量的细微差异，对幼儿的挑战性较大。

2. 依据学前儿童身心发展的规律安排

数学知识要内化为学前儿童的思维结构，变成学前儿童的数学素质，必须遵循学前儿童固有的认知规律，才能实现这样的转化。学前儿童对数学知识的理解，是从具体到抽象，从简单到复杂逐步提高的。学前儿童对数学的感知不是一次就能完成，需要经过多次的反复感知和操作。学前儿童对事物的记忆特点是，记得快忘得也快。学前儿童的这些认识特点和规律，要求数学内容的安排宜采取由易到难、由浅入深、由近及远、循序渐进、螺旋上升的方法。这样的安排方法才能适应学前儿童身心发展的规律和水平，并促进他们整体素质的不断发展。

对于数的比较，小班幼儿只要求掌握一一对应的比较方法。这种比较不要求进行具体数量的比较，中班幼儿则要求进行两数的比较。到了大班，学前儿童才学习相邻数的比较，即进行三个数的比较。

学前儿童数学教育内容的安排必须同时遵循上述两条原则，才能确保学前数学教育内容为目标的实现服务。

四　年龄安排

依据学前儿童数学教育内容的安排要求，可以把学前儿童数学教育内容妥善地安排到各年龄，具体内容及要求如表3-2所示。

表 3-2　各年龄学前数学教育内容与要求

内容＼年龄班	小班	中班	大班
感知集合	1. 根据范例和口头指示，从一堆物体中分出一组物体 2. 按物体的名称、颜色、形状、大小、长短等特征分类 3. 区别1和许多，并理解其关系 4. 用一一对应的方法来比较两组物体的多少	1. 从一堆物体中把不属于这一集合的元素找出来 2. 学习按物体的高矮、粗细、厚薄等量的特征分类 3. 学习按物体间的关系、用途、材料、数量分类 4. 学习多角度分类	1. 初步理解集合中的包含关系 2. 学习按物体的宽窄、轻重等量的特征分类 3. 学习按物体的两个特征分类 4. 学习自由分类 5. 学习按标记逐级分类
10以内的数概念	认识5以内基数	1. 认识10以内基数 2. 认识10以内数的守恒 3. 认识10以内序数 4. 认读10以内阿拉伯数字	1. 认识10以内倒数 2. 认识10以内相邻数 3. 认识10以内单双数 4. 书写10以内阿拉伯数字 5. 认识10以内数的组成 6. 按群数数
10以内的加减	—	—	1. 学习10以内的加减运算 2. 学习解答和自编应用题
量	1. 认识大小、长短 2. 学习从5个以内的物体中找出并说出最大（长）和最小（短）的物体 3. 按物体的外部特征（颜色、形状）和量的特征（大小、长短）进行3个物体的正排序	1. 认识高矮、粗细、厚薄 2. 学习从一堆物体中找出并说出等量的物体 3. 学习按物体的高矮、粗细、厚薄和数量的递增或递减进行5个以内物体的正、逆排序 4. 学习按一定规则排序	1. 认识宽窄、轻重 2. 认识物体量的相对性和守恒 3. 学习按物体的宽窄、轻重和数量的不同进行10个以内物体的正、逆排序，并初步理解序列的传递性和双重性 4. 学习按一定规则排序 5. 学习自然测量
几何形体	1. 认识圆形、正方形、三角形 2. 能用圆形、正方形、三角形进行组合拼搭	1. 认识长方形、半圆形、椭圆形、梯形 2. 能用长方形、半圆形、椭圆形、梯形进行组合拼搭和分割	1. 认识球体、正方体、圆柱体、长方体 2. 学习二等分、四等分，知道整体和部分的关系
空间方位	1. 认识自身的上下、前后部位 2. 以自身为中心，辨别并说出近处物体的上下、前后方位	1. 以客体为中心，辨别并说出物体的上下、前后、里外方位 2. 扩大对上下、前后的认识范围，认识它们的相对性 3. 会按指定的上下、前后方位运动	1. 以自身为中心认识左右 2. 认识或按左右的方向运动
时间	认识早晨、晚上（白天、黑夜）	认识昨天、今天、明天	1. 认识钟表，学会看整点和半点 2. 学会看日历，知道年、月、星期、日的名称及顺序

实·训·练·习

【内容】

分析"按量的特征进行分类"在各年龄班的内容安排，说明其遵循的安排原则。

【指导】

1. 引发知识。

   问题：幼儿数学教育内容的安排需遵循哪些原则？

2. 提出分析要求。

   要求：（1）分析"按量的特征进行分类"这一内容在各年龄班的安排，说明其遵循了哪些原则？

   （2）要求从横向和纵向两方面进行分析。

3. 学生分析。

   要求：（1）认真阅读材料。

   （2）要求对各年龄班和同一年龄班的内容进行分析。

   （3）要求学生把分析的结果写在笔记上，以锻炼学生的书面表达能力。

4. 结果交流。

5. 教师小结。

项目四
学前儿童数学教育的途径、方法和组织形式

任务一　明确学前儿童数学教育的途径

《指南》的"教育建议"充分展示着这样的教育思想，即要求幼儿教师应努力拓展教育的时空，利用日常生活、游戏和区域活动等途径，对学前儿童实施广泛意义的数学教育和数学渗透。经过广大幼儿教师的实践探索，专门性的数学教育活动和渗透性的数学教育活动被认为是实现学前儿童数学教育目标的两条相辅相成、缺一不可的途径。

一　专门性的数学教育活动

1. 含义

专门性的数学教育活动，是指在专门的时间里，教师组织的专项数学活动。这种活动需要事先安排专门的时间，以保证有足够的活动时间；需要教师对活动进行有计划的、有组织的设计。这种活动是以数学为专项内容，其目标主要是促进学前儿童数学素质的提高。专门性的数学教育活动包括传统意义上的数学课和具有现代意义的数学区域活动两种类型。

2. 类型

（1）数学课　数学课是指在专门的时间里，教师有目的、有计划地组织全班学前儿童，通过与环境的相互作用，感知数学经验的一种专项数学活动。

数学课作为一种传统的数学教育形式，其价值是其他形式所无法代替的。首先，它适合于我国学前儿童人口数量多、教育资源相对有限这一国情，它的采用可以最大限度地保证全体学前儿童接受最基本的数学教育。其次，它比较适合于数学教育这一学科内容。数学知识具有严密的逻辑性，这种逻辑性需要以缜密的教学过程体现，才能使学前儿童的思维活动在教师的指导下沿着一定的线索展开，并最终促进学前儿童初步逻辑思维的发展。最后，它对于教师基本的教学功底打造具有积极的意义。数学课是一种结构完整的数学活动形式，它全面地展现了教学过程的诸多要素，特别是活动过程的逻辑要求，通过对数学课的设计和组织，可以使教师掌握设计和组织教学活动的最基本的技能和能力。

（2）数学区域活动 数学区域活动是指教师充分利用活动室的某一区角，专门为学前儿童设置一个探索数学的环境，让学前儿童自由地进行探索、操作和交流，从而获得数学经验的活动。

数学区域活动是一种自主的活动，能使学前儿童在活动中轻松愉快、没有心理压力，可以按自己的意愿自主地选择活动内容、活动方式和活动伙伴，并能按自己的学习方式、速度去操作实践，能最大限度地发挥学前儿童感知数学的主体性。

数学区域活动是一种开放的活动，每一个学前儿童可以按照自己的认知速度进行学习。同样的操作内容，有的学前儿童玩一两次就达到了教师预设的阶段目标，有的学前儿童则需要一周甚至更长的时间才能慢慢地理解和掌握。这种差异化的学习方式和速度是得到允许和尊重的。同时，由于每一个学前儿童都进入活动状态，可以为教师提供一个更有利于观察和记录学前儿童数概念发展状况的有意义的场景，使教师有较充裕的时间和空间落实对学前儿童进行个别化的指导，以促进每一个学前儿童在原有水平上得到提高。

案例介绍

今天，徐梦在积塑区用雪花片插花篮。我见她不管什么颜色就往一块插，于是走过去坐在她身边说："徐梦，插花篮啊，我也想插一个呢。"徐梦高兴地说："好啊，我们一起插。"她把放雪花片的盒子推给了我。我从里面取出雪花片按颜色分好，然后，按颜色有规律地插了起来。徐梦边插边看我这里。等我插完了，徐梦问："为什么老师插的比我插的漂亮呢？"我问她："老师插的哪里比你的漂亮呢？"徐梦想了想说："嗯……老师插的每一层都换一种颜色，这样很漂亮。这个篮子的提手，也是一个红，一个蓝，一个红，一个蓝这样插的。"我笑着说："徐梦观察得真仔细。那你的是怎么插的呢？"徐梦害羞地说："我就是乱插的。"我笑着说："我想去跟其他小朋友去介绍我的花篮了，你呢？"徐梦说："我想像老师那样插完，再去介绍给小朋友。"说完认真地插了起来。

案例介绍

早上来园，刘智杰小朋友就一眼发现了我放在数字区域中的一筐小松鼠图形的玩具。这些玩具是我提供给幼儿进行计算游戏的参照物，他们可以通过摆弄这些玩具感知多和少、记数甚至进行简单的加和减运算。

对于新玩具，刘智杰总是最喜欢的也是最愿意玩的。他将小玩具一个个地摆弄着，妈妈在一旁说："杰杰，你可以用玩具来做加法的呀！"可是，他显然不愿意，没有理睬妈妈的话。他出神地看着玩具，很快地抓了一把放在了桌子上，只是一个一个地将玩具竖立起来。推倒重来地反复了几次，让我很费解。突然，他似乎做好了决定，聚精会神地将玩具一个接一个地排列成长队。玩具的平衡很难掌握，所以刚竖立好的玩具一会儿就倒了一片，可是刘智杰还是不气馁继续地努力着。这更引起了我的兴趣，想看一看他到底要怎么玩。

终于，一长串的玩具排成了队伍，只听他嘴里哼哼着："哒哒哒……哒哒。"啊，麦当劳的广告歌，随着他哼的歌他推倒了第一个小玩具，玩具像多米诺骨牌一样"嗒嗒嗒"的应声而倒了，我这才恍然大悟，他在模仿电视广告。虽然搭成一条长长的玩具骨牌队伍花费了刘智杰20多分钟的时间，甚至他的鼻尖上都冒出了汗，但是他仍然乐此不疲地玩着喜爱的游戏。这和刘智杰平时做什么事都坚持不了三五分钟产生了巨大的反差。

二 渗透性的数学教育活动

1. 含义

渗透性的数学教育活动，是指除专门的数学教育活动以外的、渗透于其他活动或环境中的数学教育活动。这种活动需要教育者有渗透性的意识，需要教育者随时随地发现和挖掘存在于活动与环境中的数学要素，对学前儿童进行随机性的数学教育。渗透性的数学教育活动主要包括：日常生活中的数学渗透、领域活动中的数学渗透、主题活动中的数学渗透、其他区域活动中的数学渗透、各种游戏中的数学渗透、环境中的数学渗透和家庭教育中的数学渗透七大方面。

2. 类型

（1）日常生活中的数学渗透　日常生活中的数学渗透，就是在学前儿童日常生活中渗透数学教育，实现"数学回归生活"的过程。其包括二层含义，一是引导学前儿童在一日生活的各个环节感知数学；二是把学到的数学知识应用于学前儿童的一日生活中。

学前儿童生活的物体世界都有一定的数量、一定的形状和一定的大小，并以一定的空间形式存在着，这些数学内容及其表现形式为学前儿童学习数学提供了丰富的源泉。它要求教师在组织学前儿童一日活动的各个环节，应随时、随地根据当前活动的内容及所面对的事物的数学内涵，自然而然地引导学前儿童感知数学和应用数学；要求教师在生活情境中引导学前儿童感知和体验其中的数量关系，经历数学的发现过程，体验数学对于生活的重要意义。这样的做法才是数学教育之根本。

案例介绍

在幼儿洗完手坐回各自座位上后，我说："我们一起来数数第四组坐了几个小朋友，好不好？"幼儿手口一致地点数出5个小朋友。接着，我和幼儿一起从筷笼中点数并取出6双筷子，说："我把这6双筷子分给第四组的五个小朋友，是多了一双，还是少了一双？"幼儿齐答："多了一双。"然后，我请各组都推选出一名发筷子的幼儿。说："请每组负责发筷子的小朋友到前面来拿一个盘子放在你们组的桌子上，然后数数你们组有几个小朋友，再从筷笼里取几双筷子放到盘子里。"接下来，我让幼儿检验筷子发放得是否正确……

（2）领域活动中的数学渗透　领域活动中的数学渗透，就是在各领域的教学中有机渗透数学教育。它包括两层含义，一是引导学前儿童在其他领域的学习中发现和提出数学问题，探索数学，感知数学概念；二是积极运用数学知识和数学思维方式去解决其他领域学习中所遇到的问题，将"学数学"和"用数学"结合起来并产生良好的互动，最终让学前儿童获得一个实用的、开放的数学知识体系。

这种渗透性的数学教育虽然不具系统性，甚至带有随机性，但它化整为零，化抽象为具体，使得数学教育更生动、更自然、更灵活，也更容易被学前儿童接受。这种渗透性的数学教育，要求教师在进行某个领域的教育活动时，不仅要有本领域的教育目标意识，也要学会从领域渗透的角度思考这个活动内容可以帮助学前儿童积累什么样的数学经验。

活动案例　大班数学故事活动——金老爷买钟

【活动设计】

《金老爷买钟》是一个优秀的绘本故事，作者通过诙谐的故事情节，带着苏格兰古朴风格的画面，讲述了一个富有但缺少智慧的金老爷一次次犯错的有趣内容。故事通过比较不同钟面上所显示的不同时间，以及金老爷一次又一次上楼、下楼来到不同房间的复杂变化，不仅帮助幼儿从中识别整点和半点，还让幼儿体会"时间在不断流逝"这一数学信息。

【活动目标】

1. 理解故事内容，进一步识别整点和半点。

2. 能大胆与同伴进行交流。

3. 感受时间的流逝性，树立珍惜时间的意识。

【活动准备】

绘本《金老爷买钟》；自制大钟面一个；金老爷家的四个钟；PPT；幼儿人手一个小钟。

【活动过程】

一、讨论时钟的用处。

问题：为什么我们家里都要有时钟？

二、听故事，理解故事内容。

1. 观察绘本的封面图画，了解故事名称。

2. 教师完整讲述《金老爷买钟》的故事。

问题：金老爷家里有没有钟，在哪里？他家有钟为什么还要去买钟呢？

3. 分段讲述，讨论问题。

第一段：究竟是阁楼上的钟快还是卧室里的钟慢？

第二段：金老爷几次对钟，是与看到的哪一个钟面时间作比较？

第三段：为什么屋子里没有一个钟的时间是相同的？

第四段：究竟是金老爷家的钟有问题，还是金老爷有问题？

三、幼儿动钟找答案。

1. 幼儿跟着《金老爷买钟》的故事情节，一起拨动小钟找答案。

2. 引导幼儿通过拨钟思考以下问题。

问题一：金老爷来到阁楼上时，下面卧室里看不见的钟是几点？

问题二：金老爷跑到卧室时，餐厅里的钟是几点？下楼的时候钟在向前进还是向后退？

问题三：卧室里的钟是4点30分时，其他的钟分别是几点？

问题四：金老爷买好表回到家正好是6点，他家会不会有一个钟不是6点？

四、通过讨论，进一步体会时间的流逝性。

讨论：

1. 时间能不能倒回去？

2. 我们应该怎么对待时间？

（3）主题活动中的数学渗透　主题活动中的数学渗透，是指在主题探索活动中有机地渗透数学教育。主题活动中的数学渗透是为主题的开展和推进服务的，所融入的数学知识必须与主题有紧密的联系，是开展主题教育不可缺失的关键经验。同时通过数学渗透，可以帮助学前儿童在主题探索的大背景下，更好地理解数学知识，积累数学探索经验，体验数学知识对于促进其他知识的学习和其他活动的推进价值。

案例介绍

新年快到了，我们进行"新年快乐"的主题活动。孩子们最开心的是新年礼物和穿新衣。为此，我们从孩子内心需求出发，选择设计了数学活动"新年礼物"、"穿新衣服了"。其中，"新年礼物"结合6的加减法的内容，通过学前儿童制作各种新年礼物，在礼物上装饰和算术一样多的礼物来开展。如：3+3=；6-2=；6-（ ）=1……活动中，学前儿童就可以画上和得数一样多的喜欢的礼物，把相对枯燥的加减运算融合到制作礼物的快乐中。

（4）其他区域活动中的数学渗透　其他区域活动中的数学渗透，是指在除数学区域活动以外的其他区域活动中，有机地渗透数学教育。虽然我们把活动室的空间划分为若干个与学科知识相对应的区域，但科学知识是有机联系的，这就要求教师在开展区域活动时，应以整合的观念为指导，根据学前儿童当时活动的具体情况，有机地把各区域的知识联系起来，促进学前儿童全面的发展。

案例解释

一段时间里，幼儿萌发了在建筑区为自制的汽车搭建停车场的想法。教师积极支持并帮助他们提供了大量的材料（长短、宽窄不一和大小不同的正方形、长方形板等）鼓励幼儿进行尝试探索。在了解一些停车场的特点和不同停车场的结构基础上，孩子们根据汽车的大小、高矮进行了设计。有的设计成很大的一层，能停许多车；有的设计成3层，说是省地方；有的设计只有一个口，有的是环行停车场，车能从任何一个地方进入。在实际建构过程中，幼儿遇到了很多问题：当他们发现因为车的大小、高矮等不同，一个停车场里放不下车时，他们便提出按照颜色大小分开，再分层停放，分层要有汽车上下行驶的道的方案。于是，他们进行了调整，有的小心翼翼地撤掉一些不影响平衡的圆柱，有的把柱状积木轻轻地挪。这样许多小车可以停进去了。孩子们高兴极了。

从这个案例中可以得知，经历了七八次不懈努力而搭建的停车场，让孩子们在保持平衡方面认识到：两个圆柱支撑一个正方形，不如3个、4个更稳；在选择材料上运用比较测量的方式选择适宜长短、薄厚、高矮的积木进行搭建，不够要想办法找合适的积木拼接；而在空间上汽车怎样停可以节省空间……通过不断调整材料，满足搭建的需求，幼儿最终了解了汽车的大小、高矮与所用积木和空间的关系。幼儿不仅建构了数学经验，而且学会了解决问题，还养成了善于动脑，持之以恒，与他人合作等各种良好的学习品质。这种方式的学习对于幼儿来说，显然比在课堂上教师用现成的教具让幼儿比较认识量的活动生动有趣得多。幼儿在游戏中所建构的数学经验，也得以迁移到他们玩的其他游戏中。

案例介绍

区域活动时，我在积塑区观察，发现刘猛和李冬都在用积塑插车。插完了就拿来开着玩。他们两个平时很不喜欢数数，于是我走过去问李冬："你插的什么车啊？"李冬说："我插的是大火车。"（这时刘猛在旁边认真地听我们交谈）我又说："你的火车可真长啊，你能告诉我这辆火车用了几块红积木吗？""能。"说完李冬就数了起来。我点头微笑，告诉他对了。李冬高兴地说："我还知道蓝色的用了几块！"说完又数了起来。一直把每个颜色都数过来。我微笑着说："嗯，不错，都数对了呢。那这辆车一共用了多少积塑，你能数出来吗？"李冬没说话，默默地数了起来。他一块一块地按物点数，可认真了，而且准确地数出来。

一旁的刘猛一直看着我们，见我们数完了，连忙说："老师，我也能数。"我说："好，你也来数一数吧。"刘猛在数数方面是班里很差的，平时也不喜欢数数。可是，今天，他数得可认真了。他主动地按照刚刚李冬的方法去数。先按照颜色数，然后又数总数。这过程中虽有错误，但是当我说你再数一次时，他就会仔细认真地再数一次，直到数对（这时李冬也很认真地看我们说话）。

我说："你们数得真认真，插的车也不错呢。我真想让其他小朋友也知道你们是怎么插的车，怎么数的数呢。"李冬说："要不，我跟他们说说去。"刘猛也说："我也去。"我说："好啊！你们去给他们介绍一下吧。"刘猛和李冬高兴地拿着他们的玩具，去跟别的小朋友介绍他们插了什么车，各种颜色的积塑用了多少……

（5）各种游戏中的数学渗透 各种游戏中的数学渗透，是指在各种游戏中有机地渗透数学教育。这里所说的游戏是指除专门的数学游戏之外的游戏。

游戏是学前儿童喜爱的活动，把抽象的数学知识与生动活泼的游戏紧密结合起来，能调动学前儿童学习的积极性，使他们在愉悦的气氛中感知数学经验。教师在组织各种游戏时，应增强渗透意识，根据各种游戏的具体内容和特点，把数学内容有机地渗透到

游戏中，使学前儿童在游戏中既巩固对数学知识的认识，又可因数学知识的渗透使游戏内容更加丰富。

案例介绍

在进行了数学活动"复习5以内组成"后，我发现幼儿在平时的娃娃家、小餐厅中都喜欢"买东西"了，连原来较受冷落的小银行也备受欢迎。幼儿都很喜欢去小银行换钱然后去买东西，并饶有兴趣地去各个"场所"消费。子怡表现最活跃，她为大家找了很多可以消费的地方，如：去医院看病要用钱、去小餐厅吃饭可以用钱、到小超市买东西要用钱、到理发店洗头也要用钱……我觉得这是一个对幼儿进行渗透性数学教育的好机会，就对他们说："但是，如果我们只有6元钱，怎么样来分配这些钱呢？"阳阳说："我们只要把这些地方分出1块钱、2块钱、3块钱、4块钱、5块钱就可以了啊。""对啊，这样分开来，每个人分到6块钱，然后到各个地方刚好把钱用完就可以了，"旭阳说。大家听了他们两个人的意见都表示赞同。

在接下来的活动中，我请幼儿和我一起设计我们的"数学角色游戏"。先让幼儿自己制订一下可以用钱消费的角色区，让他们自己去商量解决。他们每个人用废纸撕成6片当6块钱，并且用另一张纸把自己怎么花完这6块钱的方法记录下来，写下来的方法还真不少。角色游戏就开始了，泓达到小医院给自己打了一针用了2块钱，然后又去小餐厅吃了一顿饭花了4块钱，他把这些记了下来；颢颢到超市买了6瓶一块钱的矿泉水，也刚好把6块钱用完，他也记了下来；韵韵不太知道怎么去花完这些钱，于是她请了个小朋友来帮忙。角色游戏后，我请幼儿说说自己是怎样花完这6块钱的，发现他们找出了很多方法……

（6）环境中的数学渗透　环境中的数学渗透，是指利用学前儿童生活的环境或在教师创设的环境中有机地渗透数学教育内容。环境，学前儿童成长的第三位教师。皮亚杰曾强调，应组织和创设一种合适的环境，让学前儿童在其中尽其所能，充分发展。现代学前儿童数学教育要求以环境资源作为学前儿童数学教育的依托和背景。

下面是环境创设中的数学渗透的做法，提供于此，作为参考。

① 散步时让学前儿童点数幼儿园里的树，比比树的高矮，抱抱以感知树的粗细；逛街时点数、比较、区分过往的汽车、行人、楼房和路边的电线杆。

② 通过观察活动室的门、窗来发现长方形的特征。

③ 让学前儿童在图书上寻找数字（学过的和没学过的），并把它们写或画下来用于学

习数物匹配；鼓励学前儿童回到家里去寻找某种形状的物体，以提高他们对数学知识的迁移能力。

④ 提供颜色、形状、大小、粗细、长短不同的玩具，让学前儿童学习分类、排序、比较等数学方法。

⑤ 布置墙饰时，让学前儿童可以在墙饰上进行数学的操作和探索。

（7）家庭教育中的数学渗透　家庭教育中的数学渗透，是指家庭的数学教育。它包括两部分内容，一是家长在某一专门的时间里对孩子进行数学教育；二是家长在日常生活中随机对孩子进行数学的渗透教育。由于家庭生活的特殊性，家庭中的数学教育主要以渗透性的教育为主。

学前儿童教育是家庭教育、幼儿园教育和社会教育的统一体，而家庭教育是这个统一体的起点和基点。由于教育观念、教育能力等方面的原因，家长对如何对学前儿童实施数学教育普遍存在着不少困惑。为了解决家长想帮助孩子学习数学但不知如何去做的困惑，20世纪四五十年代，美国推出一项研究与推广项目——家庭数学，认为"家庭数学"绝不是学校中的正式数学学习，而是在日常生活环境和情境中的非正式数学学习，是让学前儿童在摆放操作生活中常见材料、做趣味性的游戏和问题解决等过程中感知和增强数的意识，从而促进数学思维能力的发展。

下面是家庭教育中的数学渗透的做法，提供于此，作为参考。

① 认识自身——引导孩子们知道自家的地址和电话号码；知道自己的年龄、身高；知道自己穿多大号码的衣服、鞋子。

② 管理钱财——领孩子逛商场时，告诉他们买东西必须付多少钱，可以节省多少打折钱。

③ 旅行——即使是一个短途的开车旅行，也能给孩子提供与数学相关的经验。通过车身路过的景色请孩子确定车速是多少；让他估计一下车子从一处房子到另一处房子要多少分钟；让孩子记住在车后座玩游戏时，看到的几种不同颜色的车和车牌上的数字。

综上内容，我们知道实现学前儿童数学教育的途径是多样化的，各种途径各有其特点、做法和要求，因此，只有通过各种途径的综合运用，发挥其合力，才能最大限度地促进学前儿童数学素质的整个提高。

任务二　初步掌握学前儿童数学教育的方法

教学活动是完成学前儿童数学教育目标的重要途径，为了完成任务，学前儿童数学教学需要有适合自身教学要求的教学方法。教学实践证明，学前儿童数学教学的主要方法有：操作法、感官法、游戏法、比较法、讨论法、寻找法和讲解演示法七种。

一　操作法

1. 含义

操作法是指教师创设环境，学前儿童亲自动手操作材料，在摆弄材料的过程中不断进行探索、思考、交流，从而获得初步的数学经验、知识和技能的一种方法。

操作法是学前儿童学习数学的基本方法。建构主义代表人物皮亚杰认为："儿童的逻辑数理知识不是来源于事物本身，而是来源于对物体的操作和对其动作的内化。"因而，在学前儿童数学教学中，仅靠语言而忽视动作的做法是错误的。教师应创设环境，提供材料，让学前儿童在与材料的互动中去感知材料中所蕴含的数量关系。

2. 类型

根据不同标准，学前儿童数学操作可划分为不同的类型。

（1）根据操作目的的不同划分。

① 验证性操作。验证性操作，是指教师先进行讲解演示，让学前儿童初步理解数学知识和技能，然后再让他们通过操作予以体验和验证，以巩固和加深对数学知识和技能的掌握。由于缺乏经验，学前儿童（尤其是小班的学前儿童）的操作可能会缺乏方向性，不利于其正确感知、建构抽象的数概念。如果教师先以一定的动作示范或语言讲解，让学前儿童对所要学习的数学知识有一定的理解，对数学技能有初步的认识，然后再让他们通过操作进行体验，就不但能减少他们操作的盲目性和随意性，而且能使他们较好地理解和掌握数学知识和技能。

② 探索性操作。探索性操作，是指学前儿童带着一定的意向或根据一定的任务指向，通过操作，独立自主地探索数学知识的过程。在这种操作方式中，教师只是给学前儿童下达一个任务，学前儿童则根据自己的知识、经验，独立自主地进行操作。在操作中尝试、思考、探索，产生顿悟，有所发现，有所体验。这是一种学前儿童在"做"中"悟"，在"悟"中进行更高层次"做"的操作方式。其目的在于充分发挥学前儿童学习数学的主动性，提高他们探索问题的能力与思维的目的性。

③ 比较性操作。比较性操作，是指通过对两个（组）或两个（组）以上物体的比较、操作，让学前儿童找出它们在数、量、形等方面的异同点的一种操作形式。著名教育家乌申斯基说："比较是一切理解或思维的基础，我们正是通过比较来了解世界上的一切。"通过比较性操作，可以让学前儿童发现不同数学内容之间的相同点和不同点，能够更好

地理解和认识所学习的数学知识，促进他们思维的发展。

④ 创造性操作。创造性操作，是指教师提供某一材料让学前儿童自己设计出具有多种选择性结果的一种操作形式。其目的在于让学前儿童充分地进行想象和多角度地思考问题，培养他们的创造能力。这种操作形式要求教师给学前儿童创设一个轻松、自由的操作环境，让他们的想象在操作中得到充分的发挥；要求教师不能以统一的标准评判他们的操作作品，应鼓励他们的与众不同，允许他们"异想天开"。

（2）根据操作的组织形式的不同划分。

① 集体操作。集体操作，是指教师按照一定的数学教学目标，选择统一的教学内容，创设适宜的操作环境，让全班学前儿童动手操作的数学操作形式。采用这种操作形式的前提是承认学前儿童数学认知具有相同的年龄特征，即同一年龄阶段的学前儿童，其数学学习存在着共同的认知特点。采用集体操作形式的实质是确保全体学前儿童参与数学的感知过程，获得必要的数学素质。

② 小组操作。小组操作，是指教师根据数学教学的实际需要，把全班学前儿童分成若干个小组，然后创设操作的环境，让他们动手操作的数学操作形式。这种操作形式介于集体和个别操作形式之间，它既承认学前儿童学习数学所具有的共性的特点，又强调其个性的特点。

③ 个别操作。个别操作，是指教师针对个别学前儿童的发展差异，创设操作的环境，提供适合于他们发展需要的材料，让个别学前儿童动手操作的数学操作形式。采用这种操作形式的前提是承认学前儿童数学认知的个别差异，其实质是对学前儿童进行数学的因材施教。

（3）根据主体性的发挥程度不同划分。

① 自主性操作。自主性操作，是指教师创设环境，提出操作要求，学前儿童根据自己的兴趣、能力，对材料进行感知和操作，从中发现蕴涵于材料中的数量关系的一种操作形式。学习知识的最佳途径是自己去发现，因为自己发现的知识理解最深刻，而且也容易掌握其内在规律、性质和联系。自主性操作的本质就是要让学前儿童亲身经历数学知识的形成过程，实现"不同的学前儿童学习不同的数学，不同的学前儿童在数学学习中得到不同的发展"，它体现着数学教学应有的价值。

② 指令性操作。指令性操作，是指教师边指令，学前儿童边操作的一种数学操作形式。显然，在这种操作形式中学前儿童处于较为被动的地位，他们的操作内容、顺序和方法是在教师控制下进行的，但它又是自主性操作的必要补充。由于操作的顺序和方法直接影响着操作的目的是否能达到，而学前儿童能力较弱，操作经验不足，有些操作的顺序和方法仅仅依靠他们自主性操作很难达到预期的目的，必须在教师的指令下才能完成操作的任务，因此，它是自主性操作的有益补充。

（4）根据操作时间的不同划分。

① 长时操作。长时操作，是指一次操作活动需要较长的操作时间。由于学前儿童是在与材料的互动中来感知数学的，同时，她们感知蕴涵于材料中的数量关系需要经过一个较长的过程，因此，充足的操作时间是确保学前儿童获得较为完整的数学经验的基本前提。长时操作对于培养学前儿童的坚持性和发展他们操作的专注性也具有积

极的意义。

② 短时操作。短时操作，是指一次操作活动所需较短的操作时间。我们在强调为学前儿童提供较长的操作时间的同时，并不意味着他们的每一次操作、每一数学内容的操作和任何情况下的操作都必须是长时间的。因为，这里还有一个操作的效率问题，即如果有些内容在短时间就可以完成操作任务，对于这样的内容，教师应毫不犹疑地采用短时的操作形式，以提高学前儿童操作的效率。

（5）根据凭借物的不同划分。

① 实物操作。实物操作，是指学前儿童以实物作为操作的凭借物，通过对实物的操作去发现实物中以及实物之间的数量关系的一种操作形式。这种操作形式适合于学前儿童的具体形象思维的发展特征，是学前儿童数学活动常见的操作形式。

② 图片操作。图片操作，是指学前儿童以图片或卡片作为操作的凭借物，通过对图片或卡片的操作去发现和感知图片或卡片中的数量关系的一种操作形式。这种操作形式适合于学前儿童的表象思维的发展特征，是学前儿童数学活动较高水平的操作形式，也是学前儿童数学活动常见的操作形式。

③ 符号操作。符号操作，是指学前儿童直接操作数学符号，从而感知数学经验和知识，提高数学运算能力的一种操作形式。这种操作形式适合于学前儿童的初步的抽象思维的发展特征，是学前儿童数学活动最高水平的操作形式，一般在大班采用。

实·训·练·习

【内容】

寻找不同类型的操作形式。

【指导】

1. 提出要求。

要求：

（1）根据操作类型的划分标准分四组寻找。

（2）在书本的"活动案例"中寻找。

2. 学生分组寻找。

3. 学生汇报寻找的结果。

4. 教师小结、评价。

3．实践要求

（1）把握操作的实质　操作的实质是让学前儿童通过与材料的充分互动，从而感受和体验到事物内在的数量关系、时空关系，积累相关的数学经验，使外在的数学知识转化为学前儿童内在的数学素质。因而，在学前儿童的操作活动中，教师应根据操作的目的，引导他们从多方面、多角度感知蕴涵于材料中的数量关系，应根据操作活动的实际需要，适时地提出具有启发意义的问题，以引导学前儿童边操作边思考、边交流，并最终获得有关的数学知识和经验，实现操作的价值。

（2）创设操作的环境　学前儿童操作的效果与教师为他们创设的操作环境存在着很大的正相关，因此，在学前儿童操作时，教师应该为他们创设良好的操作环境。这种环境包括物质环境和精神环境两部分，其中物质环境的要求有：一要提供合适的、充足的、多层次的操作材料；二要提供便于操作的空间；三要提供充分的操作、思考和交流的时间。精神环境的要求有：一要创设轻松、愉快的气氛；二要及时表扬和肯定学前儿童的进步和探索发现；三要允许学前儿童的操作失误、失败；四要尽量少地限制学前儿童的操作行为。

（3）明确操作的规则　明确操作的规则和操作方法，是保证操作达到预期目的的重要前提。特别是对缺乏操作经验的小班学前儿童及学前儿童使用新的操作材料或工具时，教师更应把操作规则讲清楚、讲具体，必要时应通过简单的讲解和示范，向他们交代具体的要求和方法，然后让他们亲自操作、探索，以保证他们的操作具有一定的方向性，减少盲目性和随意性。对于中、大班的学前儿童，教师交代的操作规则可以逐步抽象些，以让他们有更多的操作、探索的空间。如同样是分类的操作要求，对小班的学前儿童，可向他们提出"把红色的放在一起，绿色的放在一起"。对中班的学前儿童，可向他们提出"把相同颜色的放在一起"。对大班的学前儿童，则可提出"把具有相同特征的物体放在一起。"

（4）加强操作的指导　操作活动以学前儿童为主体，但并不意味着教师可以放弃指导，相反的，在学前儿童操作时，教师应加强对他们的操作活动进行指导。主要的指导内容可以从下面几方面考虑：观察学前儿童操作的具体情况，为有针对性的指导创造条件；鼓励学前儿童在操作过程中积极地探索和思考，发展他们的探究精神和探究能力；充分发挥学前儿童的主动性，促进他们在操作过程中主动建构数学概念和知识；鼓励学前儿童克服操作中遇到的困难，努力完成操作任务；引导同伴间的交流、表达和合作等。总之，教师的指导应加强目的性，应根据活动所确定的目标进行有重点的指导。

（5）评价操作的结果　操作活动结束后，教师应引导学前儿童之间进行相互交流，讨论和评价操作活动。因为学前儿童通过操作所获得的经验往往是粗浅的、零碎的，对这些经验的评价可以帮助他们形成比较完整的、正确的数学概念，使外在的操作转化为内在的认知结构。同时，通过评价可以满足学前儿童希望把在操作中的发现、体验表达出来的愿望。此外，教师还必须重视对个别学前儿童的操作进行评价，对他们在操作中所表达出来的合理性、新颖性和创造性予以充分的肯定，以激发他们进一步学习和操作的积极性。

实·训·练·习

【内容】

选择某一数学活动内容，设计一个操作活动。

【指导】

1. 提出设计要求。

要求：（1）写出教学的组织语言。

（2）制作或准备操作所需的教具。

2. 教师修改并反馈书面材料。

3. 学生课堂试教。

4. 教师组织评议。

二　感官法

1. 含义

感官法，是指教师引导学前儿童运用各种感官参与到数学学习活动中，使他们积累对同一数学知识的多种感性经验，从而帮助他们更好地形成某一数学概念的一种方法。

法国著名的数学教育家迪恩尼斯说过："为了帮助儿童形成某一数学概念，要让他们尽可能地使用不同媒介，使他们获得有关这个概念的丰富经验。"迪恩尼斯所说的"媒介"，就是指各种感觉器官。因此，在学前儿童感知数学的过程中，应充分调动他们的各种感官参与到认识数学的活动中来。

2. 类型

（1）视觉感知　视觉感知，即通过视觉去发现物体的外部特征，并从中感知或抽象出存在于这些外部特征中的数量关系的一种感知形式。这是学前儿童运用感官感知数学的最基本的方法。因为几乎所有的数学学习活动都离不开视觉的参与。

（2）听觉感知　听觉感知，即通过听觉的参与，让学前儿童更好地感知数学经验，理解数学知识的一种感知形式。由于听觉的对象是无形的，学前儿童感知声音需要一定的时间来做出判断，因此，在小班采用这种形式时一开始声音应大一点，速度应慢一点，以后可逐步提高速度，以培养学前儿童的反应能力。

（3）触摸感知　触摸感知，即通过运用学前儿童的触摸觉来感知物体的数量特征，从而认识数学知识的一种感知形式。手是学前儿童接触世界、认识事物特征的重要方式。通过手的触摸，学前儿童与具体事物发生着最为直接的接触，因此，感知到的物体的数量特征也是最为直观、真实的，其体会往往也是最深的。在数学教育时，教师应引导学前儿童通过手的触摸去充分感知物体的数量特征。

（4）动觉感知　动觉感知，即通过运用学前儿童的运动觉直接参与到认识数学活动中，从而使他们更好地感知数学经验，理解数学知识的一种感知形式。通过动作认识事物的数量关系是学前儿童学习数学的基本方式。这种学习方式也符合学前儿童好动的天性，能调动他们学习的积极性。

（5）综合感知　综合感知，即综合运用各种感官参与到数学活动中，从而达到全方位、多角度地感知数学知识的一种感知形式。数学知识是不同性质、不同表现形式的事物的抽象反映，因此需要用不同的感觉分析器进行感知，才能使学前儿童获得对数学知识的牢固掌握。

实·训·练·习

【内容】

　　寻找感官法的类型。

【指导】

　　1. 提出要求。

　　　　要求：

　　　　（1）每一类型各寻找一个。

　　　　（2）在书本的"活动案例"中寻找。

　　2. 学生寻找。

　　3. 学生汇报寻找的结果。

　　4. 教师小结、评价。

---

　　3. 实践要求

　　（1）应提供充分的感知时间　学前儿童各种感官的发展尚处于发展的过程中，运用各种感官感知的数学知识又是抽象的，因此，应给予他们充分的时间，以让他们对所感知的对象进行分析、比较和判断，从中发现感知对象的数量关系。

　　（2）应提倡各种感知形式的综合运用　根据学前儿童感知数学需要不断反复进行的特点以及事物本身具有多样性的特点，我们强调充分运用各种感官的协调作用，以让学前儿童对事物的数量特征有充分的、多角度的认识。

　　（3）应强调在语言的作用下进行感知　各种感知形式隶属于第一信号系统，其感知的结果也只能是感性的、具体的东西，因此，必须在以语言的具体参与为标志的第二信号系统的配合下，才能提升和完善感性的、体验式的认识，促进学前儿童形成表象水平的数学概念，增强他们对数词意义的概括认识。

三　游戏法

　　1. 含义

　　游戏法，是指为了学习和巩固数学知识，以游戏的形式开展数学活动的一种方法。它是一种把数学知识寓于游戏之中，让学前儿童在玩中学、学中玩的教学方法。玩是学前儿童的天性，通过游戏可以调动他们学习数学的积极性，使枯燥的数学知识变成他们乐于接受的东西，使他们在学习中得到愉悦的情绪体验。

　　2. 类型

　　（1）情节性数学游戏　情节性数学游戏，是通过开展具有一定情节的游戏，让学前儿童从中学习数学知识。在这类游戏中，通常有游戏的主题、情节和角色，或教师创设一定的游戏情境，让学前儿童扮演主题中的角色、根据主题中的情节要求开展游戏和数学学习活动。

　　（2）操作性数学游戏　操作性数学游戏，是以学前儿童动手操作材料为主要特征的一种数学游戏，是把游戏和操作结合起来的一种形式。这种形式既有游戏的成分，又有操作的要求，既在游戏中操作，又在操作中游戏，更是在游戏和操作中感知数学。

（3）口头数学游戏　口头数学游戏，是指师幼以口头语言的形式进行的数学游戏。这种游戏对发展学前儿童数的抽象能力和思维的敏捷性有较为明显的作用。口头数学游戏可以是师幼之间的游戏，也可以是幼儿之间的游戏。这种游戏的抽象性较高，因此游戏一开始应放慢节奏，让学前儿童有一个适应的过程，然后再逐步加快节奏，以提高他们的反应能力。

（4）竞赛性数学游戏　竞赛性数学游戏，是以竞赛的形式进行的数学游戏。这种游戏不仅能满足学前儿童好胜的心理，而且有助于他们对数学知识的巩固和理解，对于发展学前儿童思维的敏捷性和灵活性，以及调动他们学习数学的积极性等都有重要的意义。进行这种游戏应向学前儿童讲清竞赛的规则和玩法，以保证竞赛的顺利进行。

（5）数学智力游戏　数学智力游戏，是一种以巩固所学的数学知识和促进学前儿童智力发展为主要目的的数学游戏。这种游戏不仅能加深学前儿童对数学知识的认识，而且对培养他们思维的灵活性、敏捷性、独特性以及综合运用数学知识解决问题的能力有极大的帮助。

实·训·练·习

【内容】

　　寻找游戏法的类型。

【指导】

1. 提出要求。

　　要求：

（1）每一类型各寻找一个。

（2）在书本的"活动案例"中寻找。

2. 学生寻找。

3. 学生汇报寻找的结果。

4. 教师小结、评价。

3．实践要求

（1）应体现游戏的性质特征　学前儿童之所以喜欢游戏，是因为游戏对于他们来说可以获得愉悦的情绪，可以体验到主体的意识。但在实践的教学中，有不少教师口头上说是让学前儿童玩数学游戏，实际上是学前儿童在教师的高控制下进行活动。学前儿童既没有获得愉快的体验，又不自由，因而也就发挥不了游戏法在学前儿童数学教育中的功能。为此，要求教师在组织数学游戏时，首先应考虑所组织的游戏是否为学前儿童所喜欢，是否可以让他们获得愉悦的情绪。

（2）应设计好游戏的规则　数学游戏主要是通过执行游戏的规则来达到促进学前儿童对数学知识的理解和数学技能的掌握，因此，游戏规则应根据游戏的目标来设计，应突出通过游戏规则的遵守以让学前儿童获得对数学知识的理解和思维能力的发展上。

（3）应控制好游戏的情节　游戏的情节可以激发学前儿童参与数学活动的兴趣，从而使枯燥的数学知识成为他们内在的需要。但情节毕竟只是一种形式，形式必须为目标服务。情节如果过于复杂化或过于生动，则会使学前儿童的注意力集中于情节上，而忽视对数学知识的掌握。

（4）应根据年龄班组织游戏　不同年龄班的学前儿童，由于其发展水平、兴趣需要等方面存在着差异，客观要求教师在组织数学游戏时应充分考虑游戏的类型、数量、情节等方面的差异。一般来说，在游戏的数量和情节的运用上，小、中、大班应遵循逐步减少的原则。在游戏类型的采用上，对中、大班的学前儿童可以采用口头数学游戏、竞赛性数学游戏、数学智力游戏等对学前儿童的能力要求较高的游戏类型，而这三种游戏类型对于小班的学前儿童就不太合适采用。

实 · 训 · 练 · 习

【内容】

设计某一游戏类型并组织游戏。

【指导】

1. 提出要求。

　　要求：（1）按游戏的基本结构设计。

　　　　　（2）制作或准备游戏所需的教具。

2. 学生课堂组织游戏。

3. 教师组织评议。

附：游戏的基本结构

游戏名称：

游戏目的：

游戏玩法：

游戏规则：

四　比较法

1. 含义

比较法，是指通过对两个（组）或两个（组）以上物体的比较，让学前儿童找出它们在数、量、形等方面的异同点的一种方法。

比较是科学思维方法中最基本的认识方法。一切事物总是相比较而存在的，人们认识事物就是通过比较实现的。正如俄国教育家乌申斯基说过："比较方法乃是各种认识和各种思维的基础。我们认识世界上的一切事物，不外乎是借助于比较的方法。"数学学科知识体系中的各个知识点之间联系紧密且抽象，我们可以把数学中的一些相似或相关的知识进行比较，找出它们之间的不同点、相似点或相同点，使学前儿童更加明确事物的本质特征，同时防止相关知识的干扰，变负迁移为正迁移。

2. 类型

（1）根据比较的排列形式划分。

① 对应比较。是指将两个（组）物体一一对应地排列并加以比较。具体可分为三种形式：重叠比较、并放比较和连线比较。

重叠比较是将1个（组）物体一一对应地重叠在另1个（组）物体上，然后进行数或量的比较。如传统的"抢椅子"游戏，实际上就是采用重叠比较方法比较椅子和人数的多少。

并放比较是将1个（组）物体一一对应地并放在另1个（组）物体下面或旁边，然后进行数或量的比较。如把3只兔子一一对应地并放在4只小狗的下面，然后让学前儿童比较它们的多少。

连线比较是将具有相同数量特征的物体、形状或数字等，用线连起来进行比较。如把5只茶杯和数字5用线连起来。

② 非对应比较。是指将两个（组）物体进行非对应地排列并加以比较。具体可分为三种形式：单排比较、双排比较和不同排列形式的比较。

单排比较是将物体摆成一排或一行进行的比较。如长短、高矮等物体量的比较，就常采用单排比较的形式。

双排比较是将物体摆成双排进行的比较。常见的有：异数等长、异数异长、同数异长等。

不同排列形式的比较是将一组物体排成不同的形式，然后进行数量的比较。

（2）根据比较的指向划分。

① 求同比较，是指通过比较，找出数学现象或数学知识的共同特点，揭示数学的一般规律，也称为"异中求同比较"。如通过比较梯形、长方形、正方形，知道它们都有四条边，都是四边形。

② 求异比较，是指通过比较，找出数学现象或数学知识各自的特点，揭示数学的个性特征。也称为"同中求异比较"。如通过比较梯形、长方形、正方形，知道梯形是上下边平衡，四边不相等；长方形是对边平衡又相等；正方形是对边平衡，四条边相等。

（3）根据比较内容的属性划分。

① 类比，是指把具有相同的数学结构、数学关系的事物相比较。这类比较主要用于形成概念或认识某类事物的规律。同类事物的比较能使学前儿童从感性材料中出发，认识事物的数学特征，从而能够较容易地理解抽象的数学知识，培养学前儿童从实际问题中抽象出数学关系的能力。

② 对比，是指把具有相对或可逆的数学结构、数学关系的事物相比较。通过对比，能够把基本方面相异的事物联系起来，体现事物多样性的具体的统一，以有利于具体把握事物的相互联系，深入理解矛盾的具体统一性。

3．实践要求

（1）明确比较的目的　比较，首先要解决"为什么比"的问题，只有明确了这一问题，比较这一思维形式的应用才有意义。教师在准备采用比较时，首先要思考，通过比较，是为了防止相似知识的互相混淆？还是为了强化数学概念的理解？还是为了让学前儿童更系统地掌握数学知识、揭示数学知识的本质特征？只有明确了应用的目的，才能在比较中抓住被比较对象最为本质的异同点进行比较，以达到同中求异、异中求同的作用。

（2）确定比较的对象　比较是有条件的，要学会选择比较的对象，即解决"跟谁比"的问题。比较的应用虽然很广泛，但不是任何数学内容都可以用来作比较的。教师应根据教学内容和目标精心选择具有可比性的对象来进行比较。

（3）选准比较的标准　比较要有确定的标准与参照点，即要让学前儿童知道"比什么"，采用不同的标准，比较的结果是不一样的。无论是比较相同点还是不同点，都应根据有关数学概念与知识所提供的本质特征，确定相应的标准与参照点。如比较长方形和正方形的不同，比较点是它们的长和边；数的守恒，比较点是物体数量的多少，等等。

（4）选择比较的形式　教师应根据教学内容的具体需要、不同年龄班学前儿童的发展水平来选择不同的比较形式。如各种量的比较一般采用单排的比较形式；而数的比较则采用双排的比较形式；数的守恒常采用的是不同排列形式的比较。小班学前儿童常采用对应的形式比较；中、大班学前儿童则可以增加非对应的比较形式。

（5）学会比较的方法　采用比较的方法进行教学，不仅在于让学前儿童通过比较去发现数学知识的异同，更重要的是让他们学会比较的方法。方法的掌握往往比知识的获得更重要。因此，教学时应重点引导学前儿童从相似的事物中去寻求其细微差别，在相异的事物中去寻求其共同点，即学会"同中求异"和"异中求同"的比较方法。同时，应引导学前儿童不仅要比较事物的现象，更重要的是要比较事物的本质，即具有透过现象发现本质的能力。

（6）引导积极的思考　比较，要求学前儿童寻找事物间的关系，对他们的学习具有一定的挑战性，需要教师提出启发性的问题，以引导学前儿童积极思考，围绕问题去寻找、比较事物的异同点。如感知数的守恒时，教师向学前儿童提出能引导他们思考的问题：每一张图片中圆点的排列形式怎么样？它们的数量各是多少？从而让他们发现这些图片中的圆点虽然排列形式不一样，但它们的数量都是一样的。

五　讨论法

1．含义

讨论法，是在教师指导下，学前儿童就活动中出现的问题、矛盾相互交流意见，探讨解决问题策略的一种教学方法。

讨论需要学前儿童用清晰的语言阐明自己的观点，为他们提供了练习自己的口头表达能力的极好机会。讨论围绕同一个问题展开，学前儿童之间互相交流，互相启发，共同探究，有利于他们学会集思广益的技能，有利于他们在讨论中形成初步的数概念并促进他们思维的发展。

2．类型

（1）根据讨论主体划分。

① 师幼讨论。是指教师和学前儿童就活动中的某一问题共同展开的讨论。由于有教师的参与，可以使讨论有明确的方向，提高了讨论的有效性。

② 幼幼讨论。是指学前儿童之间就活动中的某一问题共同展开的讨论。这种讨论比较平等，气氛比较自由，学前儿童可以充分发表自己的看法。但容易出现"跑题"现象。

（2）根据讨论的组织形式划分。

① 集体讨论。是指全班学前儿童就活动中的某一问题共同展开的讨论。这种讨论可以集中大家的智慧。但由于人多，学前儿童充分表达、交流的机会不多。

② 小组讨论。是指把全班学前儿童分成若干小组，就活动中的某一问题共同展开的讨论。这种讨论可以让学前儿童充分地发表自己的意见并与同伴进行交流。但由于人数有限，讨论的结果会受到限制。最好在小组讨论的基础上，再进行集体讨论。

3．实践要求

（1）应以操作体验作为讨论的基础　讨论是以语言为主要手段的，如果讨论的内容学前儿童没有感性的经验作基础，那么讨论将是抽象的，将难以进行。因此，在开展讨论之前必须让学前儿童具有一定的操作经验，这样，讨论才有充实的内容，也才能取得一定的效果。例如，要让学前儿童寻找排序的简便方法，教师应先安排他们进行充分的排序活动，并在活动中探索"如何排得又快又好"。在学前儿童有了一定的经验后，教师再组织他们讨论，让他们把自己的探索方法和结果提出来，与同伴进行比较、交流，从中寻找出较简便的方法。

（2）应创设民主宽松的讨论氛围　讨论以语言表达为外在形式，以思维的积极活动为内在要求。无论是语言的表达或思维的活动都必须以一个民主、宽松的气氛为前提。因此，在讨论中教师应以是与学前儿童平等的一员的身份参与讨论，应让学前儿童畅所欲言；对他们大胆的表达或与众不同的观点应及时给予表扬；对他们错误的观点或不流畅的表达应宽容、不耻笑。

（3）应注重对讨论过程的引导　讨论方法的采用不仅要让学前儿童获得解决问题的办法，更重要的是要通过讨论让他们掌握简单的讨论技能，促进他们思维的发展。因此，教师应注重对他们讨论过程的引导，应注意倾听他们的操作体验；观察分析他们在讨论中的反应，了解他们的思维形式和思维活动过程；鼓励他们积极参与讨论；积极发表自己的看法，引导他们自己得出结论。同时，应引导学前儿童初步掌握讨论的基本技能：学会倾听；围绕主题思考发言；提出修正或补充自己的意见；尊重别人的发言等。

（4）应善于总结和归纳　讨论的目的不仅在于追求讨论的过程，讨论的结果同样重要。受学前儿童的逻辑能力和归纳能力的限制，学前儿童讨论的结果往往是零碎的、经验性的、不明确的，需要教师在讨论结束后进行归纳和提升，使零碎的结论系统化，使经验性的结论理性化，使不明确的结论确定化。这样的结论对于学前儿童数学概念的形成才有重要的价值，对于他们的操作活动才具有具体的指导意义。

六 寻找法

1．含义

寻找法，是指引导学前儿童从周围环境中寻找数、量、形及其关系或在直接感知的基础上，按数、量、形的要求寻找相应物体的一种方法。

从寻找法的含义可以看出，它具有两种功能。一是学习功能，即学前儿童通过寻找，直接获得数学经验；二是复习功能，即学前儿童已有一定的数学经验，通过寻找以进一步加深对这些经验的认识。不管具有哪一种功能，寻找法都能架起数学知识和生活经验的联系，是学前儿童的数学经验或知识在实际生活中的运用的具体表现形式。

2．类型

（1）在周围环境中寻找　即引导学前儿童在周围环境中寻找物体的数、量、形及其关系的一种形式。由于周围环境中的事物总是以一定的数、量、形等形式存在，因此，这种寻找形式几乎适合于任何数学教学内容。

（2）在已准备好的环境中寻找　即引导学前儿童在教师创设好的环境中寻找物体的数、量、形及其关系的一种形式。如引导学前儿童寻找教师事前放在教室周围的物体的几何图形等。由于是教师有计划的安排，所提供的材料更具针对性，活动的效果会更好。

（3）运用记忆表象寻找　即引导学前儿童利用头脑中的记忆表象寻找物体的数、量、形及其关系的一种形式。如引导学前儿童讲出"在什么地方看到什么东西的数量可以用3这个数字来表示？"由于这种形式比较抽象，要求给予学前儿童一定的时间进行思考和判断。

3．实践要求

（1）应引导学前儿童进行多角度寻找　学前儿童的寻找往往满足于当前所得到的几个答案，或容易受同伴的影响而往同一个方向、同一个角度寻找。这对于发展他们的发散性思维是不利的。教师应引导他们改变思维的方向，从其他角度进行寻找。

（2）应引导学前儿童在寻找中感受数学　通过寻找，应让学前儿童感受到我们身边的数学具有多样化的表现形式，同时，应引导他们从多样化的数学表现形式中抽象出初步的数学知识。通过寻找，应让学前儿童感受到数学就在他们身边，数学是有趣的，数学对于我们的生活是重要的。能够自觉地运用所学的数学知识去看待、解决日常生活中遇到的问题。

（3）应引导学前儿童正确地表达寻找的结果　数学知识来自生活，数学知识又高于生活。学前儿童从生活中寻找到数学现象并用抽象的语言表达出来需要一个精确化的转化过程，在这个过程中，学前儿童的语言往往出现偏差、不准确，有时甚至是错误的。此时要求教师应注意学前儿童的语言表达问题，出现问题应及时纠正。如有的学前儿童说，电视机是长方形的，教师应引导他们准确地说出是电视机的屏幕是长方形的。有的学前儿童说，我的眼睛是2，教师应引导他们说出，我有两只眼睛或我的两只眼睛可以用数字2来表示。

七　讲解演示法

1．含义

讲解演示法，是指教师通过向学前儿童展示直观教具并配合以口头讲解，把抽象的数、量、形等知识、技能或规则具体地呈现出来的一种教学方法。

讲解演示法是一种讲解与演示相结合的方法，就是教师边讲解边演示，让学前儿童获得对某一数学知识、技能或规则的理解。它可以直观地向学前儿童呈现教学内容，使他们获得丰富的数学感性经验，加深对数学概念的理解；可以保持教师在教学中的主导地位，教学时间和进度便于教师控制，并且所授内容能保持流畅与连贯；便于重点内容的分析、难点的突破，易于帮助学前儿童抓住问题的关键，节约教学时间。但这种方法是以教师为中心的，学前儿童往往是被动的，长时间或经常地使用，会使学前儿童失去探索数学的机会，不利于充分调动学前儿童学习数学的积极性和创造性。因此，对于这一方法的运用我们应持客观的态度，既要慎重使用又不要缩手缩脚。只要是有利于学前儿童发展的，又适合于教学内容和当时的教学条件的，都可以考虑使用。

2．类型

（1）知识的讲解演示　知识的讲解演示，是指为了让学前儿童对数学知识有直观的理解，教师借助于教具，把数学知识的内在涵义或形成过程向学前儿童进行讲解。知识的讲解演示一般是这一知识让学前儿童亲自探索难以理解时才使用。

（2）技能的讲解演示　技能的讲解演示，是指为了让学前儿童掌握某种数学操作技能，教师借助于教具，把技能的操作过程向学前儿童进行讲解。很多数学操作技能的掌握需要通过教师向学前儿童讲解演示来实现。

（3）常规的讲解演示　常规的讲解演示，是指为了让学前儿童遵守或形成某种数学学习常规，教师借助于教具或动作，把如何遵守数学学习常规向学前儿童解释和说明。如数学游戏中的许多游戏规则，需要教师向学前儿童讲解和演示，才能为他们所理解和掌握。

3．实践要求

（1）应突出重点和难点　就整个活动过程的时间安排比例来看，如果采用讲解演示法进行教学，一般所占的时间比例应比较小。因此，如何在有限的时间里发挥它的最大效率，这就要求必须突出讲解演示的重点和难点，使学前儿童通过教师的讲解演示，掌握教学重点，理解教学难点。如学习加法，重点是让学前儿童理解加法的含义，此时教师应重点讲解和演示"东西变多"这一重点内容。

（2）应讲究讲解语言的艺术　讲解演示法是借助于语言进行的，学前儿童是通过教师的讲解语言来理解数学知识和技能的，因此，教师的讲解语言直接关系到这一方法运用的有效性。教师的讲解语言应做到：准确、简练、条理清楚、层次分明、通俗易懂、生动形象。

（3）应研究演示的过程　科学的演示过程理应展示数学知识的形成过程，应让学前儿童理解数学的内在涵义。因此，教师对演示过程应重点研究。先演示什么？后演示什么？怎么演示？在哪里演示？演示到什么程度？等等问题，都应做到心中有数。

（4）应明确教具的功能定位　教具是讲解演示的中介，一方面教师借助于教具，把抽象的数学知识在学前儿童面前直观地展示出来，帮助他们积累丰富的感性经验，加深对数学知识的理解。因此，演示的教具应丰富多样；应直观、美观，以吸引学前儿童的注意力；体积应大，放得应高，以让全班学前儿童能看得清楚。另一方面教具不应太过新奇、华丽，以免分散他们的注意力。

上面所讲的只是学前儿童数学教育七种常见的教学方法，在教学中还有其他方法可以采用，如欣赏法、归纳法、演绎法、谈话法、情景法等。俗话说，教无定法，贵在得法。教学方法的采用具有很大的灵活性和创造性，它受教学目标、教学内容、教学环境和教学对象等的制约。每一种教学方法又具有其优缺点，教学中教师应根据具体的情况灵活地、综合地运用。

实·训·练·习

【内容】

运用讲解演示法介绍游戏——图形分类。

【指导】

1. 布置书面作业。

    要求：（1）符合讲解演示法的要求。

    （2）运用讲解演示法介绍游戏"图形分类"。

2. 教师修改并反馈书面材料。

3. 学生修改书面材料，并准备试教。

4. 学生分组试教。

5. 学生代表试教。

6. 教师组织评议。

实·训·练·习

【内容】

观看录像——某一学前儿童数学活动。

【指导】

1. 提出观看要求。

    要求：

    （1）寻找学前儿童数学活动的7种方法各一个。

    （2）在书本的"活动案例"中寻找。

2. 学生观看录像。

3. 学生汇报观看的结果。

4. 教师小结、评价。

领会学前儿童数学教育的组织形式

学前儿童数学教育的组织形式，是指"为了实现学前儿童数学教育目标，围绕一定的教育内容或学习经验，在一定时空环境中，借助一定的媒体，师生相互作用的方式、结构与程序"。教学组织形式是为教学目的的达成、教学内容的实施服务的，它直接影响着教学的效率和教育的规模。按师生组合方式的不同，教学组织形式主要有一对一、一对几、一对多等几种，相应的也就有了我们通常所说的个别教学、小组教学和集体教学。各种教学组织形式各有其优缺点和适用范围，因此，为了实现理想的教学效果就必须优化、整合各种教学组织形式。

一 集体组织形式

1．含义

学前儿童数学集体组织形式，是指教师按照一定的数学教学目标，选择同一教学内容，创设适宜的环境，让全班学前儿童一起学习的组织形式。采用这种组织形式的前提是承认学前儿童数学认知具有相同的年龄特征，即同一年龄阶段的学前儿童，其数学学习存在着共同的认知特点。

2．优缺点

由于学前儿童数学集体组织形式采用的是"一对多"的师幼组合方式，这就规定了它在学前儿童数学认知过程中具有其独特的优劣性。这种形式可以确保每个学前儿童都有活动的机会，都可以获得最基本的数学教育；可以提高活动的效率；可以使学前儿童能较好地遵守规则、习惯于集体活动；可以为学前儿童提供集体学习的气氛，体验集体活动所带来的快乐；可以使教师较好地控制操作过程，对于目前我国幼儿教师教学组织能力相对不强，而班级学前儿童人数又较多的情况，仍是不可缺少的。但这种形式由于面向全体学前儿童，教学目标、教学内容整齐划一，不容易照顾学前儿童发展上的个体差异，难以满足每个学前儿童的个体需要，教师也很难给个别学前儿童以帮助和指导，难以使每个学前儿童都能积极、主动地进行学习，难以促进每个学前儿童在自己的水平上获得进步和发展。

3．适用

一般而言，学前儿童数学集体组织形式适宜于下面几种情况使用。

（1）需要教师进行示范、讲解的某些数学知识、技能和规则　这些内容如果没有教师统一组织，学前儿童很难掌握。例如，认识和书写阿拉伯数字，认识一些数学符号，如：加号、减号、等号等。

（2）需要教师在集体中讲解、演示的新的数学活动或游戏　新的数学活动或游戏，学前儿童没有接触过，他们往往不清楚如何玩，需要教师集体地讲解、说明，以让他们明确在活动时需要做什么，怎样去做，应注意什么问题。

（3）需要教师引导才能发现的一些较难学习的内容　一些较难学习的数学内容仅靠学前儿童个人的力量是很难发现和理解的，需要教师组织全班学前儿童，发挥集体的聪明才智进行讨论和思考。如一些数学关系的发现往往需要教师以集体的形式组织教学。

（4）需要教师帮助整理、归纳的数学感性经验　学前儿童数学教育强调让学前儿童通过探索来感知数学经验，但学前儿童所感知的数学经验往往是零碎的、表面的、有时甚至是不正确的，需要教师和学前儿童一起，对这些经验进行整理和归纳，使之系统化、概括化，并形成一定的结构。

（5）需要教师强调并加以解决的问题　学前儿童在探索数学知识的过程中因种种原因可能会出现一些具有共性意义的问题。这些问题如果没有教师给予及时地提醒或组织他们讨论并加以解决，就可能使探索活动难以维持下去。如教师发现大部分学前儿童对教师的操作要求理解错了，操作偏离了方向。此时就应向全体学前儿童再次强调或讲解，说明操作的要求。

（6）需要向学前儿童介绍的有价值的做法　学前儿童在探索过程中有时会出现一些具有创造性特征的做法和结果，对于这些有必要给予及时的肯定和鼓励，并且向其他学前儿童进行推广，此时，就需要以集体的组织形式进行。

二　小组组织形式

1. 含义

学前儿童数学小组组织形式，是指教师根据数学教学的实际需要，把全班学前儿童分成若干个小组，然后创设操作的环境，让他们探索的组织形式。这种形式介于集体和个别形式之间，它既承认学前儿童学习数学所具有的共性的特点，又强调其个性的特点。

2. 优缺点

学前儿童数学小组组织形式采用的是"一对几"的师幼组合方式，是一种介于"一对一"和"一对多"的师幼组合方式，因此，它兼具两种组合方式的优劣性。学前儿童数学小组组织形式的采用可以给学前儿童创造更多的交流、表达的机会，学前儿童学习数学的主体地位能够得到更好的表现；可以增加学前儿童之间的交流机会，使他们相互学习，取长补短，在合作中分享各自的经验；可以使学前儿童体验到一种被人接受、信任的认同情感，提高他们的社会化程度；可以缩短教师和学前儿童之间的心理距离，有利于教师对他们的操作活动进行指导，提高指导的效率。但学前儿童数学小组组织形式的采用如果是把学前儿童分成组间不同质的小组，虽然能照顾不同水平的学前儿童，但却容易在班级中产生好、中、差三级分化的现象，不利于学前儿童的健康成长；如果采用的是把学前儿童分成组内不同质的小组，虽能使组内不同能力、不同兴趣和不同学习风格的学前儿童产生相互的影响，相互学习，但由于学前儿童毕竟年龄小，自我调控能力差，就会出现能力强的学前儿童占优势地位，他们得到的锻炼机会更多，发展的可能

性更大，而能力弱的学前儿童则得不到锻炼的机会，他们更多地处于从属的地位，体会不到成功的喜悦。

3．类型

（1）按学前儿童的相互关系划分

① 合作式小组组织形式。合作式小组组织形式是指学前儿童在小组活动中是紧密联系的，小组中的成员围绕共同的目标，分工合作，既要努力做好自己分内的事，又要通力合作，共同完成小组的学习任务。

② 平衡式小组组织形式。平衡式小组组织形式是指学前儿童在小组活动中是以平衡的角色出现的，小组中的成员各自完成自己的学习任务。

（2）按成员的相似程度划分

① 同质小组组织形式。同质小组组织形式是指把具有相同或相近能力水平和认知风格的学前儿童分成一个小组进行数学学习活动。同质分组有三种常见的分组标准，即按能力分组、兴趣分组和学习风格分组，而最常见的是按学前儿童的学习能力分组。

② 异质小组组织形式。异质小组组织形式是指把具备不同能力水平和认知风格的学前儿童分成一个小组进行数学学习活动。由于异质分组内的小组成员在性格、气质、能力和兴趣等方面具有一定的互补性，成员之间能够取长补短，互相帮助，发挥各自的特长，形成具有多元特征的小组。

（3）按分组的开放程度划分

① 自由小组组织形式。自由小组组织形式是指学前儿童根据自己的兴趣、爱好、同伴关系、学习内容等自由组成学习小组。这种形式所适宜的学习内容较广，没有特定要求的内容都可以采用。

② 半自由小组组织形式。半自由小组组织形式是指教师对组成活动小组的规则作出一定的限制（如指定组长、限定各小组的人数等），在规则的范围内，由学前儿童根据自己的兴趣、爱好、同伴关系、学习内容等自由组成学习小组。这种形式一般适宜于有一定学习难度或在需要合作的内容中使用。

③ 封闭小组组织形式。封闭小组组织形式是指教师根据教学的实际需要，把全班学前儿童分成若干个学习小组，然后提供材料，让各组的学前儿童按老师的要求完成学习任务。同质、异质小组组织形式属于两种特殊的封闭小组组织形式。

4．适用

在学前儿童数学操作中，适宜采用小组组织形式的内容常见的有下面几种。

（1）有一定操作难度的内容　这些内容往往个人操作较难完成，需要小组操作才能感知蕴涵于物体中的数量关系。

（2）有利于培养合作能力的内容　对于中、大班的学前儿童，教师为了培养他们的合作能力，往往要求学前儿童以小组为单位，共同探索、操作某些数学内容，这时可以采用小组的操作形式。

（3）可以分解的操作内容　有些数学内容可以分解成难易不同的操作层次，然后让不同能力层次的学前儿童承担不同的操作任务，此时也可以采用小组的组织形式。

（4）操作材料不易准备的内容　有些操作材料不易收集，不能满足全班学前儿童同时操作的需要，教师可以把他们分组来操作不同的材料。在学前儿童操作完一组材料后，允许他们到其他组去操作，以让他们能充分地与材料互动，从中积累丰富的数学经验。

三　个别组织形式

1．含义

学前儿童数学个别组织形式，是指教师针对个别学前儿童的发展差异，创设环境，提供适合于学前儿童发展所需要的材料，让个别学前儿童学习的组织形式。采用这种组织形式的前提是承认学前儿童数学认知的个别差异，其实质是对学前儿童进行数学的因材施教。

2．优缺点

由于学前儿童数学个别组织形式采用的是"一对一"的师幼组合方式，这就规定了它在学前儿童数学认知过程中具有其独特的优劣性。就学前儿童而言，学前儿童数学个别组织形式可以满足他们学习数学的个性化需求。学前儿童可以根据自己对数学的认知兴趣、学习能力和发展需要确定学习数学的方法方式，选择适合自己的学习内容，使自己对数学的探索处于一种无压力的状态。这种状态有利于学前儿童数学的个性化发展。就教师而言，在学前儿童进行个别化学习过程中，教师可以重点观察、分析个别学前儿童的认知特点和学习数学的水平，然后采取有针对性的指导策略，取得理想的教育效果。也因为这样，它对教师的观察能力、分析能力和指导能力的要求提出很高的挑战。每个教师面对的是班上的几十个学前儿童，很难要求对每一个学前儿童都进行重点的观察和个别的指导，因此在实践中较难实施。

3．适用

严格意义上讲，学前儿童数学个别组织形式的使用适合于每一种数学教学内容，因为不同的数学内容以及同样的数学内容，学前儿童在感知时都会表现出不同的学习差异。数学个别组织形式的使用能满足学前儿童的这种差异化的需要，能促进他们在学习数学的过程中获得不同程度的发展。在数学的课堂教学中，由于每一位教师要同时对几十个学前儿童进行教学，而且要适合每一个学前儿童的学习能力和风格，在实际的操作中是不太可能的，因此，这种操作形式更多地应用于数学区域活动和日常的数学教育活动。

四　三种形式的整合

1．集体、小组和个别操作形式应统一

在学前儿童数学教育活动中，集体、小组和个别组织形式是辩证统一的。集体和小组组织形式是由"许多"个别组织形式组成的，每一个个别组织形式由于学前儿童个性的差异必然表现出个别化的差异。在这些个别化差异中又会出现一些相同的或相似的表现，把这些相同或相似表现的学前儿童分成不同的组别，就组成小组的组织形式。同样

的，在集体的组织形式中，由于学前儿童座位的自然安排（以小组形式出现），学前儿童实际上是以小组的组织形式进行的。虽然各组学前儿童学习的内容是相同的，教师也是以集体目标的达成程度向他们提出统一的要求，但各组学前儿童的组成结构、已形成的学习习惯和能力水平是有差异的，因此，在集体中必然表现出小组的特征。在小组的组织形式中，学前儿童有时进行的是平行式的学习，有时进行的是合作式的学习，但不管是哪种形式，都会表现出个体化的差异，都有个别化的要求，因此，在小组的组织形式中实际上渗透的是个别化的组织形式。可见，集体、小组和个别化的组织形式统一于学前儿童的数学活动中，它们既表现出各自的规定性，又是相互联系、相互包含和相互渗透的。

2．各种数学组织形式应灵活使用

《纲要》中明确提出："教育活动的组织形式应根据需要合理安排，因时、因地、因内容、因材料灵活地运用。"学前儿童数学组织形式各有其优缺点和适宜的使用条件，因此，在学前儿童数学活动中，不能厚此而薄彼，而是应该在深入领会各种组织形式功能和组织特征的基础上结合活动目标、内容以及学前儿童认知特点灵活运用，以达到真正的"优化"和"互补"。

3．重视不同组织形式下的个别化教学

如何在课堂教学中整合三种组织形式一直是人们研究的一个重要的课题，个别化教学思想的提出是这种研究的一个重要结晶。所谓的个别化教学（individualized instruction），是指一种面向全体学前儿童，适应学前儿童个别差异的教学理念、策略和方法的总称。其实质就是根据学前儿童身心发展的特点，采取有利于他们发展的教学策略的思想。它代表着一种思想，一种教学要适应学前儿童的个体差异并注重其个性培养的理念。它体现的是个别教学、因材施教的理念，实施的是分组教学，面向的是全体的学前儿童。

个别化教学不是个别教学。个别教学是一位教师对一位学前儿童的教学，它与班级教学相对。个别化教学则是在班级教学条件下"适应并注意个性发展的教学"。个别化教学介于个别教学和集体教学之间，是个别教学与班级教学的融合。它一方面部分地保留着集体教学的特征，另一方面又努力克服由于集体教学带来的对学前儿童兴趣与个性发展抑制的现状。在组织形式上，个别化教学既可以是个别的，也可以是小组的，还可以是集体的，因而它是开放的，包括心灵的开放、内容的开放、时间的开放、空间的开放、教学知识信息的开放、教学方法的开放、教学资源的开放等。可见，无论是集体、小组还是个别活动，只要把尊重学前儿童个性、促进全体学前儿童的全面发展作为教学的出发点和立足点，都是好的组织形式，都是我们应该积极倡导的。

学前儿童数学组织形式在学前儿童的数学实践中处于真正的具体落脚点的地位，带有综合、集结的性质，它的选择和使用要求把组成数学活动的构成要素，如教师和学前儿童、时间、目标、内容、材料等有机地整合起来，形成一个有机的整体，以实现活动效益的最优化。

实·训·练·习

【内容】

　　观看录像——某一学前儿童数学活动。

【指导】

　　1. 提出观看问题。

　　　　问题：

　　　　（1）活动中采用哪些组织形式？

　　　　（2）对所采用的组织形式进行评价。

　　2. 学生观看录像。

　　3. 学生交流。

　　4. 学生汇报。

　　5. 教师小结、评价。

项目五
学前儿童数学教育的设计和组织

任务一　掌握学前儿童数学活动的设计和组织

学前儿童数学教育目标的实现，必须通过具体的数学活动实践来完成。学前儿童数学活动是有目的、有计划和有组织的过程，必须经过严密的设计和科学的组织，才能实现预定的目标。

一　学前儿童数学活动的设计

学前儿童数学活动的设计，是指教师对所要开展的学前儿童数学活动进行研究，并以活动计划（俗称"教案"）的形式呈现出来。它包括对活动名称、设计意图、活动目标、活动准备、活动过程、活动延伸、活动建议等内容的设计。

1．活动名称

活动名称也称活动课题或活动内容，一般有两种取法。

一种是用生活语言定名称，如《小猫钓鱼》、《给娃娃找家》等。用这种形式定名称，比较贴近学前儿童的生活，富有生活气息，使他们感到有趣，但人们从这种名称中不能够直接知道学习的内容。

另一种是用数学术语定名称，如《认识三角形》、《比较物体的大小》等。用这种形式定名称，使人们从名称上即可以了解到活动的内容或要求，但这种名称不够儿童化，缺乏生活气息。

采用哪一种活动名称，没有严格的限定，可依据具体情况而定。

2．设计意图

设计意图是设计一个数学活动的具体指导思想和想法。学前儿童数学教学活动是一个有目的的过程，这个目的性要求在一定的思想指导下进行。活动的设计意图就是把指导活动的思想表达出来，使所涉及的活动能够体现一定的指导思想。设计意图可以包括：理论根据、开展活动的意义、活动开展的思路、活动的由来、学前儿童学习特点的分析等内容。

案例解释 中班数学活动——小熊请客

　　设计意图：中班幼儿喜欢小动物，因此，我以小熊请客这一游戏情景引导幼儿发现规律，寓教育于游戏之中。为了恰当地解决重难点，我首先设计示范了几种有规律的排列形式，如：小兔走的路，小猫走的路，小狗走的路，还有小兔的盘子等，让幼儿进行感知。幼儿有了一定的排列经验后，再引导幼儿进行创造性的排序，同时达到迁移经验、检查幼儿掌握情况的目的。

　　这个设计意图包含两个内容：一是说明该活动是从幼儿的认知特点出发来设计的；二是说明活动设计的思路。

实·训·练·习

大班数学活动——双双对对

　　设计意图：在生活中，我们小朋友对"一双"、"一对"的概念不太清楚，经常会说出一些笑言。现在冬天到了，天气越来越冷，小朋友都戴起了手套，但经常会出现这样一种现象：找到一只，丢了另一只，或者是找到的两只不一样。针对这种现象，我设计了"双双对对"这个数学活动，旨在帮助幼儿理解"一双"、"一对"的含义，并能大胆表述自己的想法，从而获得更多的生活体验。

　　问题：这个设计意图包含哪些内容？

3．活动目标

活动目标的设计应从两个方面来考虑。

（1）活动目标的制定　数学活动目标是依据学前儿童认知数学特点、学前儿童数学教学任务和教学内容而提出来的，在制定时还应考虑如下几个方面的问题。

　　第一，活动目标的全面性，指活动目标应包括数学经验和知识、数学技能和能力、数学情感和态度三个方面的内容。这样才能通过活动的开展，促进学前儿童全面的发展。

　　我们在强调活动目标的全面性的同时，也应注意另一个问题，即活动目标不能"超载"，每一方面的目标所包含的要求不能过多，要充分考虑目标实现的可能和条件。

案例解释 大班数学活动——好邻居

活动目标

　　1．初步理解相邻数的含义，知道2的相邻数是1和3；3的相邻数是2和4。

　　2．能初步探索出相邻数的规律，一个数有两个相邻数，前后两个数是多1少1的关系。

　　3．积极参与探索相邻数的活动。

上面的活动目标中，目标1属于数学经验目标，目标2属于数学能力目标，目标3属于数学情感目标，因而，这个活动目标的制定符合全面性的要求。

第二，活动目标的具体性，指活动目标是可通过学前儿童的具体行为来评估的，是教师可以观察和测量到的。判断活动目标是否具体，可从两个方面考虑：一是目标行为是否具体；二是行为标准是否具体。

强调活动目标的具体性，并不意味着所有目标的制定都必须是具体的，有的目标是隐性的，有的需要经过长期的、缓慢的积累过程，很难要求在一次活动中就能实现，因此，不能绝对地要求所有的目标都是一种行为目标。如情感目标一般是以一种泛化的方式表达出来。

案例解释 **大班数学活动——好邻居**

活动目标

1. 初步理解相邻数的含义，知道2的相邻数是1和3；3的相邻数是2和4。
2. 能初步探索出相邻数的规律，一个数有两个相邻数，前后两个数是多1少1的关系。
3. 积极参与探索相邻数的活动。

上面的活动目标中，目标1的具体性体现在"初步理解"和"知道2的相邻数是1和3；3的相邻数是2和4"这两部分内容；目标2的具体性体现在"初步探索"和"一个数有两个相邻数，前后两个数是多1少1的关系"这两部分内容；目标3的具体性体现在"积极"和"相邻数的活动"这两部分内容。

第三，活动目标的针对性，指活动目标应针对具体的教学内容和本班学前儿童的具体情况来制定。学前儿童数学教学涉及数、量、形、体等内容，不同内容有其自身的特点以及由这些特点决定的在促进学前儿童身心发展方面所具有的特殊价值。因此，活动目标的制定应力求反映这些特点和价值。活动目标的归宿要真正地落实在学前儿童的发展上，前提是目标的制定应针对本班学前儿童的实际情况。为此，应在充分了解本班学前儿童对数学的学习需要、经验积累情况、能力的发展水平等基础上，制定对学前儿童发展具有促进意义的活动目标。

案例解释 **大班数学活动——好邻居**

活动目标

1. 初步理解相邻数的含义，知道2的相邻数是1和3；3的相邻数是2和4。
2. 能初步探索出相邻数的规律，一个数有两个相邻数，前后两个数是多1少1的关系。

3. 积极参与探索相邻数的活动。

上面的活动目标中，针对大班学前儿童的有："理解相邻数的含义"、"探索规律"和"积极"等目标内容；针对教学内容的有："初步理解相邻数的含义"。

全面性、具体性和针对性是制定每一个活动目标时必须充分考虑的。此外，活动目标的层次性、灵活性等要求也可适当考虑。总之，在制定活动目标时，既要遵循一定的要求，又要根据具体情况灵活处理，使目标成为活动的指南，而不是对活动造成束缚。

（2）活动目标的表述　学前儿童数学活动目标的表述方式有两种：一是教师作为行为主体，用教师所做的事来表述；二是学前儿童作为行为主体，用学前儿童的行为变化来表述。一般来说，活动目标的表述以学前儿童作为行为主体较为合适，因为活动目标最终的归宿应落实在学前儿童身上，从学前儿童的行为变化中也较容易判断活动是否达到预期的目标。当然，以教师作为行为主体来表述也是可以的。但不管用哪一种表述方式，行为主体的表述方式应是一致的，不要混用。

活动目标的表述在语言上还要求：简练、清楚和准确。

活动目标应包括学习内容的要求及学前儿童行为的养成要求，可以归结为认知、能力和情感三个方面。有时，出于表达的方便，可以把其中的两个方面目标合二为一，但应注意，目标的表述应简洁明了。活动目标表述常用词汇如图5-1所示。

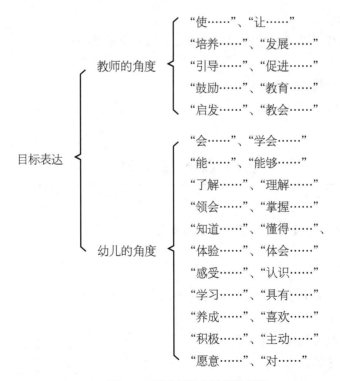

图5-1　活动目标表述常用词汇

案例解释 大班数学活动——好邻居

活动目标

1. 初步理解相邻数的含义，知道2的相邻数是1和3；3的相邻数是2和4。

2. 能初步探索初步理解出相邻数的规律，一个数有两个相邻数，前后两个数是多1少1的关系。

3. 积极参与探索相邻数的活动。

上面的活动目标中，都是以学前儿童为主体来表述的——表现在"理解"、"探索"和"积极"等词汇上。

实·训·练·习

【内容】

活动目标：

1. 初步学习手口一致地点数并能说出总数，理解2和3的实际意义。

2. 尝试运用多种感官感知2和3的数量，学会按数匹配相应数量的物体。

3. 喜欢参加认识2和3的数学活动。

要求：分析小班数学活动"小动物去春游"的活动目标。

【指导】

1. 提出分析要求。

   要求：根据学前儿童数学活动目标制定的几个要求逐一分析。

2. 学生分组分析。

3. 学生汇报分析的结果并评议。

实·训·练·习

【内容】

制定小班数学活动《按颜色分类》的活动目标。

【指导】

1. 引发知识。

   问题：制定学前儿童数学活动目标的要求有哪些？

2. 学生个人制定活动目标。

3. 要求学生把制定的目标写在黑板上。

4. 师生讨论和评议。

4．活动准备

数学活动的准备一般包括以下三个方面的内容。

（1）知识经验的准备　即对将要进行的学习活动，教师必须先期为学前儿童准备哪些知识、经验和技能。从这个角度讲，知识经验的准备所包含的内容是丰富的，如果都把这些内容列出，显然是没有必要的。在实际的活动设计中，一般是把特地为本活动所做的准备写出来就可以了。如果是属于前后内容自然的衔接，就不必写进去，因此，知识经验的准备这一部分有时在活动计划中没有写出。

（2）活动材料的准备　数学教学活动的材料准备一般包括教具、学具两种。教具是指教师在数学教学过程中，向学前儿童演示讲解所用的各种直观材料。学具是学前儿童在数学活动中摆弄、操作和练习用的各种直观材料。如果一个活动同时需要准备教具和学具，往往分开写比较清楚。如果只需学具准备，则可把相关性质的材料归类，然后用序号列出。有时材料较少，则可以写成一小段。活动材料的准备一般应写明准备了什么材料以及多少材料。

（3）空间准备　空间准备是指对活动所使用的场所及其周围环境的利用。为了给学前儿童的数学探索和学习提供宽敞的活动空间，教师需要对活动室及其周围环境进行科学的规划。如果一个活动的场所与平时没有太多的改变，空间准备一般不需要列出。如果调整较多，则常用文字的说明或画图展示。

以上三方面的准备并不需要在每一个活动中都列出，但不管列出几方面，都应注意其条理性，同时注意与活动过程保持一致。

案例解释 **小班数学活动——小动物去春游**

活动准备：

1. 创设春天的情景。
2. 各种小动物：2只小猫、2只小狗、3只小鸡、3只鸭。
3. 食品：2粒糖、2个饼干、3个苹果、3根香蕉等。
4. 礼物：2个小球、3块积木、3辆小汽车等。

这一活动的"准备"包括情境和材料两部分，用序号的形式列出，比较清楚。其中，材料的准备也把具体的数量列出，这样，有利于活动前做好充分的准备。

案例解释 **小班数学活动——娃娃过生日**

活动准备：

情景准备：创设娃娃过生日的情景。

物质准备：5个大咖啡盘；幼儿每人一张画有四个咖啡盘的卡片和若干包咖啡；幼儿人手5个咖啡杯和5根咖啡匙；幼儿人手一个盒子（装有两份数量相差1的礼物）。

这个活动的"准备"包括情景准备和物质准备两部分。其中的物质准备写成一小段，用分号把不同材料分开。

案例介绍

大班数学活动——学习6和7的加、减法

活动准备：

1. 道具："<"号、数字卡1～6若干，录音机、磁带各一。
2. 学具：6个瓶盖、胸卡一张，幼儿人手一份。

5．活动过程

活动过程的设计包括活动导入、活动展开、活动结束的设计三部分。

（1）活动导入的设计　这一环节的目的在于：激发学前儿童学习的兴趣，集中他们的注意力；介绍活动的内容和要求。活动导入的主要形式如下。

① 通过呈现操作材料导入。这种形式是目前较常见的学前儿童数学活动的导入形式。这一方式的采用适合于那些通过尝试可以在某种程度上让学前儿童积累一些数学经验的内容。如，"认识三角形"、"感知物体的大小"等学习内容。

② 通过简短的指令导入。这种形式适合于一些具有明显的程序性和操作性的数学内容。因为这些数学内容如果没有经过教师事前的简短指令，仅靠学前儿童自己的试误，他们很难获得相应的数学经验。

案例介绍

大班"学习4和5的组成"，教师的指导语是："今天，老师为你们准备了许多总数是4和5玩具，每个小朋友选一种玩，把它分成两份，看看有几种方法？每分好一种就把它记录在纸上。"这样的指令让学前儿童明确应做什么、怎么做，使学前儿童带着明确的目的进行操作。

③ 通过创设情境导入。通过情境的导入，能激起学前儿童学习数学的兴趣，使抽象的数学概念通过真实情境变成学前儿童容易接受的具体事物。教师可以根据教学的实际

需要创设多元化的情境，让学前儿童在情境中学习、探索数学。常见的情境主要有：故事情境、游戏情境、问题情境、生活情境等。

案例介绍

在小班数学活动"小动物去春游"的活动中，教师借助于挂图，创设一个春游的情境，结合语言的介绍"春天到了，花儿开了，小动物们高高兴兴地来春游了。你们看，来了谁？来了多少只？"导入活动。

案例介绍

在小班数学活动"娃娃过生日"中，教师以"娃娃过生日"的故事情节导入活动。具体做法如下。

教师："'娃娃家'的娃娃过生日，妈妈请小客人喝咖啡。她拿出几个咖啡盘（教师边出示边强调从左到右摆放），对娃娃说，'每一个客人使用一个咖啡盘和一包咖啡，那我们应该为客人准备多少包咖啡？'可是，娃娃不知道应准备多少包咖啡。小朋友，你们能帮娃娃这个忙吗？"

④ 通过提问的形式导入。当代美国著名数学家哈尔斯说过："问题是数学的心脏，没有问题的存在，就没有数学活动的开始，有了问题，思维才能有方向。"因此，教师要善于根据教学内容、生活实际与学前儿童求知心理之间所产生的认知冲突把他们引入一种参与问题、思考问题、解决问题的情境之中。

案例介绍

在大班数学活动"学习等分"中，教师是这样导入的。教师："狗熊妈妈给两只小狗熊一块圆圆的大饼，狗熊妈妈说：'你们俩只要想想办法就能吃到一样大的大饼。'两只狗熊想了半天都没想出分大饼的好办法。请小朋友帮助它们，让它们吃到一样大的大饼，那应该怎么分呢？"

⑤ 通过游戏的形式导入。游戏是学前儿童最喜欢的活动，以游戏的形式导入，不仅能够激发他们参与数学活动的兴趣，而且能够使他们在游戏中自然而然地获得数学知识。这种形式的采用更多地出现在以复习前面的知识为目的的活动的开始部分。

案例介绍

在大班数学活动"学习6和7的加、减法"中，教师先以"碰球游戏"来复习6和7的组成，为学习6和7的加、减法做铺垫。

做法如下。

教师："嗨嗨，我的3球碰几球？"

幼儿："嗨嗨，你的3球碰3球。"

……

学前儿童数学活动的导入形式有很多，教师可以根据具体的教学内容和要求，灵活选择和运用。不管采用什么形式，应以激发学前儿童学习兴趣为宗旨，以自然、适宜为特点，以不浪费时间为要求。

实·训·练·习

【内容】

查找活动计划，分析其采用的导入形式。

【指导】

1. 通过书本查找活动计划。
2. 举出活动计划的导入形式，并说明理由。
3. 课堂交流。

实·训·练·习

【内容】

自选某一数学内容，设计两种导入形式。

【指导】

1. 提出设计要求。

（1）选择你认为合适的两种导入形式进行设计。

（2）写出具体的导入方式和组织语言。

2. 学生设计。

3. 学生交流。

（2）活动展开的设计　这是活动设计的中心环节，是教学目标实现的关键环节。它涉及教师的"教"和学前儿童的"学"以及教学互动等内容。它要求教师对涉及教学过程的诸多要素进行优化组合，以达到良好的教学效果。

具体来说，要求考虑如下重要问题。

活动分几个环节和层次？

各环节、层次的目标是什么？如何递进和衔接？

重点、难点是什么？重点如何突出？难点如何突破？

活动采用哪些方法和组织形式？这些方法和组织形式如何安排？

材料如何使用？

教师如何组织活动？

……

总之，活动展开的设计考虑得越详细、周密，就越有可能使活动的开展所出现的不足减少，也就越能使活动达到预期的效果。

（3）活动结束的设计　这一环节的目的在于：总结、提升学前儿童探索的经验，评价他们的活动情况，使学前儿童保持继续探索的欲望。总结、评价的内容一般有活动内容和活动表现两部分。主要形式如下。

① 总结评价结束。这是学前儿童数学活动通常采用的一种结束形式。一般是请部分学前儿童讲述自己的活动表现，对他们的进步给予表扬和鼓励，同时，指出他们在活动中存在的问题。也可由教师提出问题引导学前儿童讨论，还可根据教师在指导过程中发现的有价值的问题展开讨论和评价。

案例介绍

中班数学活动"认识高矮"，其中的目标之一是"认识高矮、高矮的相对性以及按高矮排序"。因此，在活动总结、评价时，教师准备了红、黄、蓝三块大积木，引导幼儿认识高矮，理解高矮的相对性。同时，让幼儿讲述自己的排序作品。这一总结、评价的做法正是根据目标设计的。

② 作品展览结束。这是把学前儿童在探索、操作活动中的作品展示在一个合适的空间，然后组织学前儿童进行观察、评议。这种形式能够满足学前儿童表现的需要，因为每一个学前儿童的作品都能展示出来。同时，教师也可以从中发现具有创造价值的作品，并组织他们进行评议，为他们之间的相互学习、借鉴提供机会。

在中班数学活动"服装设计师"的结束环节，教师让幼儿穿上自己设计的服装，进行时装表演，然后组织他们欣赏和评价，就是一种以作品展览来结束活动的形式。

③ 游戏活动结束。这是通过开展游戏活动来结束数学活动。这种形式既能寓教于乐，让学前儿童在参与游戏的过程中增强对前面所学知识的理解，又能体验到参与数学学习活动的兴趣，使活动在玩中结束。

在大班数学活动"认识单双数"的最后环节，教师以"抱双躲单"的游戏来结束整个活动。

游戏的玩法：教师出示数字卡片或说出一个数字，小朋友判断该数为单数或双数。是单数则双手遮住脸部，头自然下垂作躲避状；是双数则双手在胸前抱住。

在大班数学活动"认识左右"的最后环节，教师设计了"我说你做"的游戏来结束活动。

游戏玩法是："把书拿到你的左边，把笔拿到你的右边。""用你的左手把小狗（玩具）拿到你的右边，用你的右手把小猫（玩具）拿到你的左边。"

④ 经验迁移结束。这是把在活动中所获得的数学经验迁移到生活中，使之与生活紧密联系，或创设一定的问题情景，要求学前儿童能够用所获得的数学经验去解决问题，从而实现由经验到能力的转化，同时，让学前儿童体验到数学的有趣和重要。

案例介绍

在大班数学活动"谁长？谁短？"的最后环节，教师引导幼儿在教室、幼儿园、家中寻找相对长短的物体。目的就是要引导幼儿把前面所学的有关长短的相对性的知识迁移到他们的生活中，使他们感受到生活中的物体具有长短的相对性的特征。

⑤ 艺术形式结束。这是通过律动、儿歌、故事等艺术形式结束整个活动。由于这些形式为幼儿所喜欢，因此，能达到"使幼儿在愉快的气氛中结束活动"的效果。

案例介绍

在小班数学活动"点数5以内的物体"的最后环节，教师是通过引导学前儿童朗读《五指歌》来结束活动的。

儿歌的内容是："一、二、三、四、五，上山打老虎。老虎打不着，碰到小松鼠。松鼠有几只？一起数一数，一、二、三、四、五。"

学前儿童数学活动的结束除了上面介绍的五种形式以外，还有许多，教师在设计和组织活动时，应根据教学的目标、具体的内容和教学进度的具体情况灵活运用。

实·训·练·习

【内容】

查找活动计划，分析其采用的结束形式。

【指导】

1. 学生在书本中查找活动计划。
2. 举出活动计划的结束形式，并说明理由。
3. 课堂交流。

在设计整个活动过程时，还应注意如下几个问题。

第一，应紧紧围绕活动目标来设计。活动目标必须在活动过程中实现，活动过程是

为了实现活动目标而展开的。因此，在设计活动过程时，必须考虑每一个确定的活动目标应通过哪几个环节和层次来实现，各个环节是为了实现哪一个活动目标服务的？那种脱离活动目标而设计的环节是没有意义的。

第二，应根据数学教学的规律来设计。活动过程的设计应从学前儿童的年龄特点和思维发展水平出发，从学前儿童感知、理解数概念的特点出发，从数学学科本身的规律出发，循序渐进、层层递进地考虑活动进程。学前儿童数学活动的过程具有一定的规律性：激发兴趣 → 提出要求 → 幼儿探索 → 交流提升 → 游戏巩固 → 延伸活动。

第三，应展现过程的条理和简洁。在表述活动过程时，应尽量用简洁的语言把每一个环节和每一个层次概括出来。同时，各环节、层次的安排应尽量有序。重要的内容、指导方法、提问、要求和组织语言应写出，并安排在活动计划合理的位置。

实·训·练·习

【内容】

大班数学活动——认识左右

活动目标：

1. 能以自身为中心区别左右。
2. 能较迅速地判断物体的左右方位。
3. 对认识左右的活动感兴趣。

活动过程：

1. 认识自己身体的左右。
   （1）认识自己的左右手。
   （2）认识身体的左右部位。
2. 通过游戏，巩固对左右的认识。
3. 认识自己的左边和右边。
4. 游戏："我说你做"。
   （1）游戏："听口令做动作"。
   （2）游戏："学当解放军"。

【指导】

1. 提出分析要求。
   活动目标是如何在活动过程中实现的？
2. 学生分组讨论。
3. 学生汇报结果。

6. 活动延伸

活动延伸是指将本活动的内容自然地延伸到其他的活动中去，使学习内容紧密联系起来。为了使学前儿童已获得的数学经验在其他的活动中得到巩固和强化，活动延伸要尽量做到自然、合理，不要强求每一个活动都有延伸。比较常见的做法是把本活动的内容延伸到区角活动和日常生活中。

案例介绍

大班数学活动"学习等分"，活动延伸是这样的：请幼儿回家找找家里的什么东西是可以二等分的，什么东西不可以二等分，并动手尝试一下。

这样的活动延伸，不仅让幼儿进一步学习等分这一内容，而且使幼儿体会到等分与生活的联系。

案例介绍

在大班数学活动"它们一样大吗？"的活动中，活动延伸是这样的：提供各种小的形状，让幼儿拼出各种大的图形或图案，然后，判断这些图形或图案是否一样大。

这样的活动延伸，可以为幼儿提供继续感知面积守恒的感念，满足幼儿继续学习的愿望。

7．活动建议

活动建议是就本活动在开展过程中所应注意的问题，提出几点建议。这些建议往往包括教学方法、组织形式的采用；教具的提供、使用；教学难点的处理等。在现有的幼儿园数学活动计划中，这一部分往往比较少见。

综上，幼儿数学活动计划模式及各部分的要求如表5-1所示。

表 5-1　幼儿数学活动计划模式及各部分的要求

活动计划	各部分要求
一、活动名称 （或活动内容）	简明
二、设计意图	1．鲜明 2．符合现实
三、活动目标 1. 2. 3.	1．全面性 2．具体性 3．针对性 4．一致性

活动计划	各部分要求
四、活动准备 1. 2.	1. 充分 2. 可行
五、活动过程 （一） 1. 2. （二） 1. 2.	1. 体现目标 2. 遵循规律 3. 条理和简洁
六、活动延伸	自然、合理
七、活动建议	根据需要

二 学前儿童数学活动的组织

教育家列乌申娜说过，在没有成人引导的情况下，学前儿童周围环境中的"很多事实和现象以及物体的特性就成为儿童视野和知觉之外的东西"。而这些"知觉之外的东西"是无法纳入学前儿童的知识经验体系之中的，也不可能引起他们思维的变化。只有在有目的、有组织的教学中，学前儿童所获得的经验才能得到整理和概括，并形成基本的数学概念，获得数学思维能力的发展。为此，要求教师必须加强对学前儿童数学活动的组织和指导。

1．创设良好的活动环境

（1）创设良好的物质环境。

① 科学地提供数学材料。《纲要》在科学的内容与要求中，明确提出："提供丰富的可操作的材料，为每个幼儿都能运用多种感官、多种方式进行探索提供活动的条件。"学前儿童学习数学知识是在与材料的多次互动中完成的。因此，提供可操作的、丰富的、能促进活动顺利开展的材料是学前儿童理解数学知识的重要保证。在条件许可的情况下，教师应提供人手一份的操作材料，让学前儿童与材料充分地互动，在互动中去发现存在于材料中的数学关系、体验数学经验。

实 · 训 · 练 · 习

【内容】

教师为每组幼儿提供了一些操作材料：不规则的蛋糕、数量较多的小馒头、一大瓶橙汁。教师的目的是让幼儿在切蛋糕、分小馒头、喝橙汁的过程中感受等分的概念。教师交代了活动要求后，幼儿简直乐坏了，他们有的迫不及待地把蛋糕切开，有的倒出瓶子里的橙汁先喝为快，有的边吃边分小馒头，至于等分不等分，他们好像完全忘记了。有个小组刚好有三个幼儿，该怎样把蛋糕分成三份呢？他们想了又想，办法终于有了，把蛋糕先切两块，然后分别从每一块蛋糕中再切出一小点组成另外一份。分是分好了，办法也是不错的，但有没有获得等分的概念呢？答案是否定的。再来看看幼儿是怎么等分橙汁的吧，他们把橙汁倒出来，或三杯、或五杯，边分边喝，也是十分热闹的场面。

问题：为什么幼儿学得很是热闹，却没有获得等分的概念呢？作为教师应如何调整材料？

【指导】

1. 学生认真阅读材料。

2. 学生围绕问题讨论。

3. 学生汇报讨论结果。

4. 教师总结评价。

●┈┈┈ **资料链接** ┈┈┈

数学操作材料的制作和玩法

名称： 数学操作瓶。

目标： 理解10以内的数。

材料： 塑料空瓶，各色即时贴，10以内的数字，黄豆，双面胶等。

制作方法：

1. 在瓶盖上贴一个数字，如1、4、8等。

2. 瓶身用即时贴围一圈，然后再贴上不同数量的圆点。

玩法： 观察瓶身上的圆点有几个，然后找相应的数字瓶盖拧上。也可以根据瓶身上的圆点，放入相应数量的黄豆，再拧上相应的数字瓶盖。

注意： 所用瓶子要洗净消毒，确保卫生安全。

实·训·练·习

【内容】

制作某一数学操作材料。

【指导】

1. 布置制作任务。

2. 提出材料制作评价标准和介绍格式（表5-2、表5-3）。

3. 展示、交流作品。

表 5-2　幼儿数学活动操作材料评价标准

标准	分值
具有明确的目的性	30分
具有可操作性	20分
结实、耐用	15分
美观	10分
利用废旧物品	15分
有一定的创新性	10分

表 5-3　操作材料介绍格式

名称：

目标：

材料：

制作方法：

玩法：

　　② 合理地利用活动空间。学前儿童学习数学主要是通过操作和游戏等活动来实现的，而教师必须创设一定的空间，才能确保操作和游戏的顺利完成。学前儿童数学活动可利用的空间包括桌面、地面、走廊、数学区域等。教师应根据活动所需要的空间和本班学

前儿童的人数合理安排活动场地，确保学前儿童有宽敞的活动空间。

③ 保证充足的活动时间。学前儿童的学习具有试误性的特点，他们对数学知识的感知和探索需要一个过程。在这一过程中，学前儿童常常需要对材料进行反复的操作和感知，常常需要与同伴进行不断的交流，常常需要经过自己的思考和判断，常常需要解决探索中所遇到的问题或困难，因此，教师应保证他们有充分的"感知时间"、"思考时间"、"交流时间"、"解决问题的时间"和"作答时间"等。

（2）营造宽松的精神环境。

① 让学前儿童自主地学习。学前儿童学习数学是一个自主学习的过程，只有在自主的环境下学习数学，他们才能充分地操作、思考和交流，才能按自己的意愿选择操作内容和方法，构建属于自己的操作经验。因此，教师要提供给学前儿童自主的数学环境和发展的机会，鼓励他们自己去发现与交流，帮助他们成为主动与自信的学习者。

② 多鼓励学前儿童的进步。学前儿童的数学学习活动需要教师的鼓励和支持。教师的鼓励和支持能以外在动力的形式激起他们学习数学的积极性，能使他们主动地学习和探索，能给他们克服困难带来强大的动力。因此，教师应善于发现学前儿童学习中的进步，哪怕这一进步是微小的，都应给予及时的鼓励和表扬。教师的一个微笑、一句表扬的话语对于学前儿童来说都可能是一剂强心剂，能推动他们大胆、主动地探索数学，增强克服学习中遇到困难的信心。

③ 允许学前儿童出现错误。学前儿童学习数学具有试误的性质。数学的抽象性以及学前儿童学习能力的不完善、学习经验的不足等因素决定了学前儿童学习数学知识是不可能一次性完成的。学前儿童在学习数学的过程中出现错误是正常的，他们是在不断纠错的过程中一步一步向正确的答案靠近。因此，对于学前儿童学习数学过程中出现的错误，教师首先在态度上应允许学习错误的出现，然后帮助他们寻找错误的原因并在具体的纠错方法上给予指导。

2．观察学前儿童的数学认知行为

观察是指导的前提，教师通过细致的观察，可以了解学前儿童对数学学习的兴趣和需要；了解他们已有的数学经验和对数学的认知能力；了解他们在学习中遇到的问题或困惑；了解他们对教师所提供材料的操作情况；了解他们的表达、交流情况，等等。这些信息的获得，是教师采取有效的指导策略的基础，是教师调整教育方式的前提，也是制订下一次活动计划的依据。同时，只有对学前儿童学习行为充分了解，教师才不会判断错误而错怪他们。

> **案例解释**
>
> 一次，大班"测量活动室的长度"。幼儿和老师一起收集、提供的材料有：绳子、小棒、尺子等。教师要求幼儿用这些材料进行测量，并在纸上记录着他们自己理解的符号。只见成成和洋洋一个躺在地上，一个蹲在地上，成成还大声叫着："你躺歪了。"看到两人这样顽皮，老师没有生气，而是亲切地询问情况。原来他们用"人"在测量活动室的长度，老师及时表扬了他们。

在这一案例中，因为教师首先有了充分的观察和了解，才有了对两位幼儿的及时表扬。如果教师一开始就认为这两位幼儿"不务正业"，那么采取的教育方法就可能是批评而非表扬。可见，观察、了解幼儿的学习行为和意图对于促进幼儿的学习具有重要的意义。

实·训·练·习

在去"小超市"购买春游食品这一活动环节中，幼儿看到透明购物袋上的数字，就知道袋子里所装食品数量应与袋子上的数字相吻合，而且数字越大表示购买的食品越多。在购物时，孩子们有的选购五种不同的食品放入标有数字5的购物袋中，有的选购三个相同的食品放入标有数字3的购物袋中，也有的选购的食品数量与购物袋上的数字不匹配。这一环节让我了解了幼儿在理解数的实际意义方面存在的差异。

问题：案例中，该教师所了解到的幼儿在理解数的实际意义方面存在哪些差异？针对这些差异，教师如何教育？

3．采用多样化的指导方法

教师掌握多样化的指导方法，能够确保学前儿童的探索活动沿着正确的方向进行；能够帮助学前儿童解决操作中遇到的问题；能够让学前儿童在有限的时间内获得最大的学习效果。

从宏观角度看，教师的指导方法可分为直接指导和间接指导。所谓直接指导是指教师通过讲解示范、语言告知等形式把数学知识、技能等直接告诉或传授给学前儿童的方法。所谓间接指导是指教师通过创设环境，采用提供材料、问题引导、参与活动等方法，促使学前儿童通过探索和思考自己去发现数学关系、体验数学经验的方法。

从学前儿童学习数学活动的本质特点及幼教改革的要求考虑，对学前儿童数学学习的指导更多地要求以间接指导为主，以直接指导为辅。在学前儿童数学活动中，综合发挥两者的优点，可以达到指导的最优化效果。

学前儿童数学教学的实践研究表明，以下几种情况更适合于采用直接的指导形式。

（1）学前儿童难以直接发现的数学名称和符号。如各种几何形体的名称、阿拉伯数字、加号、减号、等号、分合号等。

（2）学前儿童难以直接发现的数学知识和关系。如整点和半点、相对关系等。

（3）一些数学技能。如对应比较技能、计数技能、书写阿拉伯数字、自然测量技能等。

（4）一些新的数学活动或游戏的玩法。

（5）需要整理、归纳的幼儿已获得的数学感性经验。

（6）数学活动中应遵循的常规。

学前儿童数学活动中，教师可以采用的间接指导的方法如下。

（1）参与活动　即教师以学前儿童同伴的身份参与到他们的操作活动中，根据学前儿童操作的具体需要给以指导。

（2）问题启发　即教师通过提出具有启发意义的问题，引导学前儿童进行思考、操作和探索，从中感知数学经验、发现数学关系、纠正错误、克服遇到的问题等。

（3）提出建议　即教师提出建议，引导学前儿童通过改变操作形式、增加操作内容、变换操作材料等方式，从而寻找正确的操作方法，获得对数学经验的正确感知。

（4）提供范例　即教师通过提供操作范例，让学前儿童在观察、探索、讨论范例的基础上，学会正确的操作方法，完成操作任务。

（5）同伴影响　即教师引导学前儿童之间相互学习和模仿，学会正确的操作方法和数学技能，感知数学经验。

（6）行为示范　即教师发现学前儿童操作、学习有困难时，教师可以在他们旁边，操作同样的材料，以吸引他们观察、模仿，从而掌握正确的操作方法，获得数学经验。

间接指导的方法还有不少，教师还可以在教学实践中不断进行探索。同时，在应用这些方法时，应根据具体的情况、学前儿童遇到的具体问题、遇到问题的具体情况等进行灵活应用。

三　学前儿童数学活动的评价

学前儿童数学活动的评价是指依据一定的教育理论和学前儿童数学教学的评价标准，对教师组织的活动的成败得失及其原因作切实中肯的分析和评价。学会科学地评价学前儿童数学活动是教师的基本能力，它可以使教师的数学教学实践水平在科学教育理论的引领下不断提高，使教师的教学实践和教学理论更好地结合起来，促进教师专业能力的不断提升。

1．评价的内容

对一个数学活动，可以从活动目标、活动内容、环境创设、活动实施和活动效果等几个方面进行评价，每一方面的评价都有其具体的内容和评价要求。科学评价一个数学活动，既要考虑它的全面性，又要强调重点评价；既要依据教育教学活动的一般规律来评价，又要突出数学内容内在的规律性；既要有量的评价，又要有质的评价。如表5-4所示。

表5-4　幼儿园数学活动评价表

幼儿园		班级				日期			被评者	
活动内容						地点			评价者	
指标				评价等级				活动评价（文字说明）		
一级指标	二级指标	三级指标		优	良	中	差			
活动目标	全面性	涉及情感、能力、经验等								
	具体性	具有可操作性								
	针对性	针对学前儿童年龄特征和发展水平								
	一致性	表达主体一致								

续表

指标			评价等级				活动评价（文字说明）
一级指标	二级指标	三级指标	优	良	中	差	
活动内容	科学性	符合学前儿童现有水平，并具挑战性					
	趣味性	符合学前儿童的兴趣和需要					
	联系性	联系学前儿童生活					
环境创设	物质环境	合理利用、开发幼儿园、社区、家长等资源					
		材料具有可操作性，并引发学前儿童的探索					
		材料有利于发现关系、获得经验					
		数量充足、能利用废旧物品					
		充分利用场地、布局合理					
		提供充分、适当的操作时间					
	心理环境	创设自主操作的环境					
		鼓励、支持学前儿童的探索					
		允许学前儿童出现错误					
活动实施	学前儿童主体性	积极地探索和操作					
		积极地思考和回答问题					
		积极地交流					
	教师主导性	引导合理、有效					
		能根据内容的内在逻辑性组织活动					
		灵活地采用方法、组织形式和教学手段					
		适时、必要的总结和提升经验					
		围绕目标开展活动					
		突出重点、突破难点					
		灵活地处理发生的问题					
活动效果	学前儿童发展	社会性、情感、态度发展					
		能力、技能发展					
		知识、经验发展					
总评及建议							

2. 评价的要求

要使学前儿童数学活动的评价获得理想的效果，应做好下面的工作。

（1）做好听课工作　认真听课是有效评课的前提，只有听好课，才能评好课。要做好听课工作，应做到：① 充分准备好听课前的工作。主要包括熟悉幼教法规的基本精神、把握教改动态、掌握专业理论知识和准备必要的工具等。② 把听、看、记、思有机结合起来。听课是一项综合性很强的工作，要求听课者应调动各种感官，充分吸收来自各方面的信息，然后加以分析、比较和评析。如表5-5所示

表 5-5　幼儿园数学听课记录表

班级		地点		时间		执教者	
内容						记录者	
活动实录				活动评价			
意见及建议							

（2）评出教改的主要精神　评课的一项重要的目标在于引领教学向幼教改革的发展方向靠拢，因此，对学前儿童数学活动的评价，要能根据当前学前儿童数学教育改革的发展方向进行评价，以使学前儿童数学教学活动反映时代的要求，促进学前儿童数学教学质量的提高。当前学前儿童数学教育改革是在《纲要》精神的指导下，以尊重学前儿童学习的主体地位为特色，以强调学前儿童主动探索和操作为核心的多方位、多角度的改革。具体表现在：学前儿童数学探索的主体性、促进学前儿童思维的发展、学前儿童数学教育的生活化、创设适宜的环境、重视非正式的数学教育、强调师幼互动的有效性等。学前儿童数学活动的评价应能根据这些改革的主要精神进行，以促进教师的教育教学行为符合改革的要求。

（3）评出各内容的价值追求　教学的目的在于促进发展，因此，学前儿童数学活动

的评价的立足点在于评判教学是否促进学前儿童的发展。学前儿童数学教育具有丰富的内容，各内容在促进学前儿童发展中具有不同的价值，因此，对学前儿童数学活动的评价，除了对活动目标、内容、方法、教学手段、环境创设等一般内容的评价，更重要的是抓住各内容内在的逻辑性，评出各内容的价值追求。如对几何形体这一内容，评价重点在于教师是否让学前儿童充分感知其特征，并促进学前儿童空间能力的发展；对数前内容的评价，重点在于是否让学前儿童感知集合及其元素的关系；对数概念的评价，重点在于是否让学前儿童积累数概念的有关经验，并促进他们初步抽象思维能力的发展。

实·训·练·习

【内容】

见习幼儿园的某一数学活动（或观看录像）。

【指导】

1. 布置见习任务。

任务：对教师组织的数学活动进行评价。

2. 提出见习要求。

要求：（1）根据任务进行观摩。

（2）围绕问题写好见习报告。

3. 组织学生交流见习报告。

任务二 掌握学前儿童数学区域活动的设计和组织

学前儿童数学区域活动本质上是为学前儿童提供一个自由探索数学的环境，它倡导学前儿童学习主体性的充分发挥。学前儿童数学区域活动具有较大的灵活性和开放性，它的设计和实施对教师来说有着极大的挑战性。

一 数学区域活动的设计

学前儿童数学区域活动的设计是指教师根据学前儿童数学教育目标和学前儿童探索数学的需要，有目的、有计划地设计学前儿童的区域活动内容和教师的指导内容。学前儿童数学区域活动的设计有多种表现形式，有的是以单独的区域活动计划的形式出现；有的是体现在一日活动计划中；有的是在周计划中体现。各种形式各有其优缺点，幼儿园应根据各园的实际需要灵活选择。

这种形式是把区域活动体现在一周活动计划中。它较为简单，只是写上一周所要指导的重点区域，至于如何指导以及教师应创设怎样的环境并没有体现出来，这样可能使指导处于粗放的状态。但它能使教师明确周重点的指导区域，以便集中精力进行指导。

1．周计划（表5-6）

表 5-6　周计划表

周重点		
生活指导		
活动区 重点指导		
周数	集中教育活动	离园活动
一		
二		
三		
四		
五		

2．一日活动计划（表5-7）

这种形式是把区域活动体现在一日活动计划中。它的采用要求把区域活动作为整个幼儿园课程的有机部分并在每一日的活动中体现出来。采用这种形式，可以把区域的目标、环境创设和指导等计划出来，有利于增加教师指导的计划性。但由于是以模块的形式出现，不能体现各区域指导的个性化特点。

表 5-7　一日活动计划表

项目 环节	目标要求	环境创设	指导要点
生活活动			
领域活动			
游戏活动			
区域活动			
体育活动			

3．区域活动一周计划（表5-8）

这种形式是让区域活动以单独的形式出现。它的采用有利于对各区域的指导进行

详细的计划，使教师根据各区域的特点进行个别化的指导。但可能会增加教师工作的负担。

表5-8 区域活动一周计划表

周工作重点						
活动区名称	数学区	语言区	积木区	美工区	益智区	自理区
发展目标						
环境创设						
指导方式						
注意问题						
简要观察与记录						

二 数学区域活动的组织

数学区域活动是一种开放性的活动，它要求教师以间接性为主要指导形式，以最大限度地发挥学前儿童学习数学的积极性、主动性和创造性为主要宗旨。它要求教师加强组织和指导的目的性和计划性，要求教师具备较强的组织和指导策略。

1．创设良好的区域环境

学前儿童在数学区域中进行操作，要求教师为他们创设一个合适的物质和精神环境，以保证他们情绪饱满地进行充分操作。首先，教师应尊重学前儿童选择区域、材料、同伴、玩法等的权利，给他们创设一个自主的操作环境。其次，教师应为学前儿童提供一定的活动空间。再次，教师可以根据学前儿童的需要，提供充足的操作材料。操作材料应尽量做到一物多用，因为它不仅可以减轻教师的负担，更重要的是可以使学前儿童创造出不同的玩法，体验到成功的喜悦。如：提供报纸，学前儿童既可以数数报纸上有几篇文章、几则广告、几幅图片，又可以把报纸折叠起来，感知二等分、四等分，也可以把报纸卷成小棍，比较粗细、长短，或按报纸的特点进行分类等。最后，教师应提供充分的时间，保证学前儿童每天有固定的时间入区进行操作，每次有充分的时间与材料、同伴进行互动。

2．制定必要的区域规则

为了保证学前儿童能顺利地进行操作和探索，同时也为他们的数学学习创造一个良好的环境，教师有必要与学前儿童一起制定数学区域的规则，并要求和督促他们遵守。数学区域规则包括入区规则和操作规则两部分。入区规则主要是规定入区的人数和要求，如入区前应先拿入区卡、脱下鞋子并摆放好等。操作规则常见的有：认真思考、大胆探索、相互交流、爱护玩具、轻拿轻放、归回原位等。数学区域规则一般以图文并茂的形式出现，以提醒学前儿童遵守、执行。数学区域规则的制定应以有利于学前儿童进行操作、相互交流为目的，而不能成为束缚活动的"绊脚石"。

3．掌握材料的功能和玩法

学前儿童在数学区域活动中主要是通过与材料的互动来实现对数学经验的积累和数学知识的理解。教师对数学区域活动进行指导，首先必须掌握所投放的材料对学前儿童数学素质的发展具有什么样的价值和功能，了解这些材料有什么样的玩法，然后才能根据这些材料的玩法实施有针对性的指导，发挥材料对于促进学前儿童数学素质的作用。如果教师自己都不太清楚所投放的材料有什么样的功能和玩法，那么，就很难作出有针对性的指导。如表5-9所示。

表5-9　中班数学区材料投放表

编号	Z01	编者	廖婉瑜	编号	Z02	编者	廖婉瑜
名称	分月饼			名称	图形找家		
材料	橡皮泥、黄瓜块、萝卜块、剪刀、分割示意图等			材料	分类板、肯定、否定标记、记录纸、分类棋、连线图		
玩法	1．看分割示意图学习分割方法，用剪刀尝试将"月饼"（橡皮泥、黄瓜块、萝卜块）分成两个一样大的图形 2．尝试运用不同的方法，对材料进行分割，改变图形的形状			玩法	1．根据自己选择的肯定、否定标记，为分类板上的几何图形分类，并做记录 2．根据骰子上的数字，按顺时针方向走，若走到相同形状的图案，就可跳到前面同一形状图案的格子里，先走到终点者为胜（2～4人游戏）		
编号	Z03	编者	廖婉瑜	编号	Z04	编者	廖婉瑜
名称	图形变变变			名称	建围墙		
材料	图形组合图案、图形统计表			材料	几何图形、小棒、线、圆圈等辅助材料、排序板		
玩法	1．观察图形组合图案，寻找图中的各种图形，并用图形统计表统计各种图形的数量 2．发挥自己的想象，选择需要的几何图形，拼摆图案，并统计使用的各种图形的数量			玩法	1．根据排序板上的规律，选择适当的材料接着往后排序，建造"围墙" 2．尝试运用不同的材料，按自己设计的规律在排序板上进行排序，建出漂亮的"围墙"		

（资料来源：庄爱平，吴宝珊．幼儿园区域活动系列化材料．天津南开大学出版社，2012．）

资料链接

小班区角活动材料——图形

一、操作目标

1．在操作过程中，认识并能区分各种几何图形。

2．在认识各种图形的基础上学会比较它们的大小。

二、操作材料

圆形、正方形，三角形、长方形等大小不同的几何图形。小棒若干，盒子一个。

三、操作层次

第一层次：认识正方形、三角形、圆形等几何图形，能将这些图形初步进行分类。

第二层次：比较大小，在同一种图形中比较它们的大小，并将这些图形进行重叠摆放。

第三层次：利用一种或多种图形进行排序。

四、指导建议

1. 在对图形进行分类的过程中引导幼儿先以图形的一个特征进行探索，然后逐渐过渡到以2～3个特征进行操作活动。

2. 肯定幼儿的探索结果，鼓励幼儿进一步对图形进行分类，体验成功的快乐。

3. 鼓励幼儿在活动中进行合作游戏。

4．观察区域的活动情况

数学区域活动为教师加强对学前儿童的数学活动的指导提供了有利的条件，而教师要作出有针对性的指导，必须充分观察、了解学前儿童在数学区域活动中的学习情况。教师可以通过对学前儿童入区的记录情况、学前儿童的数学学习作品以及实地的观察记录来分析、了解他们对材料的操作能力、活动的态度、数学思维的发展水平、数学的经验积累、数学的表达和交流、区域常规的表现等现实情况，以便为科学、有效的指导提供借鉴，也为教师制定和调整下一阶段的指导计划提供科学的依据。如表5-10所示。

表 5-10　区域活动观察记录表

观察时间		观察地点		观察者	
实地记录				评　析	
建　　议					
家长工作					

（资料来源：中国幼儿教师网）

案例解释

小班数学区域活动中，3岁的阿宝可以清楚地从1数到10，可当我请他数玩具柜上的玩具熊时，他逐个点数"1、2、3、4、5"后告诉我"玩具柜上有4只玩具熊"。4岁的铮铮已经认识阿拉伯数字，知道可以用数字表示物体的数量，如数字"1"可以表示1个苹果、1个皮球、1个娃娃等。一次，她玩"数字树"的活动材料，看见树上画着4个苹果，就贴上4个"4"的数字粘纸。

以上两个学前儿童在区域活动中的表现让我了解了学前儿童数概念形成、发展过程中的一些特点。阿宝虽能手口一致地点数物体，但还没有基数概念，所以未能正确说出玩具熊的数目。铮铮对数字实际意义的认识正在建构中，她知道4个苹果可以用数字"4"表示，但对每个数字表示物体数量这一意义还未完全理解，所以她给每个苹果都贴上了数字"4"的粘纸。

5．加强对区域活动进行指导

数学区域活动是学前儿童自主性的探索活动，但并不能因此而忽视和降低教师的指导作用，只是这种作用的发挥更多地强调以间接的形式出现。来自于数学区域活动的指导实践表明，下列的指导方式更能促进学前儿童的数学操作活动，也更为学前儿童所喜欢和接受。主要有：技能指导、参与游戏、同伴影响、行为示范、提出建议、问题启发、提供范例、材料帮助等。

实·训·练·习

案例一： A小朋友来到数学区。刚开始他拿起排序卡，并在上面随意地摆一些几何图形。过了一会儿，他干脆把几何图形撒在地上。我见状忙问："你在干吗？"他忙说："老师，我不会排序，你教我好吗？""好的。"说完我带他参观墙上的排序图片，引导他发现上面排序的规律，接下来他也学会了排序，还会自己设计出不同的规律。

案例二： A和B两位小朋友在数学区玩"智力棋"的游戏。他们根据棋盘上的规则，摇骰子移动棋子并进行加减运算。玩了一会儿，当我再次走过来时，发现鑫钰不玩了。我询问："你们怎么不一起玩了？"煜航说："她老是不会计算，每次都算错，还要我等半天。没意思，我不想和她玩了。"我问鑫钰："你还想玩吗？"鑫钰点点头。我对他们说："那我们可以想想办法呀！"我指着棋盘说："如果不把它当作加减棋来用，还可以怎么用呢？"煜航听了点点头说："那好吧，让我想一想。"过了一会儿，我又一次走过来时，看到他们又开心地一起下棋了。

案例三： 在数学区，我们为小班幼儿准备了配对的操作材料（颜色配对）。A幼儿到数学区后拿出了"配钥匙"的材料。他先把"锁"找出来，放在旁边，再找"钥匙"进行配对。只见他从框里找到一把红色的"钥匙"，看了又看，一会儿放到黄色的"锁"上，一会儿又放到红色的"锁"上，犹豫不决。我对他说："你真棒！找到一把'钥匙'

了。它是什么颜色的？"A幼儿说："红色的。"我继续问："真聪明！红色的'钥匙'和哪个'锁'是一样的？"这时，A幼儿马上指出那个红色的"锁"。我说："对了，就是这样。"

案例四：今天，几位小朋友来到数学区，他们很快地拿着钓鱼竿钓起鱼来，将钓好的鱼随意放在身边的小筐。A小朋友怕同伴钓完鱼，干脆用手抓，小伙伴们为了鱼抢了起来。我看到这，走进区域里，告诉幼儿："玩具要一起玩，我也想跟你们一起钓鱼。""渔场里的阿姨请我们帮忙钓鱼，但有个要求，钓的鱼要分类放好。"我引导幼儿观察小筐的颜色标志，说："红色的鱼放在红色的小筐，黄色的鱼放在黄色的小筐。"这下，幼儿又钓起鱼了，他们再也不急着将鱼放在自己身边的小筐，而是将钓到的鱼按照其颜色的不同归类放好。

问题：分析上面的几个数学区域案例中，教师各自采用的指导方法。

---

6. 加强个别化的指导

数学区域活动主要是以学前儿童的个别活动和个别操作为主的一种活动形式。这种形式为教师进行个别化的指导创造了条件。教师应根据学前儿童数学经验的积累情况、数学能力的发展水平及对数学学习的态度有针对性地进行个别化地指导。如在加减运算的操作活动中，能力不同的学前儿童同时出现了运算错误。对于能力差、概念不清晰的学前儿童，教师首先应让学前儿童理解总数与部分数以及加减互逆的关系，从而引导其发现并改正错误，而能力强的学前儿童多半是由于粗心而导致的错误，此时教师只需指出其"错了"，然后让他们自己去发现并改正错误。

实·训·练·习

【内容】

观摩数学区域活动。

【指导】

1. 教师布置观摩的任务。

   任务：

   （1）对教师组织的区域活动进行评价。

   （2）写出观摩报告。

2. 组织学生观摩活动。

3. 组织学生评价观摩内容。

4. 教师小结。

模块二

学前儿童数学教学的基本实践

模块任务

1. 初步掌握学前儿童感知集合的教学。
2. 初步掌握学前儿童感知10以内数概念的教学。
3. 初步掌握学前儿童感知10以内加减运算的教学。
4. 初步掌握学前儿童感知量概念的教学。
5. 初步掌握学前儿童感知几何形体概念的教学。
6. 初步掌握学前儿童感知空间和时间概念的教学。

基本结构

```
                    ┌─ 感知集合的教学

                    ├─ 感知10以内数概念的教学

      基             ├─ 感知10以内加减运算的教学
      本
      实             ├─ 感知量概念的教学
      践
                    ├─ 感知几何形体概念的教学

                    └─ 感知空间和时间概念的教学
```

问题导入

学前儿童感知集合各内容的教学目的是什么？各内容教学的基本过程和方法如何？这是本项目需要回答的问题。

任务一　初步掌握分类教学的设计和组织

分类的结果是形成一个个集合，因此，分类教学是学前儿童集合教育的重要内容。分类活动是学前儿童对集合及其元素的同类性特征进行感知和理解的一种表现，是学前儿童正确计数的基础，对于学前儿童的观察能力以及分析、比较和综合等思维能力的发展也有积极的意义。

一　分类的含义及类型

1．分类的含义

分类，就是把具有某一共同属性（特征）的物体归并在一起的活动。如，把各种车放在一起；把相同形状的物体放在一起，等等，都属于分类活动。

2．分类的类型

事物有不同的特征，故分类有不同的类型，学前儿童常见的分类类型如下。

（1）按物体的名称分类　即把相同名称的物体放在一起。例如，把香蕉放在一起、把气球放在一起，等等。

（2）按物体的外形特征分类　即把相同颜色或形状的物体放在一起。例如，把红色的鞋子放在一起、把圆形的积木放在一起，等等。

（3）按物体的量的差异分类　即把具有相同量的特征的物体放在一起。这里的"量"是指大小、长短、粗细、厚薄、高矮、宽窄、轻重等。例如，把大的玩具放在一起、小的玩具放在一起，等等。

（4）按物体的用途分类　即把具有相同用途的物体放在一起。例如，把吃的放在一起、把用的放在一起、把玩的放在一起，等等。

（5）按物体的材料分类　即把用相同材料做成的物体放在一起。例如，把金属制品放在一起、把纸制品放在一起，等等。

（6）按物体的数量分类　即把相同数量的物体放在一起。例如，把数量是5个的笔、苹果、图书等放在一起。

（7）按事物间的关系分类　即把具有一定联系的物体放在一起。例如，把球鞋和网球拍放在一起、把碗和汤匙放在一起等。

（8）按物体的二维特征分类　即把同时具有两种特征的物体放在一起。例如，把"大的熊猫"卡片放在一起、"小的汽车"卡片放在一起等。

（9）多角度分类　即对同一组物体按多个角度进行分类。主要有两种做法：一种是把一组物体按多个角度一次性地进行分类。例如，将汽车按颜色、大小、品牌等特征进行一次性分类。另一种是把一组物体进行多次的分类，每次一个角度。例如，同样是汽车，第一次是按颜色分类，第二次是按大小分类，第三次按品牌分。

（10）层级分类　即按事物的某种特征，多级次地将物体连续分类。例如，先将苹果按其大小进行分类，在此基础上，再按其颜色分类，如此连续分类。在这种分类类型中，下一级分类是在上一级的基础上进行的。因此，所分的物体除了具有本级的分类标准外，还具有上一级的分类特征。每分完一次，所分的物体会逐步减少。

（11）按事物的其他特征分类　即除了上面讲的分类标准外，还可以按物体的其他特征进行分类。例如，按娃娃的表情、动作姿态等分类。

（12）自由分类　即学前儿童自由地确定分类标准进行分类。

实·训·练·习

【内容】
　　用画表示上面的分类类型。

【指导】
　　1. 提出实训要求。
　　2. 学生作画。
　　3. 学生展示作业。
　　4. 教师组织评价。

二　物体分类的教学

1．教学目的

（1）小班的教学目的。

① 能根据范例和口头指示，从一堆物体中分出一组物体。

② 能按照物体的名称、某一外部特征（颜色、形状、大小、长短）分类。

③ 能理解并掌握有关词汇。如"一样"、"不一样"、"放在一起"、"都是"等。

（2）中班的教学目的。

① 能按照物体的某一外部特征（粗细、高矮、厚薄）分类。

② 能按照物体的数量分类。

③ 能按照物体的用途、材料分类。

④ 能按照物体间的关系分类。

⑤ 能理解并掌握有关词汇。如"分成"、"分开"、"合起来"等。

（3）大班的教学目的。

① 能自由分类，并讲述自己的理由。

② 能对物体进行多角度分类。

③ 能对物体进行层级分类。

④ 能按照物体的两个特征分类。

⑤ 初步理解和体验集和子集的关系。

2．基本过程

活动案例 **小班数学活动——玩具商店（表6-1）**

表6-1　玩具商店

设计内容	设计意图
活动目标	
1. 初步体验分类对于生活的意义 2. 能按物体的名称进行分类 3. 体验按物体名称分类的经验	① 目标体现了数学的"有用"要求 ② 目标符合全面、具体、针对和表达的一致性的要求
活动准备	
1. "玩具商店"的情境 2. 教室里的东西	—
活动过程	
1. 创设"玩具商店"的情境 　教师：玩具商店开张了，我们一起去看看。你们看到了哪些玩具？这些玩具是怎么摆放的？（杂乱无章）顾客要来买方便吗？ 　你们到超市，看到的玩具是怎么摆放的？	① 创设生活情境，体现"数学化"的学习思想 ② 提出"这些玩具是怎么摆放"这一问题，主要是要让幼儿体验分类前玩具的摆放情况 ③ 提出"你们到超市，看到的玩具是怎么摆放的？"这一问题，主要目的在于引发幼儿已有的经验，为探索分类做准备
2. 提出分类的要求 　要求： （1）把一样的玩具放在玩具柜里 （2）玩具要轻拿轻放	① "用一样的玩具"来提要求，小班幼儿较容易理解 ② 常规要求的提出，体现的是"保教合一"的原则
3. 指导幼儿的分类 　主要指导： （1）引导幼儿按要求分类 （2）引导幼儿感知集合	① 明确指导的主要内容，能提高指导的有效性 ② 感知集合是分类的核心价值
4. 欣赏分类的结果 （1）幼儿交流、分享分类的结果 （2）对比分类前、后的不同感受 　引导幼儿对比分类前、后对玩具场景的不同感受，体验分类给"玩具商店"带来的不同变化 　小结：杂乱无章的东西把它们分类，就可以变得整洁、有序，容易查找	① 交流、分享活动有利于经验的相互交流和提升 ② 对比分类前、后对玩具场景的不同感受，是目标1的要求

续表

设计内容	设计意图
5. 迁移分类的经验 教师：教室里的什么东西也可以把它们分类？我们一起去分分	这是对目标1的进一步提升，也有利于前面目标的达成
活动延伸	
要求幼儿回家与父母一起寻找，什么可以分类，并与父母一起分类	体验分类活动在生活中的应用

上述案例向我们展示，分类教学的基本过程如下。

（1）感知和辨别分类对象的名称、特征和差异　分类就是把具有某一共同属性的对象分在一起，因此，感知、辨别和寻找分类对象的共同属性是引导学前儿童进行分类的前提。教师在出示分类对象后，应根据分类目标，向学前儿童提出感知、辨别分类对象的要求。然后，留有足够的时间让学前儿童充分地观察、感知。尤其对于小班的学前儿童更应如此。如，按物体的名称分类，教师应向学前儿童提出观察的要求："这里有哪些物体？"然后留有时间让学前儿童观察、探索。

（2）提出明确的分类要求　学前儿童是否明确分类的要求是他们进行分类操作并取得预期效果的一个重要保证。因此，在分类操作之前，教师应向学前儿童提出明确的分类要求。教师的要求一般有三种：一是要求学前儿童按范例分类，即先由教师拿出一个物品作为范例，然后要求学前儿童从一堆物品中把和教师一样的物品都拿出来。如教师先拿出一个圆形的物品，然后要求学前儿童拿出"与老师拿出的物品一样形状的物品"。这种分类要求在小班学习分类的前期采用。二是要求学前儿童按教师的口头指令分类，即教师只用口头的语言向学前儿童提出分类的要求。如"请你们把相同颜色的物品放在一起"。三是要求学前儿童按标记分类，即教师先引导学前儿童认识标记，然后要求他们按标记分类。

学前儿童分类活动中常用的标记如图6-1所示。

红色　　绿色　　　圆形　三角形　　大　　　小
颜色标记　　　　形状标记　　　　大小标记

图6-1 学前儿童分类活动中常用的标记

以上两个步骤，一般在小班学习分类的前期或对于一些较难学习的分类内容采用。对于很多分类内容的学习，往往采用展示分类的样例，然后引导学前儿童发现分类类型的做法组织活动。

（3）启发、引导分类操作　学前儿童在分类的过程中，会出现分类错误的现象，此时要求教师认真观察，及时发现，提出启发性的问题，有针对性地加以引导。如有的学前儿童把分类对象放错了，教师应引导他们观察，"是不是全部都是红色？"有的学前儿童没有把全部的物品找出来，教师应提醒他们，"你有没有把全部红色的卡片都放在一起？"有的学前儿童忘了分类的标准或分类标准错误了，教师应向他们提出，"应该怎么分？"或"你认真看看，老师刚才是怎么样分的？"

对学前儿童进行分类教育，其最终目的是通过分类，让学前儿童体验集合的概念。因此，教师在指导时应让学前儿童感知集合的概念。如问他们"你是怎么分的？"、"为什么要把它们放在一起？"以引导他们体验并说出"我是把××放在一起的"、"因为它们都是××"。如果没有教师有意识的引导，学前儿童虽也在操作、分类，但往往不能自觉地体验和意识到其中所蕴涵的集合的概念。

（4）师幼共同讨论分类的结果　当学前儿童对分类材料进行充分地操作后，教师可以组织他们对分类的过程和结果进行交流。这样不仅可以满足他们表达的需要，而且可以达到相互补充、互相学习，丰富和巩固各自分类经验的目的。教师也可以从中发现他们对分类经验的积累情况，以便对自己组织的教育活动作出判断和调整。同时，教师应进一步让学前儿童体验集合的意识，而对于大班的学前儿童，教师则应让学前儿童了解类和子类之间的包含关系。如问："是气球多还是红色的气球多？""红色、蓝色、绿色的气球合起来和气球比，哪个多？哪个少？还是一样多？"

（5）巩固对分类的认识　心理学的研究告诉我们，学前儿童对数学的感知和认识是不可能一次性完成的。因此，教师应根据活动目标的需要，组织多样化的分类操作和游戏等活动，以满足他们进一步学习的需要，同时巩固他们的分类经验。

附：常见的学前儿童分类游戏或操作活动

小猴商店：按相同特征给货物上架；用一定特征的推车，买相同特征的商品（如红色的推车，买红色的商品）。

喂娃娃：根据娃娃的不同特征，喂相应特征的食物。

动物找家：动物（由学前儿童扮演）带上胸卡或头饰等，寻找特征相同的家。如带圆形胸卡的动物，找圆形的家。

小鸡捉小虫：学前儿童扮演不同颜色（或其他特征）的小鸡，到草地上捉相应颜色的小虫，并把相同颜色的小虫放在一起。

捡树叶：带学前儿童到户外捡树叶，引导他们根据树叶的不同类型、特征自由分类。

拾豆豆：把不同颜色的卡片豆豆撒在地上，引导学前儿童边走边念儿歌："红豆豆，绿豆豆，拾到豆豆放筐里，红豆豆放红筐里，绿豆豆放绿筐里。"儿歌念完，学前儿童拾地上的豆豆并放在相应颜色的筐里。

穿珠子：提供不同颜色（或大小、形状等特征）的珠子，让学前儿童把相同特征的珠子穿在一起。

3．注意事项

（1）体现年龄差异　在分类教学中，教师对于各年龄班的学前儿童，在分类要求、材料提供、具体指导等方面应有所区别，以满足各年龄班学前儿童的需要。如在分类要求方面，小班的要求可以是"把大的杯子放在一起，小的杯子放在一起"；中班的要求可以是"把大的放在一起，小的放在一起"；大班的要求可以是"把相同的放在一起"。这是从具体到抽象的不同程度的要求。又如在材料的提供方面，小班的大小分类，提供的材料应是同一颜色和形状，不同大小的物品；中班提供的材料可以是同一颜色、不同大小和形状的物品；大班提供的材料则是不同颜色、形状和大小的材料。也就是说，不同年龄班所提供的材料本身的干扰因素应逐步增加。

（2）注意整合教育 在教学实践中，教师们应充分挖掘数学内容间的联系，力图发挥其整合作用。分类教学与其他数学教学内容具有密切的关系。因此，教师在组织分类教学时，应根据活动内容的具体需要，把相关的内容进行有机地组合，以达到"事半功倍"的效果。如，把按物体量的特征分类和认识物体的量结合起来；把按物体量的特征分类和排序结合起来；把分类和统计结合起来，等等。

（3）加强日常渗透 学前儿童的日常生活充满着分类教育的机会，教师应增强渗透教育的意识，随机对学前儿童进行分类的教育。这种教育自然、轻松，能达到"润物细无声"的效果。如收拾玩具时，要求归类放好；整理房间时，应按类别把东西放好；参观超市时，引导学前儿童发现货物是按类归放的；户外活动时，要求学前儿童把捡到的树叶进行分类，等等。

活动链接 中班数学活动

一、活动内容：送礼物

二、活动目标

1. 会将物品按用途分类。

2. 学习观察标识牌，能说出标识牌所表示的内容。

3. 喜欢参与分类活动。

三、活动准备

1. 知识准备：幼儿已参观过自选超市，了解其物品的摆放方法。

2. 材料准备：创设"商店"货架、道具（"玩具"、"服装"、"食品"）若干；布置三个娃娃的家，家里各放着"吃的"、"玩的"、"穿的"照片。

四、活动过程

1. 谈话引入，引发过生日送礼物的经验。

2. 出示"娃娃"，引发给"娃娃"送礼物的愿望。

（1）教师带幼儿来到"超市"，观察"食品区"、"玩具区"、"用具区"，知道物品是归类摆放的。

（2）幼儿自由购物，并互相说说："我买了什么，用来干什么？"

3. 游戏"送礼物"，学习将物品按类摆放。

（1）观察娃娃家的三个柜子，根据柜子上的标识说说每个柜子上要放什么。

（2）启发幼儿把礼物按吃的、用的、玩的分别送到娃娃家里的架子上，边放边说："娃娃，我送你××，祝你生日快乐。"

3. 检查操作结果，并修正。

4. 围着"娃娃"唱生日歌，自然结束。

（设计者：泉州第一幼儿园黄真猛老师）

实·训·练·习

【内容】

分类活动计划设计。

【指导】

1. 布置作业。

要求：

（1）选择一种分类类型，设计活动计划。

（2）格式完整、过程符合要求。

（3）重要的组织语言、提问和指导内容应写出。

（4）按时完成。

2. 学生作业。

3. 提出试教要求。

要求：

（1）根据修改要求，对活动计划进行修改。

（2）熟悉教案，准备脱稿试教。

实·训·练·习

【内容】

分类的试教与评价。

【指导】

1. 提出要求。

2. 学生试教。

（1）试教学生宣读活动目标。

（2）学生试教，其余学生观摩、记录。

3. 学生评价。

重点评价组织活动是否合理、注意事项是否遵守。

4. 教师总结。

初步掌握"1"和"许多"教学的设计和组织

"1"是自然数的基本单位，"许多"是含有两个及以上元素的集合。感知"1"和"许多"的教学是学前儿童集合教育的内容。如果说分类的教学使学前儿童初步感知集合和元素的特征，那么，"1"和"许多"的教学可以让学前儿童更加清楚、具体地感知集合和元素的特征和关系。

一 教学意义

孩子很小的时候就已经能够感知"许多"的物体，但对"许多"的感知是模糊不清，也不知道"许多"是由一个个元素所构成的。学前儿童学数前进行"1"和"许多"的教学，目的在于引导他们感知集合及其元素的构成关系，理解集合和元素的分合过程，为进一步学习对两组集合的元素进行比较，以及学习逐一计数和认识10以内的数奠定基础。"1"和"许多"的教学对于学前儿童辨别、理解能力的发展也有较大的帮助。

二 "1"和"许多"的教学

1．教学目的

（1）能区别1个物体和许多物体。

（2）能感知和理解"1"和"许多"的关系。

（3）能表达和运用词汇："1"和"许多"。

2．教学方法

"1"和"许多"这一教学内容的处理有两种办法：一种是可以把它分成两个课时来完成，即先"区别"1和许多，再"感知和理解"它们之间的关系，而把"运用"的要求分别渗透于其中；另一种是可以把它分成三个课时来完成，即先"区别"1和许多，再"感知和理解"它们之间的关系，最后学会"运用"，也就是能够把学到的东西运用于日常生活，使数学知识与学前儿童的日常生活相结合。

活动案例 小班数学活动——森林联欢会（表6-2）

表6-2 森林联欢会

设计内容	设计意图
活动目标	
1．初步体验到参与数学活动的乐趣	① 目标定位于"区别和比较" ② 目标1体现了对培养数学情感的重视

设计内容	设计意图
2. 初步学会区别、比较"1"和"许多"	③ 目标2包含有认知和能力的要求

活动准备	
教具：猴妈妈、兔妈妈各一只、小猴子、小白兔许多、彩带若干条、铃铛一个、录音机一台（里装有轻松音乐的磁带一盒） 　　学具：人手一个盒子（里有狗、熊猫、娃娃各一只、小狗、小熊许多只、小汽车、小皮球许多、香蕉、苹果许多），猴子、小猫、兔子等头饰若干（足够供幼儿游戏用）	① 把材料分为教具和学具两部分，这样比较清楚、明确 ② 材料的类型是多样的、数量是充足的，这有利于让幼儿充分地感知和操作

活动过程	
（一）创设情境，初步观察、比较"1"和"许多" 1. 教师提出观察、比较的要求 　　教师带领幼儿来到创设好的情境中 　　教师："动物要开联欢会，我们一起看看，来了哪些动物？每种动物来了多少？" 2. 幼儿自由观察、寻找、比较 　　情境中，有1只猴妈妈，许多只猴子；1只兔妈妈，许多只小兔，…… 3. 幼儿汇报探索的结果	① 在情境中学习，符合小班幼儿的学习特点，能激发小班幼儿学习的兴趣 ② 提出的问题直指目标，这样可以使幼儿带着明确的目的进行观察、比较，提高学习的效率 ③ 创设轻松的环境，让幼儿自由感知，符合幼儿学习数学的特点 ④ 让幼儿汇报探索的结果，便以教师进一步了解幼儿的学习情况，同时，可以归纳、提升幼儿的探索经验
（二）幼儿操作，进一步理解"1"和"许多" 1. 教师提出操作要求 　　教师："动物们带来了很多好吃、好玩的东西要分给大家，这些东西藏在小朋友的盒子里。现在，请你们把它们拿出来，看看是什么东西？每种东西有多少？" 2. 幼儿操作，教师指导 教师指导的主要内容： （1）指导幼儿区别"1"和"许多" （2）指导幼儿感知集合的含义 3. 幼儿汇报操作的结果	① 加强对目标2的实现力度，让幼儿在操作中进一步理解"1"和"许多"，也符合幼儿学习数学的特点 ② 指导内容抓住了本活动内容的实质，有利于实现活动内容的价值
（三）动物联欢，加深幼儿对"1"和"许多"的认识 1. 讲解玩法，提出规则 　　教师："动物们都把自己的本领带来与大家一起联欢表演。我们也来学一学它们的本领。不过，动物们有个要求，它们表演几下，小朋友就学几下。" 2. 动物表演，幼儿跟学 　　幼儿根据教师的指令做各种动作，如，小猴子做1下动作；小猫叫"许多"声；小兔跳"许多"下……	① 环节三的设计继续围绕目标而展开 ② 玩法有趣，规则简单，能激发幼儿学习的兴趣，达到游戏设计的目的 ③ 游戏中调动了幼儿的各种感官参与，符合小班幼儿学习数学的另一特点
（四）在轻松的音乐中，幼儿模仿动物跳着舞自然结束	

活动案例 小班数学活动——兔子拔青菜（表6-3）

表6-3 兔子拔青菜

设计内容	设计意图
活动目标	
1. 培养幼儿爱劳动的品德 2. 发展幼儿的动手操作能力 3. 让幼儿初步理解"1"和"许多"的关系："许多"可以分成一个一个，一个一个合起来是"许多"	① 挖掘活动内容中的德育要素，把培养幼儿爱劳动的品德作为本活动的情感目标 ② 由于整个活动是让幼儿在动手操作中理解"1"和"许多"的关系，故把发展幼儿的动手能力作为一个目标确定 ③ 目标指向是让幼儿认识"1"和"许多"的关系 ④ 目标的表达主体是教师
活动准备	
1. 活动室里布置一块菜园：青菜若干棵（按班级人数） 2. 塑料筐、小白兔头饰若干个	① 创设能引发幼儿主动学习的环境。青菜数量应按当天幼儿来园人数确定，这样能够让幼儿在活动中感知，"许多"青菜刚好分成一个一个，而不会出现"还剩下"或"不够"的现象 ② 所提供的青菜本身能反映和揭示"1"和"许多"的关系的本质特征，有利于幼儿的理解。青菜又是到处有的，很便宜，体现了"就地取材"的选择教具的原则 ③ 塑料筐和小白兔头饰是根据活动的需要准备的
活动过程	
（一）理解"许多"可以组成一个一个 　　教师扮兔妈妈、小朋友扮演小兔子 　　兔妈妈告诉小兔子们："我们种的青菜长大了，妈妈要带你们去拔青菜。" 　　播放音乐，兔妈妈、小兔们随音乐自由地跳到菜园边 　　教师问："菜园里有多少棵青菜？"（许多） 　　教师要求："现在小白兔们下菜园拔一棵青菜，只能拔一棵，不能多拔。" 　　幼儿拔完后，教师问："刚才菜园里的许多青菜哪里去啦？"（都在小朋友的手上）"你们手中有多少棵青菜？"（一棵） 　　小结：菜园里有许多棵青菜。每只兔子拔一棵，地上的青菜就拔完了，许多棵青菜分成了1棵1棵……	① 环节1的安排是先让幼儿理解"1"和"许多"关系的第一部分内容："许多"可以组成一个一个 ② 兔子温和、可爱，让幼儿扮演小兔子参与活动，有助于增加幼儿参与数学活动的积极性 ③ 这个问题的目的是让幼儿感知有许多棵青菜，为接下来让幼儿感知许多棵青菜可以分成一棵一棵青菜做准备 ④ 强调"只能拔一棵"很重要，因为这关系到幼儿对"许多"可以分成一个一个的理解 ⑤ 教师的问题有利于幼儿更加清楚地感知"许多"可以分成一个一个。因为有些幼儿虽然参与了刚才的操作活动，但并不一定能够意识到其中的数学关系 ⑥ 教师的小结提升了幼儿的认识："许多"可以分成一个一个这一经验
（二）理解一个一个合起来是"许多" 　　"1"和"许多"关系的另一部分内容： 1. 感知一棵青菜是由许多片叶子组成的 　　幼儿每人一棵青菜，观察、感知一棵青菜是由许多片叶子组成的 2. 小兔们掰菜叶，进一步理解一个一个合起来是"许多"	① 环节2的安排是让幼儿理解一个一个合起来是"许多" ② 利用青菜本身的特点进行教学，使幼儿理解"许多"是由一个一个组成的

续表

设计内容	设计意图
教师要求每一只小兔子掰1片菜叶放在筐里。然后问："筐里有多少片菜叶?"（许多） 小结：小兔们把一片一片菜叶合起来，就变成了许多片菜叶了 3. 小兔们继续掰菜叶，加深对一个一个合起来是"许多"的认识 请幼儿将菜叶一片一片掰下并放在各自的塑料筐里 教师指导： （1）让幼儿感知一个一个合起来是"许多" 要求幼儿每掰完一片菜叶，用语言讲出："我掰了一片菜叶，又掰了一片菜叶。"或边掰边说："一片菜叶、一片菜叶。" 掰完后，教师问：你掰了多少片菜叶，这些菜叶是怎么来的? 小结：是的，一片一片菜叶合起来就是许多片菜叶了 （2）让幼儿感知集合的概念 教师：你的塑料筐里都是什么?	③ 通过幼儿的操作活动，使幼儿进一步理解一个一个合起来是"许多" ④ 让幼儿在操作中进一步感知 ⑤ 教师的指导应抓住本环节的两个重要任务来进行，这样才能提高幼儿学习的效率。这两个任务是：理解一个一个合起来是"许多"；理解集合的概念
（三）游戏"青菜与菜叶" 玩法：小兔子分组，每只手持一菜叶，随音乐自由舞动。当音乐停时，幼儿做分合的动作。教师通过提问，让幼儿进一步感受"1"和"许多"的关系	① 通过游戏来巩固前面所感知的内容。同时，提高幼儿学习的兴趣 ② 游戏的组织是围绕活动目标而展开的
（四）送青菜到厨房 教师：小兔子们今天帮兔妈妈到田地里拔青菜，又帮兔妈妈掰菜叶，大家都是爱劳动的好孩子。现在，我们把这些拔来的菜叶送到厨房里 教师带着幼儿，随音乐快乐地跳出活动室	① 活动在愉快的气氛中结束，保持幼儿学习的欲望 ② 最后的教育，起到画龙点睛的作用

综合以上两个活动案例，我们可以知道"1"和"许多"的教学方法主要有以下几种。

（1）运用各种感官，充分感知"1"和"许多"　小班的学前儿童主要是通过各种感官来认识世界的，因此，引导他们运用各种感官感知"1"和"许多"符合其认知特点，能够让他们多通道地感知不同性质和现象的"1"和"许多"，也有利于发展他们的各种感官。

（2）通过寻找物体，以加深对"1"和"许多"的认识　通过寻找"1"和"许多"的活动，不仅可以加深对"1"和"许多"的认识，使所学的知识与学前儿童的生活联系起来，而且可以培养他们对周围环境中各种物体的观察力、注意力和记忆力。采用这些形式时，教师应注意引导学前儿童多角度、多方位地寻找，以培养他们的发散思维。如引导学前儿童可以在教室里寻找，可以在幼儿园寻找，也可以在家中以及他们去过的地方寻找。

（3）通过分与合的操作，初步理解"1"和"许多"的关系 在学前儿童初步学会区别"1"和"许多"的基础上，教师应通过分与合的操作，让学前儿童亲自动手把"许多"物体分成一个一个，把一个一个物体合成"许多"物体，体验分与合的过程，感知集合是由一个一个元素所构成的。这种做法实质上也是数的形成的初级形态，能为中班的学前儿童进一步学习数的形成打下一定的基础。

（4）通过游戏的形式，感知、体验"1"和"许多"及其关系 对于学前儿童来说，学习和游戏是分不开的，尤其是小班的学前儿童。因此，教师应采用游戏的方法，让小班的学前儿童感知、体验"1"和"许多"及其关系。

案例介绍

游戏"兔子拔青菜"

兔妈妈（教师扮演）带领小兔们（幼儿扮演）来到菜园边，兔妈妈问："孩子们，菜园里有多少青菜？"小兔子："许多。""现在小白兔们一人下菜园拔一棵青菜，只能拔一棵，不能多拔。"小兔子拔完后，兔妈妈问："现在菜地里有多少棵青菜？"小兔子："没有了。"兔妈妈："都到哪里了？"小兔子："在小朋友的手里。"兔妈妈："你们每个人的手里有几棵青菜？"小兔子："一棵。"兔妈妈："也就是许多青菜可以分成一棵一棵。"（边说边指着小兔手中的一棵棵青菜）然后，兔妈妈带小兔子回家，要求小兔子把一棵棵青菜放在筐里，体验一个一个合起来是许多。在这一玩的过程中，教师引导幼儿体验"1"和"许多"的关系。同时，也体验到玩的快乐。

3．注意事项

（1）区别"1"和"许多"主要的目标在于感知集合，因此，教学时教师应注意通过手势（在许多的物体外划圆圈）、语言提示等手段，帮助学前儿童理解、感知集合。

（2）理解"1"和"许多"的关系时，应通过问题强调分与合的过程。如，"都到哪里了？"强调的是分的过程；"这么多是怎么来的？"强调的是合的过程。

（3）开始教学时，提供的实物应具有相同的特征（如同颜色、同形状等），以帮助学前儿童理解集合的含义。后面的教学，可提供不同特征的实物，以让学前儿童理解"许多"也可以由不同特征的物体组成。不同特征的物体也有利于学前儿童理解"许多"是由一个一个物体组成的。

（4）感知"1"和"许多"的关系时，所提供的材料数量应与当天来到班级的学前儿童的人数一样多。如果材料多于（或少于）学前儿童的人数，则会出现"许多"可以分成一个一个，还有剩余（或不过）的情况。

实·训·练·习

【内容】

　　观摩活动：认识1和许多。

【指导】

　　1. 布置见习任务。

　　　　（1）见习前应复习课堂上所讲的内容。

　　　　（2）重点观摩"认识1和许多"活动所采用的方法及注意事项。

　　　　（3）见习后及时撰写见习评价。

　　2. 组织学生下园见习。

　　3. 组织学生分组讨论见习内容。

　　　　讨论重点：

　　　　（1）教师组织的"认识1和许多"活动所采用的方法有哪些？

　　　　（2）课堂所讲的注意事项是否达到？

　　4. 教师评价、总结。

任务三　初步掌握比较两组物体教学的设计和组织

　　比较两组物体的教学是学前儿童集合教育的另一重要内容。这一内容一般安排在"1"和"许多"的教学之后进行。如果说"1"和"许多"的教学的重点在于让学前儿童感知集合及其元素，那么，比较两组物体的教学则是让学前儿童比较两个集合的关系。其难度更高，要求小班学前儿童应具备一定的比较、观察能力。

一　教学意义

1. 可以进一步感知集合及其元素

　　比较两组物体的教学就是让学前儿童对两个集合进行比较。在把两个集合的元素一一对应地放在一起进行比较时，不仅可以让学前儿童感知是一个集合和另一个集合的比较，如是小猫集合和小狗集合的比较，而且可以让他们比较直观地观察到集合中的每一个元素，理解集合与元素的关系。

2. 可以学会对应比较的方法

　　比较两组物体的教学就是采用对应比较的方法比较两组物体（集合元素）的相等与不等，因此通过教学，可以让学前儿童学会对应比较的方法。这种方法可以使学前儿童摆脱以视觉作为手段来判断物体的数量的认知方式。

3. 可以为以后学习计数作准备

　　比较两组物体的教学所采用的一一对应的方法，就是把一个集合的元素和另一个集合的元素一个对一个地重叠或并放在一起进行比较，也就是在物与物之间建立一一对应的关系。而计数活动的过程就是把要数的那个集合的元素与自然数列中从"1"开始的自然数建立一一对应的过程，也就是在物与数之间建立一一对应的关系。因此，一一对应比较的方法，能够为学前儿童以后掌握计数，正确理解数量的实际意义打下基础。如图6-2所示。

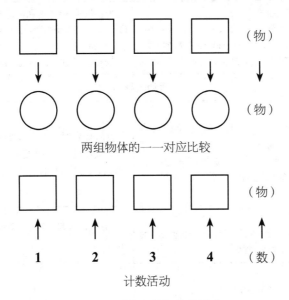

图6-2 对应比较与计数活动

二 比较两组物体的教学

1．教学目的

（1）感知两组物体的"多"、"少"和"一样多"。

（2）初步学会对应比较的方法比较两组物体的数量。

（3）会表达和运用"多"、"少"、"一样多"和"不一样多"等词汇。

2．教学方法

活动案例 小班数学活动——娃娃过生日（表6-4）

表6-4 娃娃过生日

设计内容	设计意图
活动目标	
1．体验比较物体的活动所带来的快乐 2．学习从左至右一一对应地摆放物体，并进行比较 3．感知物体的多、少和一样多	① 目标体现了全面性、具体性、针对性和表达的一致性等要求 ② 技能目标是这一内容的重要价值

设计内容	设计意图
活动准备	
情境准备：创设娃娃过生日的情境 物质准备：5个大咖啡盘；幼儿每人一张画有四个咖啡盘的卡片和若干包咖啡；幼儿人手5个咖啡杯和5根咖啡匙；幼儿人手一个盒子（装有两份数量相差1的礼物）	① 准备包括情境准备和物质准备 ② 让幼儿在情境中学习，有助于幼儿体验数学与生活的联系 ③ 物质材料的提供较丰富，满足幼儿操作的需要
活动过程	
（一）情境导入 教师：" '娃娃家'的娃娃过生日，妈妈请小客人喝咖啡。她拿出几个咖啡盘（教师边出示边强调从左到右摆放），对娃娃说，'每一个客人使用一个咖啡盘和一包咖啡，那我们应该为客人准备多少包咖啡？'小朋友，你们能帮娃娃这个忙吗？"	① 技能的学习需要教师的操作示范 ② 创设情境，为幼儿提供探索、发现数学的机会，符合幼儿的学习特征
（二）幼儿尝试探索 幼儿每人一张画有四个咖啡盘的卡片，若干包咖啡，尝试探索如何使咖啡包和咖啡盘一样多	这是活动的主要环节，应留有足够的时间，让幼儿充分探索
（三）幼儿汇报探索结果 幼儿汇报探索结果，教师组织幼儿讨论	—

（四）幼儿再次帮忙
    教师："客人喝咖啡，需要用咖啡杯和咖啡匙，娃娃要小朋友再帮忙他一次，看看咖啡杯和咖啡匙是否一样多？"（咖啡杯和咖啡匙的数量一样）
    幼儿拿出咖啡杯和咖啡匙，探索比较
	① 增加幼儿操作的机会
	② 巩固对一样多的认识
	③ 先比较"一样多"

（五）幼儿比较礼物 教师："娃娃生日，客人也带来了礼物要送给娃娃。每位客人带来了两份礼物，你从盒子里拿出来，比一比，看看这两份礼物是否一样多？"（两份礼物不一样多）	① 体验不一样多，增加学习的难度 ② 进一步学习——对应比较的技能 ③ 再比较"不一样多"
（六）幼儿解决问题 教师："如何让两份礼物一样多？"	数学技能的应用
（七）唱生日歌，活动自然结束	① 体现结束的自然性 ② 提高活动的情趣

上面的活动案例向我们展示，比较两组物体数量的教学方法主要如下。

（1）重叠比较　开始教学时，教师可以通过示范摆放，以让学前儿童掌握比较的技能。在学前儿童进行亲自的动手比较时，应强调摆放的动作要求。

（2）并放比较　进行并放比较应强调学前儿童摆放物体的动作常规。有时，为了帮助学前儿童明确摆放的方向，教师可以用箭号在学前儿童的操作板上标示。如图6-3所示。

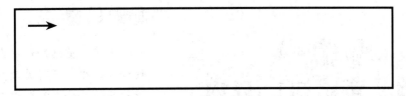

图6-3 学前儿童操作板

（3）连线比较 连线比较，就是同时出示两组物体，要求学前儿童一个对一个地用线连起来，以比较两组物体的多少。这种方式的比较往往在学前儿童的个别操作尤其是在书面材料的操作中比较多见。

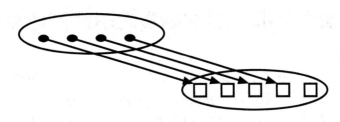

图6-4 连线比较

（4）游戏比较 游戏比较，就是把游戏和比较结合起来，让学前儿童通过游戏比较两组物体的多少。这种方法容易为小班学前儿童所接受和喜欢，可以消除小班学前儿童对学习数学的紧张感，让他们在轻松的气氛中感知、比较两组物体的多少。如，"找椅子"的游戏就是学前儿童喜欢的一种活动，通过游戏，学前儿童可以感知椅子和小朋友的"多"、"少"和"一样"。

3．注意事项

（1）先用重叠对应比较再用并放比较。因为，并放比较需要排除空间的影响，对学前儿童来说相对较难。

（2）应比较两组数量相等的物体，再比较数量不相等的物体。

（3）要求学前儿童进行比较时，应将物体摆放成横排。

（4）在摆放物体时，应要求学前儿童用右手从左到右一个接一个摆放好，以培养他们操作的规范性，为以后学习计数技能积累感性的比较经验。

（5）物体的数量不宜太少也不宜太多，一般在5～6个。太少了，容易使学前儿童以视觉来判断物体的数量，不利于他们学习比较的技能；太多了，会干扰他们的判断，造成学习上的困难。

（6）进行数量不相等的比较时，两组物体的数量只能相差1个。多了，会造成认识上的困难。

（7）比较两组物体数量时，应要求学前儿童用手指着实物，同时用语言讲述正在做的事情，最后用完整的语言表述比较结果。这样可以将眼看、手动、语言表达结合起来，帮助学前儿童体验对应关系，感知两组物体的数量的相等和不等。

（8）不要求进行具体数量的比较，也不要求说出具体的数词。因为，这一内容是数前的教育内容，学前儿童尚没有计数的能力。

项目七
学前儿童感知10以内初步数概念的教学

任务一 初步掌握10以内基数教学的设计和组织

基数，是指当一个数用来表示集合中元素的个数时，这个数就叫做基数。学前儿童对基数的理解主要是通过计数活动来完成的。学前儿童计数能力的发展标志着他们对数的实际意义的理解程度。因此，基数的教学主要是通过让学前儿童掌握计数的技能来完成。

一　教学目的

1．小班的教学目的

（1）学会手口一致地点数5以内的实物，并能说出总数，初步理解5以内数的实际意义。

（2）会按实物范例和指定的数目（5以内）取出相应数量的物体。

2．中班的教学目的

（1）能正确点数10以内的物体，并能说出总数，正确认识10以内数的实际意义。

（2）学习不受物体空间排列形式和物体大小等外部因素的干扰，正确判断10以内的数量。

（3）学习数的形成，感知和体验10以内自然数列中相邻两个数的数差关系。

（4）认识数字1～10，会用数字表示物体的数量。

3．大班的教学目的

（1）能按数群数数。

（2）会10以内的顺接数、倒接数、倒数。

（3）感知和体验10以内相邻3个数之间的等差关系。

（4）认识10以内的单双数。

二　基本过程

感知10以内数量教学这一内容，可以划分为下面几个课时进行教学：第一课时是感知数量2和3；第二课时是感知数量4和5；第三课时是感知6的形成，进一步理解数的实际意义，比较相邻两数的关系；第四课时是感知7和8的形成，发现数的形成的规律，进一步感知相邻两数的数差关系；第五课时是应用数的形成的规律去感知、发现9和10的形成。其中第一、二课时属于小班的教学内容，教学的重点应让学前儿童学会手口一致点数，说出总数，理解数的实际意义；第三、四、五课时属于中班的教学内容，教学的重点应让学前儿童理解数的形成，发现数的形成的规律，比较相邻两数的关系。

1．10以内数量教学的基本过程

活动案例 **小班数学活动——小动物去春游（表7-1）**

表7-1　小动物去春游

设计内容	设计意图
活动目标	
1．喜欢参加认识数的活动 2．尝试运用多种感官感知2和3的数量，学会按数匹配相应数量的物体 3．初步学习手口一致地点数并能说出总数，理解2和3的实际意义	① 目标1是情感方面的目标 ② 目标2是能力方面的要求：包括运用多种感官感知和按数配物。符合小班幼儿的认知特点和学习要求，具有具体性的特点 ③ 目标要求"手口一致地点数"、并说出总数，这是对小班数量教学的基本要求，也是幼儿理解数的实际意义的基础
活动准备	
1．创设春天的情境 2．各种小动物：2只小猫、2只小狗、3只小鸡、3只鸭 3．食品：2粒糖、2块饼干、3个苹果、3根香蕉等 4．礼物：2个小球、3块积木、3辆小汽车等	① 在情境中学习，能激发小班幼儿的学习兴趣 ② 各种小动物的提供，符合小班幼儿泛灵性的学习特点 ③ 食品和礼物的提供，能为幼儿创设良好的操作条件
活动过程	
1．情境导入 　师："春天到了，花儿开了，小动物们高高兴兴地来春游了。你们看，来了谁？来了多少只？" （教师边说边把小动物摆成一行——2只小猫、2只小狗、3只小鸡、3只鸭）	① 情境的导入能一下子激起幼儿参与数学活动的积极性，使活动有一个良好的开端 ② 数量是2和3的小动物各两种，可以让幼儿进行多次的点数，有利于幼儿掌握按物点数技能
2．引导幼儿手口一致点数，并理解总数 指导要求： （1）手、口、眼一致点数 （2）帮助幼儿理解总数	① 这一环节的设计可以初步实现活动目标3所确定的目标 ② 指导要求的设计，有利于教师明确指导的重点，并开展有效的指导活动 ③ 理解总数是幼儿学习本内容的一个难点，要求教师应采取一些办法，帮助幼儿理解
3．猜猜是什么食品 　教师：小动物带来了春游的食品装在袋子里，要求小朋友不要用眼睛看，用手摸，在食品拿出袋子之前，说说是什么食品？有多少？ 　（食品应是幼儿常见的，能触摸出来）	① 这一环节可以达到进一步加强按物点数和说出总数的目标。也可以初步实现目标2前半部分所确定的目标 ② 调动幼儿的触摸觉参与认识活动，有助于巩认固幼儿对数量的感知和理解
4．与小动物一起做游戏 （1）学小动物唱歌 　小动物唱歌（叫声），幼儿跟学，并判断叫了几声	① 这一环节的设计可以进一步实现目标2前半部分所确定的目标，是对环节3的进一步加强

续表

设计内容	设计意图
（2）学小动物跳舞 　　幼儿学各种小动物做动作，并计数	② 调动幼儿的听觉和动觉参与认识活动，一方面有利于激发幼儿学习的积极性，另一方面可以促进幼儿更好地感知不同性质的集合的数量，同时，还有利于促进幼儿各种感官的协调发展
5. 游戏：送礼物给小动物 　　幼儿根据小动物的数量，送相应的礼物给小动物，并用一句话表示	这一环节的设计可以实现目标2后半部分所确定的目标，即"学会按数匹配相应数量的物体"。该目标也是对目标3的进一步提升，是数学知识运用于实践的具体体现

以上活动案例向我们展示，10以内数量教学的基本过程如下。

（1）借助多种实物，教学前儿童按物点数　按物点数是学前儿童理解数的实际意义的基本方法，但小班学前儿童按物点数常常出现手口不一致的现象，因此，对于小班学前儿童来说，刚开始教学时，教师应通过示范，教会他们这一基本技能，才能为小班学前儿童理解数的实际意义打下基础。

学前儿童是否正确掌握按物点数这一技能与他们是否养成摆放物体的动作常规和手口一致点数物体的动作常规有密切的关系，因此，教师应借助多种实物，通过多次的练习让他们牢固地掌握这两项动作常规。摆放物体的动作常规是指从左到右把物体摆成一行。手口一致点数物体的动作常规包括：用右手的食指从左到右点数；手、口、眼协调一致；点数时手应有一定的节奏；应告诉学前儿童从1开始数，每点一个物体数一下，不能重数，也不能漏数。

按物点数是手段，说出总数，理解数的实际意义才是目的。因此，在教会学前儿童手口一致点数后，应进一步帮助他们理解总数的含义，这是活动的难点。帮助的方法一般是：数到最后一个数时，把声音拉长或提高，以引起学前儿童的注意；用手指在数过的物体外周划一个圆圈，表示最后一个数就是圆圈里的物体的数量；用语言说明，数到最后一个数是几，就表示这里一共有几个。

实·训·练·习

【内容】
　　示范讲解按物点数的技能。

【指导】
　　1. 教师示范讲解按物点数技能。
　　2. 学生分别练习。
　　3. 个别学生展示。
　　4. 师生评议。

（2）运用各种感官，多通道地感知数量　学前儿童对数学的学习处于感性阶段，需要借助各种感官来感知物体的数量。学前儿童周围的生活有各种各样的集合，有眼睛看得见的物体的集合，有耳朵听得到的声响次数的集合，也有自身运动次数的集合。这些不同性质的集合需要采用不同的感官来感知，如，运用触摸觉感知物体的数量；运用运动觉感知自身运动的次数；运用听觉感知声响的次数等。训练学前儿童用不同的感觉器官感知各类集合中元素的个数，可以促使他们更好地区分和感知各类集合中的元素及其数量，同时，还有利于促进他们的各种感官的协调发展。

案例介绍

在"跟妈妈做游戏"的活动中，"猴妈妈"带领"小猴"学习各种本领。学汽车响三声；蹲跳两下；拍手四次，等等。

在这个活动中，教师充分调动了学前儿童的听觉、动觉等感官参与到感知数量的活动中来，既满足了学前儿童参与活动的需要，又加深了他们对数量的认识和理解。

（3）采用多种形式，引导学前儿童按数取物　学前儿童对数量的感知需要通过多次的操作来完成，而更为主要的是，如果教师能够创设条件，让学前儿童把所学的数学知识与实际应用结合起来，更能加深他们对所学数学知识的理解。引导学前儿童按数取物是数量感知的实际应用，是巩固对数的实际意义的理解的有效方法，也是衡量学前儿童是否对数的实际意义理解的一个重要标志。

教师在应用按数取物时，应注意由易到难，循序渐进，采用不同的形式。由于小班学前儿童还没有认识数字，因此可以先采用按范例取物的形式让他们操作，如教师取出两个苹果，要求学前儿童拿出跟苹果一样多的梨子。然后采用教师口说数，学前儿童取物的形式。这种形式比按范例取物的形式抽象，因为学前儿童取物的依据由具体的范例变成抽象的口说数。对于中班的学前儿童则可采用按数字取物到按数字找物的形式。按数字取物有具体"取"的动作的参与，能帮助学前儿童理解，而"找"物相对较为抽象，有时要求应用记忆表象进行寻找。

案例介绍

提供1～5各个数量集合的实物卡（数量是1的各种汽车，数量是2的各种气球，数量是3的各种彩笔，数量是4的各种苹果，数量是5的各种风扇等）、1~5的点卡。让幼儿根据点卡挑出相同数量的实物卡片，用点卡来表示事物的数量。

教师设计一张全文字的统计表：我家有_____口人；汽车_____辆；气球_____个；彩笔_____根；电风扇_____台；苹果_____个等。让幼儿在家长的帮助下到家中去寻找。

实·训·练·习

【内容】

活动目标一：

1. 进一步理解3的数量。

2. 学会按数匹配相应数量的物体。

活动目标二：

1. 理解6的形成。

2. 比较5和6两数的关系。

要求：根据所提供的目标设计操作活动。

【指导】

1. 要求学生根据活动目标设计一个操作活动。

2. 要求设计的操作活动基本结构应完整。

操作活动基本结构

操作名称：

操作目标：

操作材料：

操作要求：

3. 学生分组设计操作活动。

4. 学生交流、展示所设计的操作活动。

（4）多种游戏形式，提升感知数量的积极性　让学前儿童在愉快的气氛中结束活动是教师在组织基数时应注意的重要事项，而采用游戏的方式无疑是有效的手段之一。

附：常见的学前儿童感知数量的游戏

游戏一：小白兔找家

玩法：教师告诉幼儿，这些圆圈（画在地上的）是小白兔的家，有几个圆点的圈就住几只小白兔。音乐响，小白兔自由活动，音乐停，"小白兔"赶紧去找家。教师检查幼儿是否站对。

游戏二：乘动车

玩法：小动物（幼儿扮演）自由选择车票（不同数字卡、不同实物卡、不同点子卡），然后根据所拿车票上的数量，乘不同数量标志的动车车厢。乘坐时，要求幼儿说出"我的车票是几，我要乘几号车厢。"

游戏三：神秘的口袋

玩法：事先把长短不一、大小不一的文具和积木等放在袋子里，让幼儿不用眼睛看，从里面摸出一两件东西，摸好后未拿出来时要说出所拿物体的名称和数量，如："我拿的是2个玩具"、"我拿的是5块橡皮擦"。

游戏四：老狼老狼几点钟

玩法：老狼在前，小动物在后。问老狼几点钟？老狼说几点，小动物的脚就向前迈进几步，边迈步子边数数；老狼说几点，小动物可以拍几下手或向上跳几下，等等。

游戏五：给小动物喂食

玩法：幼儿根据小动物身上的数量标志，给小动物喂相应数量的它们喜欢吃的食物，然后用一句话说出"我喂多少××给××吃"。如"我喂两根肉骨头给小狗吃"、"我喂三条鱼给小猫吃"，等等。

游戏六：猜猜我是谁

玩法：幼儿分组游戏。每组请一位小朋友手捂着眼睛蹲在圆圈中央，其余小朋友手拉手边走边念儿歌："小猫小狗小刺猬（根据本组幼儿所扮演的角色念出），请你猜猜我是谁。"当念到"谁"时，圈上的小朋友站好不动，并轮流发出各种小动物的叫声，让圈中央的孩子猜猜，是谁发出了叫声？叫了几声？

活动链接 **小班数学活动——参观森林公园**

一、设计意图

本活动是围绕泉州幼高专庄爱平老师的"十二五"立项课题《基于活动案例分析的幼儿数学操作类型研究》下的市子课题《关于数学操作活动中各类型应用适宜时机的探讨》来设计的。课题研究的主要内容是不同的操作类型在数学活动中如何适宜地运用。本活动主要研究集体和小组操作形式采用的时机和两者的有效结合；教师如何根据小班幼儿的年龄特点，采用探索性的操作形式；如何把实物、图片和符号等操作形式在小组学习中遵循从具体到抽象的要求来运用。

二、活动目标

1. 喜欢参与动手操作活动，体验数学活动的乐趣。
2. 懂得按数匹配点卡或数字，初步能用简短的语言表述操作的结果。
3. 进一步感知5以内的数量，巩固对总数的理解。

三、活动准备

1. 经验准备：幼儿已初步学习过5以内的数量。
2. 情境创设：创设森林公园的场景。
3. 材料准备：车票、小组操作材料、小动物卡片等。

四、活动过程

1. "参观森林公园"，激发参与活动的兴趣。
2. 感知5以内数量，学习按物取物。

（1）集体参观森林公园，感知5以内的实物。

① 提出参观要求。

问题：认真找找，森林公园里有什么小动物？共有几只？

② 师幼寻找。

③ 游戏"送食物"。

教师重点指导幼儿根据动物的数量匹配相应数量的食物。

④ 师幼验证小结。

提问：你给什么动物送食物？送多少？为什么？

（2）操作"动物有多少"。

小组学习按数量匹配实物或按实物匹配数量。

① 观察操作材料的数量标记。

② 介绍小组操作方法。

方法：数一数每种动物有几只，想一想要匹配多少数量的实物。

③ 幼儿分组操作，教师指导。

重点指导：幼儿根据动物的数量插上相应的点卡、数字，鼓励幼儿说一说自己统计点数什么动物，有几只。

④ 师幼验证小结。

3. 游戏：捉迷藏。

（1）观察游戏场地。

树林里有几座房子？房子上的数字是几？

（2）介绍玩法。

玩法：每个小朋友挂上有不同数量的圆点卡片，一起念儿歌，儿歌念完后，赶快躲在与自己卡片数量一样的房子后面。

（3）幼儿游戏，师提醒幼儿相互检查。

指导幼儿根据圆点卡片的数量躲在相应的房子后面。

（活动设计：泉州市第一幼儿园黄真猛老师）

实·训·练·习

【内容】

"基数教学"的见习观摩。

【指导】

1. 提出见习要求。

   要求：

   （1）见习前应复习课堂上所讲的内容。

   （2）重点观摩基数教学的组织过程。

2. 学生下园见习。

   要求：

   （1）带好笔记，认真记录。

   （2）遵守见习要求。

3. 组织学生分组讨论见习内容。

   讨论重点：

   基数教学的组织过程。

4. 各组代表发言。

5. 教师评价、总结。

2．10以内数的形成教学的基本过程

数的形成是指除1以外的任何自然数都是它前面一个数再添上1形成的。如6是5添上1形成的；8是7添上1形成的。数的形成的教学一般应安排在中班进行。

> **活动案例** 中班数学活动——"买5送1"（表7-2）

表7-2 买5送1

设计内容	设计意图
活动目标	
1. 对探索数的形成活动感兴趣 2. 能感知相邻两数的关系，知道5比6少1，6比5多1 3. 学习6的形成，知道5添上1是6，认识数字6	① 目标1是情感方面的要求 ② 目标2是有关数的等差关系的要求，是对数的形成这一内容的进一步的价值挖掘 ③ 目标3是数的形成教学在认知方面的基本要求
活动准备	
1. 创设超市购物环境 2. 购物卡许多 3. 数字卡6若干	① 生活情境的创设，有利于幼儿把数学的学习与他们的生活联系起来 ② 材料可以为幼儿的操作提供物质基础

学前儿童数学教育

续表

设计内容	设计意图
活动过程	

1. 复习5的数量 （1）教师提出购物要求 　　教师："小朋友选择一张购物卡（有实物卡、点子卡、数字卡，数量都是5），根据购物卡上的数量，到超市买相同数量的东西。" （2）幼儿自由购物 （3）幼儿点数所购物品的数量	① 这一环节的设计可以为探索6的形成打下基础 ② 教师提出明确的要求，有利于幼儿的操作 ③ 活动的设计体现了"先幼儿，后教师"的教学理念 ④ 在自由购物和点数物品中感知5的数量
2. 探索6的形成 （1）开展"买5送1"活动 　　教师："今天，超市开展'买5送1'活动，也就是你买了5件的东西，超市就送1件你所买的东西给你。" 　　（幼儿再拿1件自己刚才所买的东西） （2）幼儿探索物品数量的变化情况 　　教师："现在，你们有多少件东西？这6件东西是怎么变来的？（引导幼儿说出，原来有5件东西，后来，超市又送1件东西，现在变成了6件东西）" 　　教师小结：5件东西再添上1件东西，就是6件，也就是说，5添上1就是6，6就是5添上1变来的 （3）认识数字6 　　教师："6个面包、6个苹果、6颗糖果（指幼儿刚才购买的东西）……它们的数量都是几？我们可以用一个数字6来表示。" 　　（教师出示数字6，告诉幼儿这个数字读作6，并引导幼儿进行联想） 　　教师："数字6除了可以表示6个面包、6个苹果、6颗糖果……还可以表示数量是6的其他东西。你们说说6还可以表示什么？"	① 这一环节目的在于初步实现活动目标3所确定的目标 ② 活动围绕数的形成的内涵来组织 ③ 应强调"你所买的东西" ④ 教师的及时小结，有利于帮助幼儿理解6的形成，同时，有利于幼儿初步的抽象思维的发展 ⑤ 这一环节既是对数字6的认识，又是对6的实际意义的理解。同时，有利于幼儿初步的抽象思维的发展
3. 比较5和6两数的关系 　　教师："原来的5件东西和现在的6件东西比，哪个多？哪个少？多多少？少多少？" 　　（幼儿思考、操作、比较） 　　教师小结：5件东西比6件东西少1件，6件东西比5件东西多1件。也就是5比6少1，6比5多1 　　教师："如何让5件东西和6件东西变得一样多？" 　　（幼儿思考、操作、比较） 　　教师小结：要让5件东西和6件东西变得一样多，可以有两种办法，一种是把5件东西再添上1件东西，就变成了6件东西；另一种办法是把6件东西拿走1件东西，就变成5件东西。也就是说，5添上1就是6，6去掉1就是5	① 这一环节目的在于初步实现活动目标2所确定的目标 ② 活动紧紧围绕着5和6的关系组织幼儿认识 ③ 活动中让幼儿比较5和6关系，以及寻找"如何让5件东西和6件东西变得一样多"的做法，对于促进幼儿思维的发展都是很有帮助的 ④ 教师的小结有利于整理幼儿的学习经验，同时，对于进一步发展幼儿初步的抽象思维能力是有帮助的
4. 游戏：听指令，买东西 　　玩法：幼儿听教师的指令买东西。如，5添上1的；买比6少1；买比5多1；买5件东西；买6件东西	① 这一环节设计的目的在于进一步实现活动所确定的目标 ② 游戏方法的采用提高了幼儿学习的积极性和对所学内容的理解

140

以上活动案例向我们展示，10以内数的形成教学的基本过程如下。

（1）通过复习，巩固已有的数量经验　1个数是它前面一个数添上1形成，这前面一个数应该是学前儿童已感知过的。教学时，应该通过复习的形式，巩固对前面所学数的认识，为新旧知识经验的联系、更好地学习数的形成做准备。复习的形式一般采用游戏或操法的方法进行。

（2）提供实物，探索数的形成　在学前儿童复习的基础上，要求他们亲自添上1个物体，然后，感知物体数量的变化情况。教师应通过提出问题"××是怎么变来的？"来引导学前儿童进行思考，以初步理解数的形成的含义。在学前儿童的思考和讨论后，教师的及时小结也是必不可少的。它能提升学前儿童的操作经验，能使他们的学习和探索由具体转向抽象，从而促进他们初步的抽象思维能力的发展。

（3）认识数字，感知数的实际意义　认识数字是中班基数教学的内容之一，这一内容应渗透于数的形成的教学之中。数字是具体物体数量的抽象，通过对数字的认识，有利于学前儿童在感知的基础上认识数的实际意义。数字的认识应包括数字的外形特征的认识和数字的意义的认识。数字的外形特征的认识主要是让学前儿童记住数字的形和音。数字的形的认识一般是通过引导学前儿童想象，把所要让他们记住的数字和他们生活中与该数字的外形相似的物体联系起来。数字的音的认识则主要由教师直接告诉学前儿童，让他们跟读。数字的意义的认识一般需要经过由具体到抽象，再由抽象到具体的过程。

（4）比较相邻两数的关系　相邻两数的比较是中班基数教学的内容之一，这一内容同样应渗透于数的形成的教学之中，是数的形成教学的一个有机组成部分。有的教师把它独立出来作为一个活动内容开展教学，这样的做法既人为地脱离了它与数的形成教学的关系，影响了学前儿童对数的形成概念的理解，同时，在一个活动中反复地让学前儿童进行两数的比较，会使整个教学显得单一，影响学前儿童学习数学的积极性。

相邻两数的比较，如5和6的比较，主要让学前儿童明确：5比6少1，6比5多1；5添上1就是6，6去掉1就是5。教师的做法就是提供材料，通过比较和操作，让学前儿童体验它们之间的关系。在此基础上，教师应进行必要的小结和提升，以促进学前儿童思维的发展。

（5）应用各种方法，加强对数的形成的认识　教师应围绕数的形成教学的目标要求，采用操作和游戏等方法，让学前儿童进一步体验对数的形成的认识。教师所组织的活动，应尽量让学前儿童体会到：一个数是它前面一个数添上1形成的；两数之间存在着多1或少1的关系；一个数所代表的意思是什么。这样才能达到巩固学前儿童对数的形成和数的实际意义的理解和认识。

附：《数字歌》

1像铅笔，会写字；2像鸭子，水中游。

3像耳朵，听声音；4像小旗，迎风飘。

5像称钩，来买菜；6像哨子，吹声音。

7像镰刀，来割草；8像麻花，拧一道。

9像蝌蚪，尾巴摇；10像铅笔加鸡蛋。

3．10以内相邻数教学的基本过程

10以内相邻数可以分成三个课时进行教学：第一课时是认识2、3两个数的相邻数，主要目的在于理解相邻数的含义，发现相邻数的规律；第二课时是认识4、5和6三个数的相邻数，主要目的在于能应用前面学到的相邻数的规律去发现、学习这三个数的相邻数。第三课时是认识7、8和9这三个数的相邻数，主要目的在于巩固对相邻数及其规律的认识。

活动案例 大班数学活动——好邻居（表7-3）

表7-3　好邻居

设计内容	设计意图
活动目标	
1. 喜欢参与探索相邻数的活动 2. 能初步探索出相邻数的规律：一个数有两个相邻数，前后两个数是多1少1的关系 3. 初步理解相邻数的含义，知道2的相邻数是1和3；3的相邻数是2和4	① 目标1为情感目标 ② 目标2为能力目标 ③ 目标3为认知目标
活动准备	
1. 各种小动物（1~4只），幼儿人手一份 2. 1~4的数字卡，幼儿人手一份 3. "找朋友"的音乐磁带一盒	① 小动物为幼儿所喜欢，能提高幼儿学习数学的兴趣 ② "人手一份"的材料，能为幼儿充分操作提供物质条件
活动过程	
1. 幼儿操作，导入活动 　教师要求幼儿请出三种小动物（1只鸭子，2只小鸡，3只小狗），并告诉幼儿，它们紧挨在一起，是邻居	① 环节1的设计目的在于帮助幼儿理解"邻居"的含义，有利于幼儿对相邻数的理解 ② 让每个幼儿直接请出三种小动物，满足了幼儿一开始就进行操作的要求
2. 教师提出要求，幼儿操作 　教师：鸭子、小鸡、小狗是邻居，它们要求小朋友帮它们从少到多，一个对一个摆好。然后要求幼儿拿数字卡放在各种动物的下面，表示各种动物的数量 　　1　　　2　　　3	① 环节2的设计体现了"幼儿为先"的教学原则。同时，让幼儿直接操作、感知材料，有利于幼儿对数量多少的比较 ② 要求幼儿"一个对一个摆好"既能巩固幼儿对一一对应比较技能的学习，又有利于幼儿接下来直观地观察和比较小动物 ③ 拿数字卡放在小动物的下面，为数字之间的比较作准备

设计内容	设计意图
3. 引导幼儿讨论，教师小结 　　幼儿讨论：你是怎么帮小动物排队的？为什么要这样排队？ 　　引导幼儿得出结论：1只鸭子排在前面，因为它比2只猫头鹰少1只；2只猫头鹰，排中间，因为它比1只鸭子多1只，比3只小猴少1只；3只小猴排后面，它比2只猫头鹰多1只 　　教师小结：猫头鹰有两个邻居，前面是小鸭子，后面是小狗；2只猫头鹰比1只鸭子多1只，比3只小狗少1只。也可以说，2有两个相邻数，前一个数比它少1，后一个数比它多1	① 环节3的设计目的在于帮助幼儿理解2的相邻数的含义 ② 由于幼儿有前面的操作小动物的经验作基础，教师提出的讨论问题，既能帮助幼儿提升前面的操作经验，又有利于幼儿对2的相邻数的理解 ③ 先在直观的基础上围绕2的相邻数的含义组织教学，再在此基础上，通过教师的小结，让幼儿理解2的相邻数的抽象含义。这样的做法也有利于幼儿初步抽象思维能力的发展
4. 幼儿探索3的相邻数 　　（方法与探索2的相邻数相同）	① 环节4的设计目的在于理解3的相邻数的含义，同时可以加强幼儿对相邻数的含义的理解 ② 2和3两个数的相邻数的学习，为引导幼儿探索、发现相邻数的规律作铺垫
5. 引导幼儿探索、发现相邻数的规律 　　教师指着2和3相邻数的摆放图向幼儿提问："2的相邻数有几个？3的相邻数有几个？" 　　幼儿回答后，教师小结："一个数都有两个相邻数。"	① 环节5的设计目的在于引导幼儿发现相邻数的规律，实现活动目标2所确定的目标，也是对前面环节的进一步加深 ② 教师紧紧围绕相邻数的含义所包含的两部分内容的逻辑顺序，引导幼儿发现相邻数的规律。即"一个数有两个相邻数，前一个数比它少1，后一个数比它多1"

续表

设计内容	设计意图
教师提问："2的前面一个数比它少几？3的前面一个数比它少几？""2的后面一个数比它多几？3的后面一个数比它多几？" 幼儿回答后教师再次小结："2的前面一个数比它少1，3的前面一个数比它少1，2的后面一个数比它多1，3的后面一个数比它多1。" 教师总结："一个数有两个相邻数，前面一个数比它少1，后面一个数比它多1。"	
6. 通过游戏"找朋友"，巩固对2、3两个数的相邻数的认识 玩法：每个幼儿带一个数字的胸饰，听着《找朋友》的音乐边拍手边找朋友。音乐停，三位幼儿按相邻数的关系结成好朋友。教师检查是否找对，然后互换胸饰，游戏反复进行。	① 环节6的设计目的在于进一步巩固对2、3两个数的相邻数的认识 ② 采用游戏的形式，能激发幼儿学习的积极性，使活动在愉快的气氛中结束

从上面的活动案例，我们可以知道相邻数教学的基本过程如下。

（1）一一对应摆放实物 相邻数是大班的教学内容，大班的学前儿童对10以内数量的感知已较为熟悉，并且有了一一对应的感性经验，因此教学一开始，可以在教师的指令下，要求学前儿童按一一对应的方式摆出三种数量分别为1、2和3的物体，并要求学前儿童用数字分别表示它们的数量。为理解相邻数的含义积累感性经验。

（2）感知、比较相邻数的含义 此时，教师应抓住相邻数的基本含义中所包含的两部分内容，向学前儿童提出感知、比较的要求。这两部分内容是：一个数有两个相邻数；前一个数比它少1，后一个数比它多1。据此，教师可以把这一活动步骤分为两个小的活动环节。通过提出问题让学前儿童感知和比较。在学前儿童充分地感知、比较，有了一定的感性经验后，教师再进行小结和提升，让学前儿童理解相邻数的初步含义。

（3）探索、发现相邻数的规律 在学前儿童有了感知、发现2和3两个数的相邻数的学习经验后，教师可以进一步引导他们发现相邻数的规律。这既是学前儿童理解相邻数含义的内在需求，又是提高他们发现问题、探索问题及促进他们逻辑思维能力发展的必然要求。

教师应通过引导学前儿童观察2和3相邻数的摆放图来发现相邻数的规律。教师可以向学前儿童提出发现规律的问题——"2和3两个数的相邻数有哪些相同的地方？"然后，引导学前儿童根据相邻数的含义来发现它们的特点。

（4）巩固对相邻数的认识 为了巩固学前儿童对相邻数的认识，教师应为他们提供游戏和操作等机会。在他们进行游戏和操作中，教师应重点引导他们感知相邻数之间的等差关系。

附：常见的学前儿童感知相邻数的游戏

游戏一：小猴找朋友

玩法：幼儿带着数字卡，按1~10的顺序排好队后，教师带幼儿念儿歌："小猴小猴转一个圈，小猴小猴瞧一瞧，左瞧瞧，右瞧瞧，瞧见的朋友真不少，你的朋友是几和几？请你快来告诉我。"幼儿大声告诉彼此，自己的朋友是几和几？幼儿可以交换数字卡片，反复玩几次，进一步理解相邻数之间的数差关系。

游戏二：玩纸牌

玩法：两个幼儿为一组。游戏开始，把1~10的纸牌放在桌面上，两个幼儿玩"剪刀、石头、布"的游戏，赢的幼儿先取一张纸牌，输的幼儿找出它的相邻数。游戏可反复进行。

游戏三：星期娃娃找邻居

玩法：七名幼儿一组，分别带上星期娃娃头饰，扮演星期一至星期日七个角色形象，手拉手围成圈，按顺时针转动，边转边说："星期一、星期二……星期日，七个娃娃在一起，快快乐乐做游戏。"接着星期一先发问："我是星期一，我有两个好邻居，我的邻居是几和几？"其余六个星期娃娃可回答："星期一，星期一，你有两个好邻居，你的邻居是星期日和星期二。"接下来由星期二、三……日顺次提问，方法同上，游戏继续进行。

游戏四：我的邻居是谁

玩法：教师："嘿嘿，小朋友，我问你，×的相邻数就是×和×？"幼儿："×老师，告诉你，×的相邻数是×和×。"游戏的速度可以适当加快，游戏也可以在幼儿之间进行。

游戏五：找朋友

玩法：每个幼儿带一个数字的胸饰，听着找朋友的音乐边拍手边找朋友，音乐停，三位幼儿按相邻数的关系结成好朋友。教师检查是否找对，然后互换胸饰，游戏反复进行。

4．10以内数的守恒教学的基本过程

数的守恒是指一组物体的数目，不因其种类、颜色、形状、大小、排列形式等的改变而改变。对数的守恒概念的理解和掌握，标志着学前儿童真正掌握数的实际意义。数的守恒的教学应紧紧围绕着它所包含的内涵进行。

活动案例 中班数学活动——它们一样多吗？（表7-4）

表7-4 它们一样多吗

设计内容	设计意图
活动目标	
1. 体验感知数的守恒的有趣 2. 学会比较、判断不同形态下数量为6的物体是否相等	① 根据内容本身的价值，确定能力目标 ② 根据数的守恒所包含的内容来确定目标要求

续表

设计内容	设计意图
3. 能不受物品的颜色、形状、大小以及空间排列形式等因素的影响，初步感知6的守恒	

活动准备

1. 长条纸许多；各种颜色的笔若干；粘贴用的各种小图形、小图案许多 2. 数量为4、5、6的各种小动物的卡片许多 3. 写有4、5、6数字的小动物的家3座	① 根据目标提供材料 ② 材料数量充足，能满足幼儿操作的要求

活动过程

1. 幼儿分组操作 　第一组：在长条纸上用不同颜色的笔画各种形状。如用红色的笔画圆，蓝色的笔画三角形 　第二组：在长条纸上用相同颜色的笔画各种形状 　第三组：在长条纸上粘贴或画各种大或小图形、大或小图案、大或小形状 　第四组：在画纸上随意画各种小图案 　要求： 　（1）在长条纸上粘贴或画各种小图形、小图案和形状要排成一排 　（2）每张纸上只粘贴或画6个	① 先让幼儿动手操作，积累相关的经验，为理解数的守恒作准备 ② 让幼儿操作的材料，包含着数的守恒的基本内容 ③ 要求的提出，确保幼儿的操作符合数的守恒的要求
2. 组织幼儿讨论 （1）不同颜色的形状，它们的数量是否一样 　师幼小结：物体数量与物体的颜色没有关系 （2）不同的形状和大小，它们的数量是否一样 　师幼小结：物体数量与物体的形状没有关系 　师幼小结：物体数量与物体的大小没有关系 （3）不同的物体，它们的数量是否一样 　师幼小结：物体数量与物体的种类没有关系 （4）不同的排列形式，它们的数量是否一样 　师幼小结：物体数量与物体的排列形式没有关系 　教师总结：物体数量与物体的颜色、大小、形状、种类、排列形式没有关系	① 幼儿的讨论有前面的操作经验做基础 ② 讨论围绕数的守恒的基本内容展开 ③ 每一次小结，都能提升幼儿的经验 ④ 最后这个小结，有利于幼儿对数的守恒的全面认识
3. 游戏：送它们回家 　玩法：幼儿把数量为4、5、6的各种小动物的卡片（有不同颜色、大小、形状、排列形式）送到写有4、5、6数字的小动物的家	游戏的开展起到了巩固认识的作用

以上活动案例向我们展示，10以内数的守恒教学的基本过程如下。

（1）动手操作，积累经验　如何让学前儿童在亲自操作中感知、体验不同类型、颜色、形状、大小、排列形式的物体其数量是相同的这一数的守恒的基本特征是教师进行数的守恒教学应考虑的首要问题，因此，活动一开始，教师应提供材料，让学前儿童围绕数的守恒所包含的基本内容进行多种形式、多种内容的操作。这样的操作不仅让他们初步积累起有关数的守恒的感性知识，而且为下一环节初步理解数的守恒概念打下基础。

（2）组织讨论，形成概念 在这一环节，教师应根据数的守恒所包含的基本内容，借助每组学前儿童操作的作品，有秩序地组织他们进行观察和讨论，让他们在讨论中逐一明确：一组物体的数目不因其类型、颜色、形状、大小、排列形式的改变而改变，从而初步建立起数的守恒概念。

（3）加强练习，巩固认识 教师应通过游戏、操作和连线等形式加强练习，让学前儿童加深对数的守恒的理解。不管采用什么形式和手段，都应围绕数的守恒的基本内容进行。同时，教师也可以考虑增加学习的难度，以提高学前儿童认识数的守恒的能力。如由相同的物体到不同物体的转变；由物体的一一对应排列到非对应排列转变；由单一干扰因素的物体到多种干扰因素的物体的转变。

5. 10以内单双数教学的基本过程

双数又称偶数，是指能被2整除的整数。单数又称奇数，是指不能被2整除的整数。教学前儿童认识单双数，可以使他们进一步认识物体的数量，感知数量之间的关系。这一内容教学一般安排在大班进行。

活动案例 大班数学活动——是单还是双？（表7-5）

表7-5 是单还是双

设计内容	设计意图
活动目标	
1. 积极主动地参与认识单双数的活动 2. 能从身边的事物中发现单双数 3. 认识并区分10以内的单、双数	① 目标包含认知、能力和情感等内容 ② 目标体现生活化
活动准备	
1. 每人一盒枇杷 2. 分组操作材料：笔和纸、转盘、骰子和图纸	① 提供的枇杷能帮助幼儿感知单双数 ② 提供多样化的操作材料
活动过程	
1. 以送礼物导入 　教师："熊伯伯给我们送来了枇杷，请小朋友打开盒子，数数看，给你们送来了几个枇杷，然后在盒子外用笔写上数字。"	① 形式能激发幼儿学习的兴趣 ② 要求全面清楚
2. 探索单双数 （1）提出数数的要求 　要求幼儿两个枇杷两个枇杷数，看看会发现什么	① 要求根据目标提出 ② 让幼儿在探索中发现单双数的特点

续表

设计内容	设计意图
（2）幼儿数枇杷 （3）师幼小结 ① 像1、3、5、7、9这样两个两个地数，总会剩下一个的数叫单数；像2、4、6、8、10这样两个两个地数，没有剩下的数叫双数 ② 10以内有5个单数，它们是1、3、5、7、9；10以内有5个双数，它们是2、4、6、8、10	③ 总结是在幼儿探索后进行，幼儿有相关的经验作基础 ④ 总结具有全面性的特点 ⑤ 总结以幼儿能够理解的表达内容展示 ⑥ 总结既包含概念的内涵，又包含概念的外延，有利于幼儿对单双数的全面认识
3. 寻找单双数 （1）让幼儿找出自己身上成双和成单的东西 （2）让幼儿在活动室里找成双和成单的物品 （3）让幼儿说出大自然中成双或成单的物体	① 寻找法的采用可以使数学的学习与幼儿的生活建立起联系 ② 寻找的形式多样，能加深幼儿对单双数的认识，而且有利于幼儿发散性思维的发展
4. 幼儿分组操作 第一组：用笔把纸上图案两个两个地圈起来，区分单双数 第二组：转动转盘，当转盘停下时记录指针所指的数是单数还是双数 第三组：扔骰子，然后记录单双数 第四组：给单数的实物、圆点和数字打"√"，双数的打"0"	① 分组操作能提供幼儿多样化的学习方式，丰富幼儿的学习内容 ② 分组操作可以让幼儿进一步理解单双数
5. 游戏："抱双躲单" 　玩法：教师出示数字卡片或说出一个数字，小朋友判断该数为单数或双数。是单数则双手遮住脸部，头自然下垂作躲避状；是双数则双手在胸前抱住	① 游戏的采用可以激发幼儿学习的积极性 ② 本环节的开展也有利于培养幼儿的反应能力

以上活动案例向我们展示，10以内单双数教学的基本过程如下。

（1）提供材料，引导探索单双数　大班的学前儿童已有较好的感知数量的能力，此时，要求他们两个两个地数，他们是可以做到的。在探索中，他们会发现有的物体可以两个两个地数，而有的却剩下一个。此时，教师可以要求他们把能（或不能）两个两个数的数集中在一起，再归纳总结、提升出单数和双数的概念。由于有前面的探索活动所积累的经验做基础，学前儿童就能较好地理解单数和双数的概念。

（2）通过寻找活动，实现数学与生活的结合　对单双数的认识如果能使之建立在学前儿童生活经验的基础上，将有利于他们的理解，同时，能把存在于学前儿童自身及其周围生活中反映单双数特征的资源有效地利用起来。因此，教学时，教师可以先引导学前儿童寻找自身可以用单数或双数来表示的东西，然后再进一步拓展寻找的范围，使学前儿童对单双数的认识与更多的周围事物相联系。

（3）通过游戏、操作，强化对单双数的认识　游戏和操作是巩固学前儿童所学数学知识和经验的有效方法。游戏和操作的形式有很多，教师应依据活动的需要、学前儿童的实际以及班级的现实条件，选择一种或几种，让学前儿童在游戏和操作中进一步感知、理解什么是单数，什么是双数。在每一次的操作和游戏中，教师组织的交流和评价是必要的，它可以使学前儿童明确自己的对与错，形成对单双数的科学认识。

任务二 初步掌握10以内序数教学的设计和组织

自然数有量和序两方面的意义，当它表示物体的数量，即为基数；当它表示物体的次序，即为序数。序数可以表述为，当一个自然数用来表示事物的次序，这个数就称为序数，通常用"第几"表示。对学前儿童进行10以内序数的教学，就是要让他们明确物体在序列中的位置。

一 教学目的

（1）学习10以内的序数，理解序数的含义，会用序数词正确表示物体在序列中的位置。

（2）会从不同的方向正确判断物体在序列中的位置。

（3）能区别基数和序数。

二 基本过程

10以内序数的教学分两个课时进行，第一课时是学习5以内的序数，主要任务是让学前儿童理解序数的含义，会从不同的方向正确判断物体在序列中的位置。第二课时是学习10以内的序数，主要任务是进一步理解序数的含义，能区别基数和序数。

活动案例 中班数学活动——小小运动会（表7-6）

表7-6 小小运动会

设计内容	设计意图
活动目标	
1. 对学习序数产生兴趣，愿意进行操作并交流操作结果 2. 能从不同方向确定物体的排列次序 3. 认识"5"以内的序数，并能用序数词正确表示"5"以内物体排列的次序	① 目标1属于情感方面的目标，指向性较为明确，即对序数的兴趣和愿意操作、交流 ② 目标2是第一课时的目标要求 ③ 符合序数目标的表达要求
活动准备	
1. 创设一个运动场地 2. 磁带一盒（内有"运动员进行曲"） 3. 皮球5个	① 准备包括情境和材料两部分 ② 材料的准备为目标服务

续表

设计内容	设计意图
活动过程	
1. 小小运动员入场 （1）确定运动队的位置 　　教师："运动会开始了，请小朋友注意看，第一队是哪一队？第二队是哪一队？……" 　　伴随着运动员进行曲，在教师的指令下，运动员（幼儿扮演）5人一组入场 　　教师："请第一队（花猫队）运动员入场，请第二队（小熊队）运动员入场……" 　　教师提问："第2队是××队？""小熊队是第×队？"…… （2）确定运动员的位置 　　教师："请每个运动员记住自己的位置。"然后，教师分别确定每个运动员的位置。第一位是××，第二是××…… 　　教师提问："花猫队中谁是第三位？"或"第二位是谁？"	① 环节1的设计，目的在于让幼儿初步理解序数的含义 ② 向幼儿提出明确的观察要求，使幼儿在观察时知道哪一队处于第几位 ③ 5以内序数的学习对于幼儿来说是第一次，需要老师明确告诉幼儿每一运动队的位置 ④ 教师不同角度的提出，有利于帮助幼儿从不同角度理解序数的含义 ⑤ 在教师的主导下，进一步理解序数的含义
2. 运动员根据自己的位置，坐在相应的座位上	环节2的设计，目的在于让幼儿自己探索物体的位置，以进一步巩固对序数含义的理解，是对上一个环节的提高
3. 运动员比赛 （1）第一队比赛赛跑 　　先确定跑道的道次，然后根据自己的比赛号码进入相应的跑道。比赛结束，确定比赛名次。（其他队的运动员为比赛运动员加油） （2）第二队比赛攀登 （3）第三队比赛拍球 （4）第四队比赛爬行 （5）第五队比赛过桥	① 环节3的设计，目的在于让幼儿明确序数与方向有关 ② 把序数的学习渗透于比赛的始终，让幼儿有多次感知序数的机会 ③ 设计的几个比赛项目蕴涵着序数和方向的关系。如比赛的名次与前后有关、攀登的名次与上下有关、拍球的名次与多少有关等
4. 举行颁奖仪式 　　让不同名次的运动员按不同的排列顺序登台领奖	环节3的设计，目的在于让幼儿进一步明确序数与方向有关

以上活动案例向我们展示，10以内序数教学的基本过程如下。

1．运用直观教具，初步理解序数的含义

由于序数是学前儿童尚未接触的内容，因此，教学一开始，教师应借助于不同特征的直观的教具，让学前儿童初步理解序数的含义。教师在进行讲解演示前，应向学前儿童提出明确的观察要求，以让他们带着任务进行观察和思考。

2．通过操作和游戏，巩固对序数的认识

学习序数应通过学前儿童的亲自操作、游戏才能为他们所理解和感知，也才能真正转化到他们内在的认知结构之中，故教师应采取有利于学前儿童理解的操作和游戏形式，让他们在操作和游戏中感知和体验。

附：常见的学前儿童感知序数的游戏

游戏一：蜜蜂采蜜

玩法：5个（或10个）幼儿分别戴上各色花头饰，3位幼儿分别戴上蜜蜂头饰，随音乐在花朵周围飞舞。当音乐停止时，蜜蜂就停在任意一朵花前做采蜜的动作，请其余幼儿从不同方向观察蜜蜂的位置。

游戏二：小动物住新房

玩法：幼儿扮演小动物，根据卡片的数字，找到自己的家。然后要求说出："我是××动物，坐在第几层房，"其他动物判断。如果说对了，就住进去，说错了，就要退出来。

游戏三：小兔子坐火车

玩法：幼儿扮演小兔子，自由坐进火车的车厢（5节或10节），说说"我坐在第几节车厢里"。然后，绕教室开动火车到终点站。游戏可反复进行。

游戏四：乘电梯

玩法：先引导幼儿认识电梯控制面板，然后，幼儿按下电梯控制面板上的数字，把小动物送到所住的楼层及房间（由教师或幼儿自己确定）。送完后，要求幼儿对自己的操作过程进行讲述。

游戏五：看电影

玩法：事先创设电影院的情景，然后，教师带领幼儿买电影票，引导幼儿发现电影票上写的排和号，再到电影院找自己的座位，最后，看电影。

游戏六：跳格子

玩法：教师先在地上画几组10个连续的大格子，从1到10标上数字。把幼儿分成10人一组，各组幼儿按顺序在数字卡片中抽一张数字卡片，说出自己抽到的是什么数，然后按卡片上的数字，一次一格，单脚或双脚跳到相应的格子里，再说说自己跳到第几格。

3. 开展多种方向的数序活动，明确序数与方向有关

在让学前儿童初步理解序数的含义后，教师应通过开展多种方向的数序活动，让他们进一步明确序数与方向有关。在这一环节，教师应完成两项主要任务：一是让学前儿童明确物体的排列位置可以有不同的方向，主要有从左到右、从前到后、从上到下、从里到外等几种。这几种数序方向在教学中应尽量体现。二是让学前儿童明确同一物体可因不同的数序方向而处于不同的位置。如在一排5个小动物中，从左到右小猫排在第二位，如果从右到左小猫排在第四位。

4. 通过各种比较活动，初步区分基数和序数

区别基数和序数，是中班序数教学的一个难点，因此，教师可把这一内容安排在教学的第二课时"认识10以内序数"教学时进行。教师应通过各种比较操作活动，让学前儿童体验基数和序数是不同的，即让他们知道"有几个"和"第几个"是不一样的。如教师出示10个盘子，请几名学前儿童数一数有几个盘子，再说一说从左到右（或说从右到左开始数）每个盘子的顺序。学前儿童数对以后，教师再在每个盘子上放数量不等的花，再请几名学前儿童数一数，每盘有几朵花，引导他们发现、讨论盘子里有几朵花和盘子里的花在第几个是不一样的。然后教师小结："有几个"和"第几个"不一样，一个是说有几件东西，一个是说排在第几。

任务三 初步掌握10以内数的组成教学的设计和组织

数的组成包括数的分解和合成两部分，故又称作数的分合，它是指一个数（总数）可以分成几个部分数，几个部分数可以合成一个数。数的组成反映的是总数与部分数之间的包含关系、等量关系，部分数与部分数之间的互补关系和互换关系。对学前儿童来说，进行数的组成的教育，主要的目的在于让他们感知和理解这些数量关系。

一 教学目的

（1）理解数的组成的含义，知道2以上各数都可以分成两个数，这两个数合起来就是原来的数。
（2）认识分合式，能用分合式表示自己的分合结果，知道一个数有不同的分合方法。
（3）能感知和体验总数和部分数之间的包含和等量关系。
（4）能感知和体验数的组成的互换和互补关系，并运用这两个关系进行学习。
（5）能感知和体验"数越大，分合组数就越多"和"一个数分出来的组数比它本身小1"的关系。
（6）学习书写10以内的数字。

二 基本过程

10以内数的组成可分六个课时进行教学，根据其内在的逻辑规律，每一课时各有其重要的学习内容和要求。第一课时是学习2和3的组成，主要任务是：初步理解数的组成的含义；知道将一个数分成两份时，可以有不同的分法；能够用分合式记录数的分合过程；感知和体验总数和部分数之间的包含和等量关系。第二课时是学习4和5的组成，主要任务是：能够把一个数的全部分合形式分出来；感知和体验数的组成的互换关系。第三课时是复习5以内数的组成，主要任务是：复习5以内数的组成，发现"一个数分出来的组数比它小1"的关系。第四课时是学习6和7的组成，主要任务是：用数的组成的互换关系去探索6和7的组成的分合形式，同时发现数的组成的互补关系。第五课时是学习8、9和10的组成，主要任务是：用数的组成的互补关系去探索8、9和10的组成的分合形式。第六课时是复习10以内数的组成，主要任务是：复习10以内数的组成，发现"数越大，分合形式就越多"的关系。

活动案例 **大班数学活动——学习2、3的组成（表7-7）**

表7-7 学习2、3的组成

设计内容	设计意图
活动目标	
1. 积极参与数的组成的探索活动 2. 感知和体验总数和部分数之间的包含和等量关系 3. 能够将2和3分成两份时，初步理解数的组成的含义，初步认识分合式	① 感知和体验总数和部分数之间的关系是数的组成教学中的一个重要学习任务，应在教学中给予充分的重视，并作为一个目标提出来 ② 因为是第一次学习数的组成这一内容，所以把理解数的组成的含义，作为一个很重要的活动目标来完成
活动准备	
1. 幼儿人手2个瓶盖和3个纽扣；人手两种物品和两间房间（卡片），人手2个分合号 2. 幼儿胸卡人手一个 3. 教师演示用的2个大瓶盖、3个纽扣和2个大的分合号 4. 音乐磁带《找朋友》一盒	① 材料的准备来自于幼儿的生活，容易收集，也为幼儿所熟悉，能帮助幼儿理解所学的内容 ② 材料充足，为幼儿的充分操作提供良好的条件 ③ 考虑到教师的演示和归纳小结时的需要，教师使用的教具也做了特殊准备
活动过程	
1. 出示教具，提出操作要求 师："老师为你们准备了2个瓶盖和3个纽扣，你们把它们分成两份，看看有几种方法？再把分好的两份合起来，看看是多少？"	① 教师提出明确的要求，能够提高幼儿操作的效率 ② 教师根据数的组成的内涵——分和合，提出操作要求，有利于幼儿全面地理解数的组成的含义
2. 幼儿操作，教师指导 指导要点： （1）要求幼儿把瓶盖和纽扣分别分成两部分，确定每一部分各是多少？把分成的两部分合起来，看看是多少？ （2）要求幼儿思考：瓶盖有几种分法？纽扣有几种分法？ （3）引导幼儿理解总数和部分数之间的关系怎么样？	① 活动一开始就让幼儿进行操作，体现了"幼儿为先"的教学理念 ② 明确指导要点是教师实施有效指导的重要保障。活动中的指导要点是根据活动目标来确定的，这就保证了教师指导的有效性和针对性 ③ 数的组成包含着分和合两部分内容，因此，在指导中，教师应让幼儿意识到分和合各是多少，这样才能全面理解数的组成的含义
3. 幼儿汇报操作结果 （1）幼儿汇报操作结果，教师引导幼儿认识分合式 教师："你是怎么分的？分的结果是什么？" "怎么表示2个瓶盖（纽扣）分成1个瓶盖和1个瓶盖（纽扣）？"教师根据幼儿汇报的情况，拿出大瓶盖（纽扣）来表示，然后，再拿出分合号，告诉幼儿这是分合号，开口表示分开的意思，并上表示合起来的意思。 再带领幼儿一起完整地读出分合式 	① 让幼儿汇报操作结果，有利于提升他们的操作经验，同时了解幼儿的操作情况，以便教师及时地作出调整

153

设计内容	设计意图
（2）引导幼儿认识总数和部分数的关系 　　教师："我们知道2个瓶盖可以分成1个瓶盖和1个瓶盖，那么2个瓶盖分别与分出来的1个瓶盖和1个瓶盖比，哪个多？哪个少？" 　　教师："1个瓶盖和1个瓶盖合起来，与原来的2个瓶盖，谁多？谁少？或一样大？" 　　教师小结：2个瓶盖比1个瓶盖多，1个瓶盖比2个瓶盖少；1个瓶盖和1个瓶盖合起来等于2个瓶盖。也就是，2比1大，1比2小；2可以分成1和1，1和1合起来是2	② 讲解分合式应体现一定的逻辑性，讲解应清楚，把分和合展示出来。这一环节也是活动目标的一个要求 ③ 这一环节是为了实现活动目标2所确定的目标 ④ 教师的小结体现了从具体到抽象过程，有利于幼儿对整体和部分的抽象理解
4. 送物品，进一步感知数的分合经验 　　师：小朋友手中都有两种物品，一种是2个，一种是3个。请你们分别把它们送到两间房间里，看看怎么送。把你们送的结果，用我们刚才学的分合式表示出来	① 让幼儿在操作中进一步理解2和3的组成 ② 要求幼儿用分合式表示出来，可以起到巩固对分合式的认识的作用。在这一操作活动中，幼儿主要获得分的经验
5. 游戏：找朋友 　　玩法：幼儿带上胸卡，随音乐《找朋友》自由做动作。音乐停，幼儿两两找朋友。要求两个朋友带的胸卡上的数字合起来必须是2或3	① 采用游戏的形式能提升幼儿学习数学的积极性 ② 此游戏的目的主要是让幼儿积累合的经验

活动案例 大班数学活动——学习6和7的组成（表7-8）

表7-8　学习6和7的组成

设计内容	设计意图
活动目标	
1. 体验发现数的组成的互补关系的乐趣	—
2. 能用数的组成的互换关系去探索6和7的组成的分合形式	体现数的组成知识的内在联系，也是目标具体性的表现。
3. 初步学会发现数的组成的互补关系	明确把引导幼儿发现数的组成的互补关系作为活动的目标
活动准备	
1. 知识准备：幼儿已学会数的组成的互换规律	交代前后内容之间的关系，即学会数的组成的互换规律，为本活动的开展作准备
2. 物质准备： 　　幼儿人手一份数量为6和7的不同类型的材料；人手一支笔，一张记录纸；房子图	人手一份材料为幼儿的充分操作提供良好的条件

续表

设计内容	设计意图
活动过程	
1. 分合数量为6和7的不同类型的材料 （1）提出分合要求 　教师：老师为小朋友提供了数量分别是6和7的两种材料，你们把它们分成两部分，看有几种分法。不过，要用我们前面学过的数的组成的互换规律来分，也就是分完一组后，只要把分出来的两个数字对换位置，另一组就不用再分了，看看，谁分得又快又对 （2）幼儿操作，教师指导 　指导内容： ①指导幼儿用互换规律来分合材料 ②指导幼儿正确记录 ③督促幼儿把6和7的全部组成形式分出来	① 直接让幼儿操作材料，有利于幼儿对6和7的组成的掌握 ② 操作要求包括：明确分的物体的总数是6和7；把物体分成两部分；用学过的数的组成的互换规律来分。这是确保幼儿操作达到预定目标的前提，必须让幼儿明确 ③ 指导内容的预设，体现了教师应对重点指导内容的把握，也是活动取得预期效果的重要保障
2. 幼儿汇报操作结果 　幼儿边汇报操作的结果，教师边用分合式展示，同时评价幼儿是否用互换规律来操作和记录 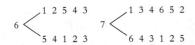	① 重点评价幼儿是否用互换规律来操作和记录，是活动目标的要求。只有进行多次的强化，才能为幼儿所理解和掌握 ② 6和7的分合式的展示，是为了让幼儿发现互补规律做准备的
3. 引导幼儿发现数的组成的互补规律 （1）教师提出发现的要求 　教师：如果要把6和7的组成的全部式子都记下来，怎么排比较好记？ （2）幼儿观察、操作分合式，并发现规律 （3）幼儿汇报发现的情况，师生小结 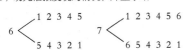 　小结：上一排的数字逐一减少，下一排的数字逐一增多。即上面的每增加1，下面的就减少1 　集体朗读6和7的分合式	① 发现数学内容内在的规律是数学教学的本质要求，是促进幼儿思维的必然选择 ② 规律的发现应体现幼儿学习的主体地位，这样的发现才是有价值的 ③ 集体朗读有利于幼儿对6和7的分合式子的完整把握，朗读时，应把分和合两部分内容完整读出来，以体现数的组成的分解和合成的内涵
4. 幼儿填房子图，巩固练习 　（要求幼儿按互补规律填写） 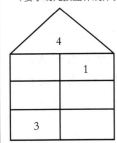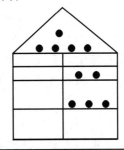	① 这一环节的设计，目的在于巩固幼儿对数的组成的互补规律的认识，而这种认识，不仅复习了6和7的组成，而且把它延伸到前面学习的内容上 ② 这一环节设计的另一个目的在于巩固对6和7的组成的认识

下面介绍10以内数的组成教学的基本过程。

1．体验数的组成的分合经验

对一个数进行分与合的动手操作，对于大班学前儿童来说是可行的。因此，数的组成的教学，应通过学前儿童的亲自操作，去感知和体验数的组成的分合经验。在操作之前，教师应向他们提出简练而明确的操作要求。这些要求包括：物体的总数是几；把物体分成两部分，有几种分法；把分成的两部分数合起来是多少等。

在学前儿童操作时，教师除了创设轻松、愉快的气氛，提供充足的操作时间外，还应有目的地进行指导。教师指导的主要内容应是：要求学前儿童把物体分成两部分，确定每一部分各是多少？把分成的两部分合起来，看看是多少？与原来的数是否一样？同样数量的物体，有几种分法？总数和部分数之间的关系怎么样？

2．汇报操作的过程和结果

对学前儿童操作的情况应进行必要的评价，以使他们了解自己的操作以及结果是否正确。同时，通过交流和评价，让他们知道正确的应怎么分？应分几组？在学前儿童汇报的同时，教师应把他们操作的结果展示出来，引导他们认识分合式，初步懂得可以用分合式来表示自己对数的组成的分合结果。分合式的认识一开始应借助于具体的实物，然后由实物转化为抽象的数字。

3．理解总数和部分数的关系

理解总数和部分数的关系是学习2和3的组成的重要任务。教师可借助于具体的分合式，向学前儿童提出思考和讨论的问题，以让他们理解总数大于部分数，部分数小于总数；两个部分数合起来等于总数。

4．巩固对数的组成的认识

数的组成概念必须通过反复多次的操作和游戏才能建构起来，因此，教师应创设条件，让学前儿童有多次操作和游戏的机会。

附：常见的学前儿童感知数的组成的游戏和操作

操作一：翻钱币

做法：幼儿人手一份钱币，先把钱币的一面一字排开，然后每次翻转其中几个，并用分合式记录正、反面的钱币数。

操作二：投瓶盖

做法：幼儿人手一份瓶盖和一个圈圈，把瓶盖投向圈圈，观察、记录几个在圈里，几个在圈外。

操作三：猜纽扣

做法：幼儿人手一份纽扣，把纽扣分放在左右手，其中一手的纽扣展开让另一幼儿看，要求其猜出另一手纽扣的数量。如果猜对了，换成自己出示纽扣，另一幼儿猜，如果猜错了，调整纽扣数，继续猜。

操作四：你说我举

做法：教师指定一个数，如"5"，然后，说出一个数，要求幼儿举起的数卡必须和教师说出的数字合起来是5。

操作五：玩占圈

做法：场地上画有几个圈圈，每个圈上分别写上不同的数字。幼儿任选一张数字卡片，站在圈外。游戏开始后，幼儿边绕圈边念儿歌："小朋友，在一起，大家都来做游戏。你占圈，我占圈，看看谁先占圈里？"说到"占圈里"时，幼儿要赶紧站在圈里。要求圈里的数字和手中的数字卡的数字合起来应是教师指定的数。

操作六：找朋友

做法：幼儿带上胸卡，随音乐《找朋友》自由做动作。音乐停，幼儿俩俩找朋友。要求两个朋友带的胸卡上的数字（或数量）合起来必须是教师指定的数字（或数量）。

操作七：盖房子

做法：人手一张房子图，房顶写有让幼儿分合的总数（数字或圆点等），要求幼儿根据房顶的总数，在房子的每一层（有两格）分别盖章或盖上点子。

操作八：碰球

做法：教师指定一个数，如"7"，然后教师念："嘿，嘿，我的1球碰几球？"幼儿回答："嘿，嘿，你的1球碰6球。"教师改变数字，游戏反复进行。游戏也可以在幼儿之间进行。

操作九：打保龄球

做法：三个小朋友一组，一人打球，一人记录，一个捡球（可轮流）。保龄球的数量可根据学习的需要确定。幼儿根据保龄球被打倒和站立的数量进行记录。

5．思考和发现数的组成的规律

数学是研究现实世界数量关系和空间形式的科学，数量关系是数学本身内在联系及其规律的反映。数量关系又是学前儿童数学教育内容中起着发展思维作用的核心因素。大班10以内数的组成教育蕴涵着不少数学关系。因此，在进行10以内数的组成教学时，应根据其内在的逻辑规律和要求，引导学前儿童去发现和探索。

实·训·练·习

【内容】

讲解示范数组成的互换关系、互补关系、"数越大，分出来的组数就越多"和"一个数分出来的组数比它本身小1"四个规律。

【指导】

1. 教师示范讲解引导发现数的组成规律的方法。
2. 要求学生以书面的形式写出讲解示范的过程。
3. 学生分组展示。
4. 个别学生展示。
5. 师生评议。

6．运用已有经验去学习新的组成知识

数的组成关系的发现，不仅在于实现发现过程的价值功能，而且应体现其运用的功能，因此，教师应引导学前儿童运用已学习的数的组成关系来推理、解决后面的数的组成的教学内容，如在4和5的组成学习中发现互换关系后，可以引导学前儿童用这一关系去探索6和7的组成形式；在学习6和7的组成中发现互补关系后，可以引导学前儿童用这一关系去探索8、9和10的组成形式。在复习5以内数的组成中，引导学前儿童发现"一个数分出来的组数比它小1"，可以在学习后面的数的组成时，引导学前儿童判断自己是否把一个数的组成形式全部找出来。

7．教会书写数字的技能，培养书写数字的习惯

数字的书写是数的组成教学的一个任务，应分散地安排在各个数的组成的教学活动中去让学前儿童练习，即在学习各数的组成的结束环节进行。这样，学前儿童书写的时间不会太长，也不会感到单调。

数字书写技能的培养应注重书写的规范性，只有从一开始把握好每一个数字的笔法、笔顺，才能为学前儿童入小学学习更多的数字书写打下坚实的基础。如果这一关没有把握好，以后入小学再纠正，就会是"事倍功半"的事了。

数字书写要做到规范，一是要求教师本身书写要规范。一方面要求教师在书写时，讲解示范要规范。教师应在黑板的日字格里边示范边讲解所写数字的字形特点与结构。数字在日字格中的位置比例、所写数字的笔顺、从何处起笔、向什么方向移动、何处转笔、何处停等都要讲得清楚，示范得准确。另一方面要求教师在其他场合书写时，自己也要按照规范的要求。如在数的形成、组成、加减的教学时，教师在书写时都应规范，时时处处为学前儿童树立良好的书写榜样。二是要求学前儿童书写要规范，这是最主要的。书写规范主要在学前儿童书写数字的过程中形成。一方面要求教师在学前儿童练习书写前提出明确的要求，另一方面要求在他们书写的过程中不断地提醒、检查和督促。当发现学前儿童书写不规范时，教师应要求他们重写，以培养他们从小写出规范的数字来。

学前儿童的书写练习需要经历一个基本的过程，即先由教师进行示范书写，讲清笔法、笔顺和要求。然后，教师带领学前儿童进行书空练习，即学前儿童伸出右手食指，在空中跟着老师黑板上的书写动作作书写练习。接着，请个别学前儿童进行试写，以检查、评论试写者所写数字的优缺点，进一步帮助他们掌握书写的要领。最后，让全体学前儿童在练习本上进行练习。开始时可以用描红本进行书写，以后再独立用日字格书写。

良好的书写习惯是数字书写教学的另一要求。幼儿园的数字书写是为入小学作准备的，因此，必须从小养成学前儿童良好的书写习惯。良好的数字书写习惯包括正确的坐姿、正确的握笔要领、保持书写本的整洁等。正确的坐姿是：两脚自然平放地上，身体坐正，头要直，眼睛离桌面保持一尺距离，胸部和桌边保持一拳头距离，纸放正，右手握笔。正确的握笔要领：用大拇指、食指、中指握笔，手指握笔部位离笔尖约两手指宽，小指轻触纸面作为支持点。

为了养成学前儿童良好的书写习惯，记住书写的要求，教师可以用儿歌帮助他们理解。

下面附上书写的姿势、握笔要领的儿歌以及10以内数字的写法要求。

附一：《写字歌》

学写字，要牢记，
写字姿势很重要。
头正肩平脚着地，
三个"一"字要牢记。
眼离书本一尺远，
胸离桌边有一拳。
手离笔尖要一寸。
字写工整视力好。

附二：《握笔歌》

拇指食指捏铅笔，
中间留出小缝隙，
还有三根小手指，
它们紧紧顶住笔。
手离笔尖两指远，
手腕伸直别弯曲。
头正背直坐端正，
姿势正确我第一！

附三：数字0～10的写法

"0"的写法：从上线中间起，作弧线向左碰线，作弧线碰下线。向上作弧线碰右线，作弧形向上与起点相交。

"1"的写法：从右上角附近起，斜线到左下角附近。

"2"的写法：起笔碰左线，再向上，向右碰线，略成半圆，斜线到左下角，碰线一横。

"3"的写法，起笔不碰线，向上碰线。向右不碰线，略成半圆（比2字的半圆小），再向中间，在虚线以上停止，转向右下方碰线，向下碰线，弯到左线为止。上下都是大半圆圈，但下面比上面大。

"4"写法：从上线当中起，向左斜线到下格，碰左线后再横过去，向右碰线。第二笔从右上一半不到的地方向下，斜下去到下面的当中碰线。

"5"的写法：从上线一半不到的地方，向左到中格角，再向上超过中线画一个大半圆碰右线、下线到左线为止。上面一横平，在右上线下面一点，向右碰线。

"6"的写法：从上线偏右一点起，向左下方画一个弧形，碰左线、底线、绕圈向上，画成一个小圆。小圆上面超虚线，不能把圆写的太小。

"7"的写法：靠近上线，从左上角到右上角，再弯斜到下面，在中间偏左的地方碰线。

"8"的写法：从右向上到左一个半圆，拐向右下，碰右线、下线左线、回上去，在虚线以上和原线相交，直线到右上角附近与起笔的地方稍离开一些为止。8是不封口的。

"9"的写法：上面一个圆是长圆，稍斜些，但四角碰线，在右上角附近向左下再一竖到下线中间。

"10"的写法：其中1写在田字格的左边，0写在田字格的右边，组成10字。

实·训·练·习

【内容】

有关数概念教学的活动设计。

【指导】

1. 分组设计活动计划。

第一组：数量的教学；第二组：数的形成的教学。

第三组：序数的教学；第四组：数的组成的教学。

2. 修改、讲评作业。

3. 提出试教要求。

（1）根据修改要求，对活动计划进行修改。

（2）熟悉教案，准备脱稿试教。

（3）准备好教具。

实·训·练·习

【内容】

有关数概念内容的试教与评价。

【指导】

1. 提出要求。

（1）试教的同学应认真按活动设计的过程组织活动。

（2）配合的同学（扮演幼儿）应认真做好配合工作

（3）评价的同学应准备好笔和纸，做好评价和记录工作。

（4）重点评价各内容的组织过程。

2. 学生试教。

（1）试教学生宣读活动目标。

（2）学生试教，其余学生观摩、记录。

3. 学生评价。

4. 教师总结。

项目八
学前儿童感知10以内加减运算的教学

任务一 初步掌握10以内加减运算教学的设计和组织

应用加、减运算技能去解决生活和学习中遇到的问题，对于学前儿童具有重要的现实意义。在学前儿童初步形成数概念后，对他们进行10以内加减运算教学，可以让他们进一步理解事物的数量关系，学会应用加、减运算技能去解决遇到的实际问题，提高分析问题、解决问题的能力，进一步体验数学的重要和有趣。

一 教学目的

（1）初步理解加、减法的含义。
（2）认识加、减算式，能进行10以内的加、减运算。
（3）会分析和解答简单的加、减口述应用题。

二 基本过程

根据学前儿童学习10以内加减运算所表现出来的认知特点以及10以内加减运算本身的逻辑关系，我们认为，可以把该内容分成如下几个课时进行教学：第一课时是学习2、3的加法，主要目的在于理解加法的含义；第二课时是学习4、5的加法，主要目的在于理解加法算式；第三课时是学习2、3的减法，主要目的在于理解减法的含义；第四课时是学习4、5的减法，主要目的在于理解减法算式；第五课时是用数的组成知识学习6、7的加、减法；第六课时学习8的前面五组加、减法，发现加法的交换关系；第七课时学习8的第一、二、三组加减难题；第八课时学习9的前面六组加、减法，发现加、减法的转化关系；第九课时学习9的第一、二、三组加减难题；第十课时是学习10的加、减法。

1. 以理解加、减法含义为主要目的的教学过程

> **活动案例** 大班数学活动——学习2和3的加法（表8-1）
>
> 活动目标：
> 1. 对学习加、减活动产生积极的态度。
> 2. 能大胆回答教师的提问和表达自己的操作结果。
> 3. 学习2和3的加法，初步理解加法的含义。

活动准备：

1. 各种动物卡片：小鸟、小鸡和小鸭。
2. 写有2和3的两个邮箱和许多可以表示2和3的加法的信封。

表8-1　学习2和3的加法

活动过程	设计意图
1. 教师口述应用题，幼儿操作实物，初步积累2的加法的感性经验 教师："天空中先飞来了1只小鸟，又飞来了1只小鸟。" （幼儿先拿出1只小鸟，又拿出1只小鸟） 教师："天空中一共飞来了几只小鸟？" "2只小鸟是怎么算出来的？" （引导幼儿回答"是把先飞来的1只小鸟，加上后飞来的1只小鸟，一共是2只小鸟。"）	① 借助于应用题学习2的加法，可以使幼儿的数学学习与他们的生活经验结合起来 ② 让幼儿操作而不是教师演示，有利于幼儿体验加的过程 ③ 这一问题的提出，目的在于让幼儿理解加法的含义，同时让幼儿有表达自己操作结果的机会
2. 通过多次操作活动，初步理解2的加法的含义 （1）教师边口述应用题，幼儿边操作小虫。 教师："我们拿1条小虫送给先飞来的1只小鸟吃，再拿1条小虫送给后飞来的1只小鸟吃。" （2）引导幼儿进一步积累2的加法的感性经验 教师："你们一共拿了几条小虫？" "2只小鸟是怎么算出来的？" （3）引导幼儿初步理解2的加法的含义 ① 教师总结、提升 教师："1只小鸟，又飞来了1只小鸟，一共是几只小鸟？" "1条小虫，再拿1条小虫，一共是几条小虫？" 教师："也就是1加上1等于2" ② 初步理解"加法"的含义 教师："1只小鸟，又飞来了1只小鸟，小鸟变多或变少了？" "1只小虫，再拿1只小虫，小虫变多或变少了？" 教师："我们把这种东西变多的运算方法叫加法。"	① 让幼儿进一步操作，目的在于更多地积累2的加法的经验，为下一个环节理解2的加法作准备 ② 这一问题的提出，目的在于让幼儿进一步理解加法的含义，同时让幼儿有进一步表达自己操作结果的机会 ③ 由于有了前面的经验，这里的总结和提升可以达到水到渠成的效果。同时，对于促进幼儿思维从具体到抽象的发展具有积极的意义
3. 学习3的加法，进一步理解加法的含义 （1）教师口述应用题，幼儿操作实物 教师："草地上有2只小鸡，又跑来了1只小鸡，草地上一共有几只小鸡？" "小河里有1只小鸭，又游来了2只小鸭，小河里一共有几只小鸭？" （2）教师提问，引导幼儿进一步理解加法的含义 教师："你们刚才是用什么方法计算的？" （加法） "用加法计算得出的结果，是东西变多还是变少？"	① 此环节的设计，目的在于学习3的加法，也让幼儿进一步理解加法的含义 ② 由于幼儿有前面学习经验做基础，教师可以采用提问的形式让幼儿思考和回答
4. 玩送信的游戏，进一步学习2、3的加法 玩法： （1）出示游戏材料——写有2和3的两个邮箱和许多可以表示2和3的加法的信封 （2）让幼儿观察、思考、讨论游戏玩法和规则 （3）幼儿游戏——送信 （4）检查幼儿是否送对"信" （5）游戏可多次进行	① 此环节的设计，目的在于巩固2和3的加法运算，同时，激发幼儿学习的积极性 ② 对于大班的幼儿，有些游戏的玩法可以让幼儿讨论。这样做，一是可以体现幼儿学习的主体性；二是让幼儿更加理解游戏的规则，掌握游戏的内容

上述活动案例展示了"以理解加、减法含义为主要目的"的教学过程。

（1）借助实物和口述应用题，积累加、减法的感性经验　一般情况下，在初步进行加减运算教学时，教师可以通过边口述应用题，学前儿童边操作实物的做法，让学前儿童积累加、减法的感性经验。在这一过程中，既要让学前儿童积累加、减法的感性经验，亲历加、减的过程或动作，又要让他们看到加、减的结果。学前儿童对于加减经验的积累，应通过多次的操作来完成。

（2）通过师幼的讨论活动，初步理解加、减法的含义　在学前儿童有了一定的经验积累后，教师应适时地引导他们讨论，并加以总结和提升，以让他们初步理解加、减的含义，即"加"是"东西变多了"，"减"是"东西变少了"。

（3）采用各种方法形式，进一步理解加、减法的含义　教师应通过开展多样化的操作和游戏等活动，让学前儿童强化对加、减含义的认识。同时，使加减运算的学习与学前儿童的生活有机联系起来。如开展"小鱼在池塘里游泳"的游戏，小鱼（学前儿童扮演）根据指令，第一次1只小鱼游进池塘，第二次2只小鱼游进池塘，然后，教师问："一共有几只小鱼游进池塘？"在这样的活动中，教师应注意通过提问，引导学前儿童感知是用"加的"或"减的"来算的，是东西"变多了"还是"变少了"。

2. 以理解加、减算式为主要目的的教学过程

活动案例 **大班数学活动——学习4和5的加法（表8-2）**

活动目标：

1. 乐意探索加法算式，对学习算式产生初步的兴趣。
2. 初步理解加法算式，能对得数是4和5的加法算式进行运算。
3. 学习4和5的加法，进一步理解加法的含义。

活动准备：

1. 实物小狗7只、挂图1副、图片人手一份。
2. 数字卡片、"+"符号、"="符号、式题卡若干。

表8-2　学习4和5的加法

活动过程	设计意图
1. 教师描述应用题 　教师可以边出示实物小狗，边口述应用题："草地上有3只小狗，一会儿，又跑来了1只小狗，问草地上一共有几只小狗？"	借助于应用题，以帮助幼儿理解加法算式
2. 引发幼儿理解算式的含义 （1）通过提问，理解算式中数字的意思 　教师："草地上有3只小狗，用一个什么数字表示？" 　（幼儿回答后，教师出示数字3，并把它排在3只小狗的下面） 　教师："又跑来了1只小狗，用一个什么数字表示？" 　（幼儿回答后，教师出示数字1，并把它排在1只小狗的下面） 　教师："一共有4只小狗，用一个什么数字表示？" 　（幼儿回答后，教师出示数字4，并把它排在4只小狗的下面）	① 引导幼儿理解算式的含义，需要经历三个小环节，即理解算式中的数字的意思，理解算式中的加号和等号的意思、位置及其读法，认读加法算式

学前儿童数学教育

续表

活动过程	设计意图
（2）出示符号，理解算式中的加号和等号的意思、位置及其读法 ① 认读加号 　　教师："3只小狗加上1只小狗，用什么表示？"此时，教师出示"+"符号，告诉幼儿，这是"加号"，读作"加上"，放在数字3和1的中间，表示3只小狗加上1只小狗 　　教师："你们在什么地方看到这个加号？" ② 认读等号 　　教师："3只小狗加上1只小狗，等于4只小狗，等于用什么表示？"此时，教师出示"="符号，告诉幼儿，这是"等号"，读作"等于"，放在3+1和4的中间，表示等号两边的数一样多 　　教师："你们在什么地方看到这个等号？" ③ 认读加法算式 　　教师："3+1=4我们把它称为算式，因为算式里有一个加号，所以也称为加法算式。" 　　教师："读作3加1等于4"（幼儿跟读2～3遍）	② 对于算式的理解，由于幼儿没有相应的生活经验，故主要采用教师讲解演示的方法 ③ 由于算式中加号、等号等的认识是幼儿第一次接触，因此，不仅要让幼儿理解它们的意思、位置及其读法，而且要让幼儿记住这两个符号。采用的方法是引发幼儿的生活经验
3. 出示挂图，进一步帮助幼儿理解算式 （1）教师出示挂图，幼儿观察挂图 　　教师："图上有什么？它们有什么特征？" （2）提出列式要求 　　教师："根据这些特征列出4的两道加法算式。" （3）幼儿列式，教师指导 　　教师指导要点： 　　① 根据特征列式 　　② 要求幼儿说明算式中数字、符号的意思 （4）幼儿汇报列式的情况 　　教师："你列了什么式子，是根据什么来列式的？" 　　"你列的式子中的数字表示什么意思？用了什么符号？表示什么意思？这个式子叫什么？" （5）总结4的三组加法算式 　　3 + 1 = 4 　　1 + 3 = 4 　　2 + 2 = 4	① 通过教师的讲解演示，幼儿只能初步理解算式，而真正要求幼儿内化对算式的认识，还需要通过幼儿亲自操作、感知等活动来完成。此环节的设计就是为了达到这一目的 ② 前面的学习活动只让幼儿初步学习4的加法的其中一道加法算式：3+1=4。还需要把4的另外两道加法算式完整地让幼儿认识，这也是设计这一环节的另一个目的 ③ 总结4的三组加法算式，达到对4的运算的完整掌握
4. 幼儿操作图片，学习5的加法 　　教师提供图片，幼儿根据图片的内容或特征，用数字卡片摆出5的加法算式，并说说算式中各数字所代表的意思	① 本活动的内容是"学习4和5的加法"，因此还要设计这个环节，以让幼儿"学习5的加法" ② 由于幼儿已有前面对于算式的学习经验，到了"学习5的加法"，就可以采用直接让幼儿动手去感知、去理解5的加法算式的做法
5. 游戏"开火车"，巩固对4和5的加法的认识 　　玩法：老师出示式题卡（如3+1=；5-1=），同时口念："嘿嘿，我们的火车几点开？"幼儿计算得数，同时对念："嘿嘿，我们的火车4点开。"然后，师生双手握拳，在胸前交叉齐做开火车的动作	① 此游戏的设计，可以达到巩固对4和5的加法的认识，以及进一步理解加法算式的目的，同时可以提升幼儿学习的兴趣 ② 采用口头游戏的形式进行教学，提高了幼儿运算的速度，体现了教学的层次性要求

上述活动案例展示了"以理解加、减算式为主要目的"的教学过程。

（1）描述加、减应用题 加、减算式的学习和理解对于学前儿童来说是陌生的，很难通过他们的亲自探索去发现、理解其意义，需要教师借助于实物，通过基于学前儿童生活经验的应用题帮助他们理解。因此，活动一开始，教师应借助于实物，描述加法或减法应用题，为学前儿童理解加、减算式做准备。

（2）初步理解算式的含义 理解算式的含义包括：理解算式中数字的意思，理解算式中符号的意思、位置及其读法，理解算式的意思及其读法。这三个方面应遵循一定的逻辑顺序。首先是理解算式中数字的意思。教师应通过提问，根据学前儿童的回答，出示数字，帮助他们理解。其次是理解算式中符号的意思、位置及其读法。教师同样可以通过提问，让学前儿童的思维跟随着教师的讲解进程去理解算式中符号的意思、位置及其读法。最后是理解算式的意思及其读法。这个过程我们可以用图8-1表示。

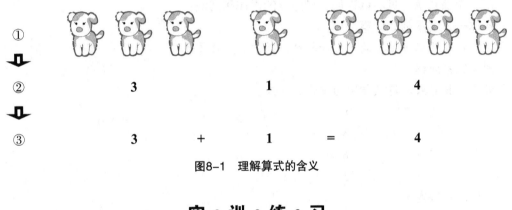

图8-1 理解算式的含义

实·训·练·习

【内容】

讲解示范加、减算式。

【指导】

1. 教师讲解示范加、减算式的演示过程。

2. 学生分别练习。

3. 个别学生展示。

4. 师生评议。

（3）进一步理解算式 从教学的层次性考虑，在上一个环节借助实物让学前儿童理解算式的基础上，教师可以考虑采用图片的教学手段，引导学前儿童根据图片中事物的特征列出算式，以进一步理解算式。

（4）学习5的算式 认识加、减算式一般安排在"学习4、5的加法"和"学习4、5的减法"活动中进行。如果说前面的几个环节主要是借助于"学习4的加法"或"学习4的减法"来认识加、减算式的话，那么，后面的环节就要安排"学习5的加法"或"学习5

的减法"。这样做，一是可以让学前儿童在"学习5的加法"和"学习5的减法"中强化对加、减算式的认识；二是可以达到教学内容的完整性，即4和5的加、减运算都能完整地学习到。由于有了前面的内容做铺垫，在本环节主要应通过操作和游戏的方法，让学前儿童"学习5的加法"或"学习5的减法"。

例如：教师口述5的加法或减法应用题，学前儿童用数字卡片摆出算式（或直接拿出算式），并说说算式中各数字所代表的意思。

再如：教师提供图片，学前儿童根据图片的内容或特征，用数字卡片摆出算式，并说说算式中各数字所代表的意思。

（5）巩固对算式的认识　这一环节的作用在于巩固对前面环节所学内容的认识，因此，应以学前儿童的操作和游戏为主。同时，应注意提高他们的运算技能和对算式的理解和熟练程度。

附：学前儿童常见的认识加、减运算的操作和游戏

操作一：看图列式计算

做法：幼儿根据图片的内容和特征，列出加、减算式。

操作二：连线

做法：把算式和得数相同的用线连起来。

$$7 - 2 \qquad 8$$
$$1 + 5 \qquad 5$$
$$2 + 6 \qquad 6$$
$$1 + 2 \qquad 3$$

操作三：接龙卡

做法：后一张卡中的算式的前一个数字接前一张卡中算式的得数。

$7 - 2 =$	$5 - 1 =$	$4 + 2 =$	$6 - 3 =$

游戏一：小猫钓鱼

玩法：把不同数量的鱼的卡片放在鱼塘里，幼儿拿鱼钩钓鱼，要求对每两次钓的鱼的数量进行加或减的运算，并列出加、减算式。

游戏二：投弹

玩法：幼儿拿沙包，投向前方标有数字的敌人。每投中一个敌人，根据敌人身上的数字进行加减运算。

游戏三："又有香蕉又有梨"

玩法：

师：又有香蕉，又有梨，5根香蕉，几只梨。（举数卡6）

幼：又有香蕉，又有梨，5根香蕉，1只梨。

师：又有香蕉，又有梨，3根香蕉，几只梨。（举数卡5）

幼：又有香蕉，又有梨，3根香蕉，2只梨。

游戏四：花儿开

玩法：老师拿出花骨朵，幼儿根据花骨上的算式进行运算。如果算对了，花儿就开了。或教师出算式，幼儿作答。如果答对了，花儿就开出来。

幼儿问：花儿，花儿，你开吗？

教师答：我要开，我要开，答对题目我就开。

教师问：小朋友，1+3=？

幼儿答：1+3=4

教师和幼儿：花儿，花儿，绽开了。

游戏五：开汽车

玩法：老师出示式题卡（如3+1=；5-1=），同时口念："嘿嘿，我们的汽车几点开？"幼儿计算得数，同时对念："嘿嘿，我们的汽车4点开。"……如果答对了，师幼一齐做开汽车的律动。

3．用数的组成知识学习加、减法的教学过程

活动案例 大班数学活动——学习6和7的加、减法（表8-3）

活动目标：

1. 进一步增加学习加、减法的积极性。

2. 理解6和7的加、减法，提高加、减运算技能。

3. 学习用数的组成式子推导出6和7的加、减算式，并能说出推导的理由。

活动准备：

1. 道具："<"号、数字卡1~6若干，录音机、磁带各一。

2. 学具：6个瓶盖、胸卡一张，幼儿人手一份。

表8-3 学习6和7的加、减法

活动过程	设计意图
1. 碰球游戏，复习6和7的组成 教师："嗨嗨，我的3球碰几球？" 幼儿："嗨嗨，你的3球碰3球。" 教师有意识地在黑板上依次贴出6和7的组成式子 $6 < \begin{matrix} 1 & 2 & 3 \\ 5 & 4 & 3 \end{matrix}$　　$7 < \begin{matrix} 1 & 2 & 3 \\ 6 & 5 & 4 \end{matrix}$	① 复习6和7的组成，为沟通新旧知识的联系作准备 ② 采用口头游戏的形式进行，一可以缩短学习的时间，二可以提高幼儿思维的敏捷性
2. 探索用6的组成式子推导6的加、减算式 （1）教师提出推导的要求 　教师："请小朋友用6、1、5这三个数字列出6的两道加法算式和两道减法算式。" （2）幼儿尝试推导，教师指导 　在幼儿尝试推导时，教师提供给每个幼儿6个瓶盖，以帮助幼儿理解、验证6的加法。 （3）幼儿汇报操作结果，教师组织进行验证、小结 　教师："你用6、1、5这三个数字列出6的哪两道加法算式和哪两道减法算式？为什么这样列？"	① 教师提出推导的要求，可以提高幼儿联系新旧知识的意识 ② 纯粹的推导属于抽象的学习水平，而幼儿学习具有具体形象性的特点，提供瓶盖是为抽象的学习提供具体的支持 ③ 强调让幼儿讲出原因，目的在于明确数的组成和加减之间的算理关系。明确了这一算理关系，对于幼儿摆脱按手指进行加减运算，进入抽象水平的加减运算具有积极的意义

续表

活动过程	设计意图
（引导幼儿讲出：因为1和5、5和1合起来是6，所以1加5、5和1等于6） （4）继续探索用6的另外两组分合式推导出6的加、减算式 　教师："请小朋友再用6的另外两组分合式推导出6的其他加、减算式。" 　幼儿探索后，教师总结： 　　$1 + 5 = 6$　　$2 + 4 = 6$ 　　$5 + 1 = 6$　　$4 + 2 = 6$　　$3 + 3 = 6$ 　　$6 - 1 = 5$　　$6 - 2 = 4$　　$6 - 3 = 3$ 　　$6 - 5 = 1$　　$6 - 4 = 2$	④ 通过推导其他组加减算式，让幼儿进一步掌握数的组成和加减的算理关系 ⑤ 教师的总结，有利于幼儿系统地掌握6的加减运算
3. 探索用7的组成式子推导7的加、减算式 （1）教师提出探索要求 　教师："小朋友，刚才用6的组成式子探索出6的加、减算式，现在，请你们用7的组成式子探索出7的加、减算式。" （2）幼儿探索、推导 （3）幼儿汇报，教师小结 　　$1 + 6 = 7$　　$2 + 5 = 7$　　$3 + 4 = 7$ 　　$6 + 1 = 7$　　$5 + 2 = 7$　　$4 + 3 = 7$ 　　$7 - 1 = 6$　　$7 - 2 = 5$　　$7 - 3 = 4$ 　　$7 - 6 = 1$　　$7 - 5 = 2$　　$7 - 4 = 3$	① 由于有了前面的探索经验，要求幼儿用7的组成式子推导7的加、减算式就比较容易了 ② 有利于幼儿系统地掌握7的加减算式
4. 游戏：找朋友 　玩法：幼儿带着1~6的实物卡、点子卡、数字卡，随着音乐，互找朋友。规则是两个朋友带的胸卡里的数字（数量）加起来或减起来要等于6或7。游戏玩二至三遍，每次互换胸卡	① 游戏的采用能起到强化前面学习内容的作用 ② 游戏的采用同时能让幼儿体验到学习数学的乐趣

上面活动案例向我们展示的"用数的组成知识学习加、减法"的教学过程如下。

（1）复习数的组成　用数的组成知识来学习加、减法可以安排在"学习6、7的加、减法"时进行。活动的开始环节，应通过复习6和7的组成来为学习6和7的加、减做准备。复习的形式应主要采取操作或游戏的形式，如通过碰球游戏来复习。复习后，教师应把6和7简化的组成式子分别展示出来，并引导学前儿童完整地读出6和7的分合式。

如：$6 < \begin{matrix} 1 & 2 & 3 \\ 5 & 4 & 3 \end{matrix}$　　$7 < \begin{matrix} 1 & 2 & 3 \\ 6 & 5 & 4 \end{matrix}$

（2）推导数的加、减算式　教师应引导学前儿童观察6的分合式，然后，先向他们提出推导6的第一组加、减算式的要求。在学前儿童进行推导、探索的同时，教师可以提供相应的操作材料，以让他们进行验证。在学前儿童推导完成后，教师应组织他们汇报推导的结果，并说明推导的理由。此时，很关键的一点就是让学前儿童明确数的组成和数的加减之间的转换关系：如，因为1和5合起来是6，所以1加5等于6；因为6可以分成1和5，所以6减1等于5。当学前儿童有了用6的组成式子推导6的第一组加、减算式的经验后，教师可以让他们进一步推导6的另外两组加、减算式，最后，再引导他们用7的组成式子推导7的全部加、减算式。

（3）提高6、7的加、减运算技能 对6和7的加、减法的认识及其运算技能的掌握，只依靠学前儿童的探索和推导显然是不够的，需要教师采取多种形式，让学前儿童有进一步练习和巩固的机会。

4．解答加、减应用题的教学过程

活动案例 **大班数学活动——学习解答8的加、减应用题**

活动目标：

1. 愿意对教师提出的问题进行积极的思考。

2. 初步学会解答应用题，了解应用题的结构。

3. 复习8的加、减运算。

活动准备：

1. 8的加、减算式；加、减号，等号，数字若干。

2. 分组材料：人手8本图书；人手8支笔；人手8件玩具；人手8片花片。

表8-4　学习解答8的加、减应用题

活动过程	设计意图
1. 复习8的加、减运算 教师提供8的加、减运算，要求幼儿运算。如： 1＋7＝　　　　3＋5＝ （　）＋4＝8　　8－1＝ （　）＋2＝　　8－（　）＝4	复习加减运算，目的是为学习解答加减应用题作准备。实现新旧经验的联系
2. 教师口述应用题，引导幼儿解答应用题 （1）教师口述应用题 教师："停车场里先开来了5辆汽车，后来又开来了3辆汽车，问停车场里一共开来了几辆汽车？" （2）引导幼儿分析题意 教师："刚才老师讲了一件事，先告诉小朋友什么？又告诉什么？要求什么？" （3）引导幼儿选择计算方法、列式计算 教师："要求汽车场里一共开来了几辆汽车，应该什么计算的方法？""用什么算式表示？"	① 教师口述应用题，为幼儿的解答提供范例 ② 根据应用题的结构，提出相应的问题，引导幼儿分析。有利于了解应用题的结构，同时能提高幼儿的分析能力 ③ 体现教学的完整性
3. 教师继续口述应用题，强化幼儿的解题技能 （1）教师口述应用题，引导幼儿解答。 教师："停车场里原来有8辆汽车，后来又开走了3辆汽车，问汽车场里现在还剩下几辆汽车？" （2）幼儿复述应用题，教师引导幼儿解答。 教师引导幼儿复述或模仿老师口述应用题，然后，引导其他幼儿解答。 （3）利用直观的材料，尝试口述并解答应用题 第一组：人手8本图书 第二组：人手8支笔 第三组：人手8件玩具 第四组：人手8片花片	① 这一环节的设计，能强化幼儿的解题技能 ② 选择减法应用题让幼儿解答，使得幼儿既练习到解答加法应用题，又练习到解答减法应用题 ③ 由幼儿来复述应用题，要求比上一环节提高了，体现了教学的层次性要求 ④ 让幼儿尝试口述应用题，又是一个学习层次的提高 ⑤ 为了减少学习的难度，教师提供材料，让幼儿在直观水平上口述

上面活动案例向我们展示的"解答加、减应用题的教学过程"如下。

（1）教师口述应用题　应用题是学前儿童解答的对象，活动一开始，一般应由教师口述，然后再引导学前儿童解答教师口述的应用题。教师口述的应用题的内容要联系学前儿童的生活实际，结构应完整，情节要简洁，以便解答。如，教师口述应用题："停车场里先开来了5辆汽车，后来又开来了3辆汽车，问汽车场里一共开来了几辆汽车？"该应用题所讲的内容是学前儿童生活中常见的，能为他们所理解的。其结构完整，既有情节又有数量关系，其中的情节有利于学前儿童对应用题的理解和分析。

（2）学前儿童解答应用题　学前儿童解答应用题包括分析题意、选择计算方法、列式计算，其中分析题意又包括对情节和数量关系的分析。教师主要通过提问引发学前儿童解答应用题。如上述的应用题，要引导学前儿童分析题意，教师可以通过下面的问题让他们来解答："刚才老师讲了一件事，先告诉小朋友什么？又告诉什么？要求什么？"选择计算方法的提问应是："要求汽车场里一共开来了几辆汽车，应该用什么计算的方法？"而列式计算的提问是："用什么算式表示？"

（3）继续强化解题技能　为了提高学前儿童解答应用题的技能，教师可以自己口述应用题或请学前儿童复述、仿编应用题，让他们继续解答应用题。教师口述的应用题应注意加、减结合，以让学前儿童有机会既解答到加法应用题，又解答到减法应用题。

任务二　初步掌握自编应用题教学的设计和组织

自编应用题的教学是在学前儿童学会加、减法运算，并在懂得解答加、减应用题的基础上进行的。进行这一内容的教学，主要的目的在于提高学前儿童的分析能力和概括能力，因此，应始终围绕应用题的"三要素"组织教学。

一　应用题的结构

应用题是根据生产或日常生活中的实际问题，用语言、文字表示数量关系的题目。应用题的结构包括情节和数量关系两个方面，两者缺一不可。数量关系又包括已知条件和未知条件。已知条件是指应用题中已经知道的、明确的数，未知条件是指要求解答的问题，即要求求出的未知数量。已知条件、未知条件和情节（一件事），就是通常所说的应用题的"三要素"。

二　教学目的

（1）进一步理解加、减法，提高加、减运算水平。
（2）掌握应用题的结构，能编出结构完整的应用题。
（3）能对应用题进行分析和概括，提高分析和概括能力。

三 基本过程

活动目标：

1. 愿意表达自己所编的应用题。

2. 学会分析和概括所编的应用题。

3. 初步掌握应用题的结构。

活动准备：

1. 人手一张"连线"用的写有加、减算式的作业纸。

2. 挂图一张。

3. 幼儿操作材料：不同颜色的小皮球人手7个；图画人手1张（里有不同特征的小动物7只）；各种数量为7的水果卡片人手1张；小汽车人手7辆。

4. 判断用的应用题3道。

表8-5　学习自编7的加、减应用题

活动过程	设计意图
1. 通过"连线"活动，复习7的加、减运算 做法：要求幼儿把左边的算式与右边的得数用线连起来，如， 　　　$7-2$　　　6 　　　$4+3$　　　5 　　　$2+4$　　　7	这一环节的设计，有利于为幼儿进行下一环节的自编应用题提供经验和技能方面的支持
2. 教师出示挂图，引导幼儿编题 （1）教师出示挂图，提出观察要求 　教师："图中有谁？共有多少人？他们有什么不一样的？在做什么运动？" （2）提出编题要求 　教师："请小朋友根据图上的内容，编一道7的加法和减法应用题" （3）幼儿尝试编题	① 幼儿自编应用题的依据是图中物体的内容及其特点，他们是否能感知和理解图中的内容及其特点是幼儿能否正确编题以及编出什么内容的应用题的前提。因此，教师要让幼儿充分观察图中的物体及其特点 ② 在学习自编应用题之前，幼儿已接触过应用题，对应用题并不陌生，因此，直接让幼儿编应用题是可行的
3. 幼儿汇报编题情况，教师组织幼儿讨论 （1）幼儿汇报编题情况 （2）教师组织幼儿讨论 　教师："刚才，××小朋友的应用题，讲一件什么事？有两个已知数是哪两个？问一个什么问题？用什么方法计算？" （3）教师小结 　教师："编一道应用题应具备三个条件：① 讲一件事；② 有两个已经知道的数；③ 问一个问题。"	① 掌握应用题的结构是本活动的重点，教师必须结合幼儿所编的应用题的具体内容，引导幼儿分析 ② 总结有利于幼儿全面地掌握应用题的结构
4. 幼儿自选操作材料，分组继续编题 　第一组：不同颜色的小皮球人手7个	① 幼儿学习数学知识是通过自己的感知来完成的，因此，教师提供材料让幼儿在与材料的互动中去编应用题

活动过程	设计意图
第二组：图画人手1张（里有不同特征的小动物7只） 第三组：各种数量为7的水果卡片人手1张 第四组：小汽车人手7辆	② 分组的操作能满足幼儿的不同学习要求，而且能让幼儿积累多样化的编题经验
5. 幼儿汇报编题情况，教师引导幼儿进行判断 　　教师："你刚才是根据什么编题的，你编了一道什么应用题？""××小朋友编的这道题对吗？为什么？"	此环节，教师应紧紧抓住应用题的"三要素"组织幼儿判断
6. 提供应用题，幼儿讨论判断 （1）我有5根笔，妈妈又给我一些笔，我一共有几根笔 （2）树上有7只小鸟，飞走了4只小鸟 （3）公路上有5辆小汽车，又开来了3辆，公路上有8辆小汽车	① 把幼儿在编题时常见的错误提供出来让幼儿判断，有利于他们牢固地掌握应用题的结构 ② 此环节对于幼儿判断能力的提高也具有积极的意义

学前儿童自编应用题的教学应安排在5以内加、减法教学后进行，其教学的基本过程如下。

1．创设编题条件，引导试编应用题

自编应用题教学的开始环节，教师可以创设直观的编题条件，引导学前儿童尝试根据条件编出应用题。当然，如果教师觉得班级的学前儿童能力有限，也可以考虑由教师示范编题。教师创设的编题条件常见的有：创设活动情境、提供实物材料、提供直观图片等。

2．讨论、分析应用题的"三要素"

这是自编应用题教学的重点，也是教学的难点。教师应引导学前儿童围绕应用题的"三要素"进行逐一分析，以帮助他们理解，编一道应用题应具备三个条件：讲一件事、有两个已经知道的数和问一个问题。

3．提供各种材料，进一步编题

为了加强学前儿童的编题技能，教师应创设环境，提供各种材料，让学前儿童在操作的基础上独立编题。根据抽象程度的不同，编题的方式可以有下面几种：① 活动编题，即根据活动内容进行编题。如，教师先拍了5下皮球，后拍了2下皮球。然后，要求学前儿童根据拍球的事来编一道应用题。② 实物编题，即根据所提供的实物的特征进行编题。如，根据水果的类型、大小等的不同进行编题。③ 看图编题，即根据图片中事物的特征进行编题。④ 点子卡编题，即根据点子卡上的点子数量进行编题。⑤ 数字或算式编题，即根据所提供的数字卡或算式卡进行编题。⑥ 自由编题，即不提供任何材料，学前儿童进行抽象地编题。上面六种编题方法应根据具体的活动要求灵活使用。在一个活动中，可以单一使用一种编题方法，也可以多种方法综合使用。如果是多种方法综合使用，原则上应注意做到循序渐进，即先具体再抽象。

4．汇报、评价编题情况

编题结束后，教师应组织学前儿童就编题的情况进行汇报和评价，以检查他们是否

掌握了正确的编题技能，是否能对所编的应用题进行分析。

在学前儿童汇报编题的情况时，教师的主要任务是：① 围绕应用题的"三要素"，引导学前儿童判断是否编出了结构完整、符合要求的应用题。如果出现问题，应有针对性地加以引导和纠正。② 纠正编题中出现的违反自然规律和生活常识的内容。

5. 判断存在常见错误的应用题

在编题的过程中，有时会出现结构和情节方面存在错误的应用题。对这些应用题的判断和纠正，无疑对于提高学前儿童的编题技能具有积极的意义。因此，教师可以有意识地展示这样的问题，以引发学前儿童进行讨论，让他们更加牢固地掌握编题的技能，提高他们的分析能力、概括能力、判断能力和表达能力等。

实·训·练·习

【内容】

观摩"加、减法"的教学活动。

【指导】

1. 布置见习任务。

（1）见习前应复习课堂上所讲的内容。

（2）重点观摩"加、减法"教学的组织过程。

（3）见习后及时撰写见习报告。

2. 学生下园见习。

要求：

（1）带好笔记本，认真记录。

（2）遵守见习要求。

3. 组织学生分组讨论见习内容。

讨论重点：

加、减法教学的组织过程。

4. 各组代表发言。

5. 教师评价、总结。

实·训·练·习

【内容】

加、减法的活动设计。

【指导】

1. 布置作业。

要求：

（1）分组设计活动计划。

第一组：设计以理解加、减法含义为主要目的的活动计划。

第二组：设计以理解加、减法算式为主要目的的活动计划。

第三组：设计用数的组成知识学习加、减法的活动计划。

第四组：设计自编加、减应用题的活动计划。

（2）把设计、讨论的过程记录下来（记录表见表8-6）。

2. 修改作业。

3. 讲评作业。

4. 提出试教要求。

（1）根据修改要求，对活动计划进行修改。

（2）熟悉教案，准备脱稿试教。

（3）准备好教具。

表8-6　××活动计划讨论记录表

时间＿＿＿＿＿＿＿＿＿　　地点＿＿＿＿＿＿＿＿＿＿　　组织者＿＿＿＿＿＿＿＿＿＿

记录人＿＿＿＿＿＿＿＿＿　　参加者＿＿＿＿＿＿＿＿＿＿＿＿＿＿＿＿＿＿＿＿＿＿＿＿＿

讨论准备：

（要求至少写出参考的五篇活动计划，包括篇名、作者、时间、出处。）

讨论记录：

一、目标部分

理论要求：

1.

2.

3.

具体发言：

（学号或发言人及其发言的内容）

讨论结果：

（活动计划所要制定的目标）

二、活动准备

理论要求：

1.

2.

具体发言：

（学号或发言人及其发言的内容）

讨论结果：

（活动计划所要确定的准备内容）

三、活动过程

理论要求：

1.

2.

具体发言：

（学号或发言人及其发言的内容）

讨论结果：

（活动计划所确定的活动过程）

实·训·练·习

【内容】

加、减法活动的试教与评价。

【指导】

1. 提出要求。

（1）应认真按活动设计的过程组织活动。

（2）应准备好笔和纸，做好评价和记录工作。

（3）重点评价活动的组织过程。

2. 学生试教。

（1）试教学生宣读活动目标。

（2）学生试教，其余学生观摩、记录。

3. 学生评价。

重点评价组织活动的过程是否符合要求。

4. 教师总结。

项 目 九

学前儿童感知
量概念的教学

问题导入

学前儿童感知量概念和排序的教学目的是什么？这两个内容的基本教学过程和方法如何？这是本项目需要回答的问题。

任务一 初步掌握量概念教学的设计和组织

量是指客观世界中事物或现象具有的可以通过测量等手段加以认识的属性。量的概念的教学不仅可以更好地加深学前儿童对周围事物的认识，而且可以促进他们感知能力、比较能力等的发展。

一　教学目的

1．小班的教学目的

（1）能感知、比较和说出差别比较明显的两个物体的大小、长短。

（2）能从5个以内差别比较明显的物体中找出和说出最大的和最小的、最长的和最短的。

2．中班的教学目的

（1）能感知、比较和说出物体的粗细、高矮、厚薄、宽窄、轻重。

（2）能从五六个不等量（其中有2个是相同量）的物体中找出和说出等量的物体。

（3）能初步理解物体量的相对性。

3．大班的教学目的

（1）能较好地理解物体量的相对性。

（2）学会自然测量。

（3）理解量的守恒。

（4）能理解物体的重量与体积之间的正反关系。

二　基本过程

认识量的概念的教学包括认识各种常见的量、认识量的相对性、认识量的守恒、认识自然测量等内容。由于不同内容具有自身的规定性，因此，其教学的基本过程也就不同。

1．各种常见量教学的基本过程

活动案例 小班数学活动——动物世界（表9-1）

活动目标：

1. 喜欢参与认识物体大小的活动。
2. 能从一堆物体中找出并说出最大的和最小的。
3. 能感知、区分物体的大小，并用"大"、"小"词汇来表述。

活动准备：

1. 情境创设：动物世界（各种类型的动物各两只，大小有明显差距）。
2. 各种大小有明显差别的衣服、鞋帽各两件。
3. 游戏的情境和相关的玩具。

表 9-1 动物世界

活动过程	设计意图
1. 进入动物世界，探索动物的大小 （1）教师提出探索要求 　　教师："今天，我们一起去动物世界。看看有哪些动物？这些动物有什么不同？" （2）幼儿自由探索，教师巡回指导 　　教师重点引导幼儿发现、比较不同大小的动物 （3）幼儿表达、交流自己的发现 　　教师："你刚才看到了什么动物？它们有什么不一样的？" 　　"为什么说大象（或其他）是大的（或小的）？如果是只有一只动物？能不能说它是大的（或小的）？"	① 教师创设探索的环境，让幼儿直接进入探索 ② 所提供的动物，大小差异应比较明显，且同一类型的大小动物应放在一起，这样有利于幼儿观察和感知 ③ 让幼儿交流、表达，以达到目标3的要求
2. 赠送各种礼物，区别大、小的不同 （1）教师提出要求 　　教师："冬天到了，动物王国的国王送来一批衣服、鞋帽给动物穿。请小朋友帮动物们穿上衣服、鞋帽，看看怎么穿比较合适？" （2）幼儿帮穿衣服、鞋帽 　　教师指导：让幼儿体验大的动物要穿上大的衣服、鞋帽；小的衣服、鞋帽大的动物穿不上 （3）幼儿交流自己帮穿衣服、鞋帽的体验 　　要求幼儿用"大"、"小"词汇来表述，如："大老虎穿大衣服，小羊穿小袜子。""我用小鞋给大象穿，大象太大了，穿不上。"等	① 环节2的设计，是为了让幼儿进一步感知物体的大小 ② 采用赠送礼物的做法，使上下的情节保持一致，为幼儿的学习提供一个游戏化的气氛 ③ 让幼儿交流、表达，以达到目标3的要求
3. 游戏：望远镜 　　玩法：请幼儿将手放在眼睛前当望远镜，照小朋友、照教室里的东西、照教室外的东西，寻找"大"和"小"的东西	① 环节3的设计，目的在于巩固前面所学的内容 ② 把寻找活动以游戏化的形式展现，更能激发幼儿学习的兴趣
4. 分组游戏，寻找最大和最小 　　游戏一：小猫钓鱼——要求钓"池塘"所有鱼中最大的一条和最小的一条，并用一句话表达 　　游戏二：蝴蝶采花——要求"蝴蝶"采最大的花和最小的花，并用一句话表达	① 环节4的设计，目的在于进一步巩固前面所学的内容

续表

活动过程	设计意图
游戏三：小狗钻圈——要求"小狗"钻进最大的圈，从最小的圈钻出来，并用一句话表达 游戏四：海豚顶球——要求"海豚"用头顶挂着的最大或最小的球，并用一句话表达 游戏五：小猴摘桃——要求"小猴"跳起并摘下挂着的最大或最小的桃子，并用一句话表达	② 用分组游戏的形式，能满足幼儿多样化的游戏要求

上面的活动案例向我们展示的各种常见量的教学的基本过程如下。

（1）探索、感知，初步认识物体的量　大小、长短、粗细、高矮、厚薄等各种常见量是物体的外部特征之一，因此，对物体各种常见量的认识应该通过创设一定的情境，让学前儿童在情境中运用各种感官去充分地感知、比较和探索。在学前儿童探索的过程中，教师应加强指导。一是应引导学前儿童采用重叠和并放的方法进行比较。二是应引导他们进行交流和表达。

（2）操作、比较，进一步区别物体的量　为了加强学前儿童对物体量的认识，教师应提供充足的材料，让他们在充分的操作中去进一步区别物体的量。在此过程中，教师还应充分利用所认识的量是相对的这一特征，让学前儿童在相对量的比较中更加明显地认识量的特征。如，在上面的"动物世界"的活动案例中，教师引导学前儿童给大动物穿小衣服的做法，就是要让他们体验到小衣服再怎么穿也穿不到大动物的身上，从而更加明显地体验到"大"和"小"之间的差别。

（3）寻找、描述，扩大对物体量的认识　教师在引导学前儿童寻找、描述物体的各种量时，应尽量遵循由近及远的原则，即先从自身寻找、再在教室中寻找、然后拓展到教室之外、最后运用表象，寻找不在眼前的物体的量。如果采用游戏的形式进行寻找，将极大地调动学前儿童寻找的积极性，使寻找更加有趣。如"动物世界"活动案例中的"望远镜"游戏的采用，是深受学前儿童喜欢的。

（4）游戏、寻找，深化对物体量的认识　随着学前儿童对物体量的不断掌握，在活动的后面环节，教师可以考虑逐步提高认识量的难度，使活动具有层次性。如小班的学前儿童在认识物体的量的特征后，可以要求他们在一堆物体中找出最大（或长）、最小（或短）的物体，也可以让他们进一步体会量是需要通过比较来认识的；中班可以要求学前儿童在一堆物体中找出等量的物体，也可以让他们初步理解量的相对性；大班可以让学前儿童体验小的物体可以比大的物体重，也可以让他们感知同样大小的物体，由于制作材料的不同，重量也可以不同。由于内容的加深以及考虑到这些内容是安排在活动的后面环节，因此，最好应以游戏的形式进行，以避免学前儿童产生学习上的畏惧和疲劳现象。

在开展各种常见量的教学时，教师应根据各年龄学前儿童能力发展的差异，在材料的提供上体现不同的要求。

① 注意控制好材料的干扰因素。小班材料的干扰因素是0～1个；中班材料的干扰因素是1～2个；大班材料的干扰因素是2～3个。

② 注意控制好材料的差异程度。即从小班到大班，材料本身的差异程度应逐步减小。

③ 注意控制好材料的数量。小班的材料数量在4个以内；中班的材料数量在6个以内；大班材料的数量在10以内。

2．量的守恒的教学过程

量的守恒是指物体的量不因其颜色、形状和摆列形式等的改变而改变。学前儿童理解量的守恒标志着他们对量的概念的掌握。量的守恒的教学包括长度守恒、面积守恒、体积守恒和容积守恒这四个内容的教学。

活动案例 大班数学活动——房子一样大吗？（表9-2）

活动目标：

1. 能主动参与探索面积守恒的活动。

2. 获得观察、测量、比较等判断面积守恒的方法。

3. 能不受颜色、形状、排列形式等因素的干扰，初步体验面积的守恒。

活动准备：

1. 小鸭、小鸡的房子各1。

2. 正方形、长方形、三角形的饼干和小三角形纸版各1。

3. 智力操作图每人1张。

表9-2 房子一样大吗

活动过程	设计意图
1. 创设争议情境，导入活动 　　出示小鸭、小鸡和它们住的房子图，教师进行情境表演 　　教师："小鸭和小鸡是邻居，它们都住在一间长方形的房子里。一天小鸭对小鸡说：'我的房子比你的大'。小鸡看了看自己房子，对小鸭说：'不，我的房子比你的大'。它们就这样争下去，谁也不让谁。小朋友，你们能不能想办法帮助它们，比一比看，谁的房子大？" 　　　　小鸭的房子　　　小鸡的房子	创设争议情境，能激发幼儿直接带着解决问题的欲望进入思考的状态
2. 幼儿寻找比较的办法，判断房子的大小 　　教师先引导幼儿把房子分成房顶和墙体两部分进行比较。然后，让幼儿讨论，寻找比较的方法，并验证目测、小图形测量、大图形测量等 　　梳理经验：相同大小的图形无论怎么放，它的大小是不会改变的	① 此环节需要教师引导幼儿寻找各种比较和判断子的方法，对于幼儿多角度思考问题是有利的 ② 此环节，需要幼儿具有把复杂问题分解成简单问题的能力，即把房子分成房顶和墙体两部分，然后，分别进行比较 ③ 梳理经验能让幼儿更加明确，图形的大小与排放位置无关

179

续表

活动过程	设计意图
3. 比较不同形状的图形的大小 　　教师出示正方形、长方形、三角形的饼干和小三角形纸版，引导幼儿观察：几个图形是不是一样大？如果用小三角形纸版来测量，怎么判断它们是否一样大？ 　　讨论：三个图形一样吗？为什么？ 　　梳理经验：三块不同形状的饼干用小三角形来测量，它们的数量是相等的，所以这三块饼干大小相同	① 此环节的设计目的在于，让幼儿排除形状的干扰，正确判断物体的大小 ② 此环节的设计还能让幼儿学会用数的方法来判断面积的大小，实现数形结合的教学原则 ③ 同样的，梳理经验能让幼儿更加明确——图形的大小与形状无关
4. 智力操作："考眼力" 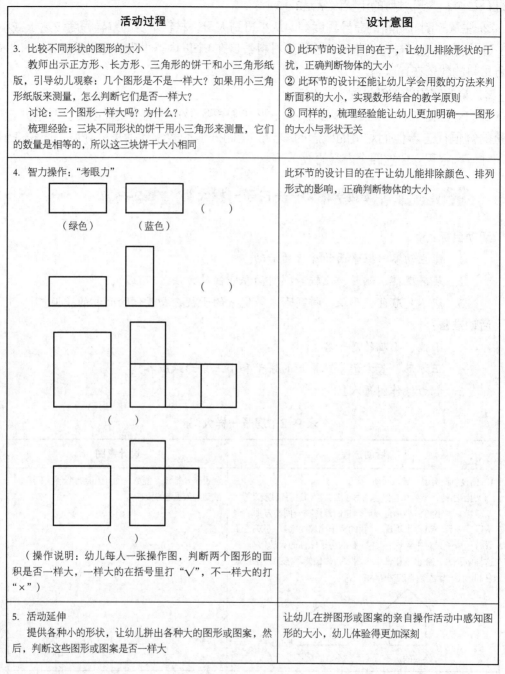 （操作说明：幼儿每人一张操作图，判断两个图形的面积是否一样大，一样大的在括号里打"√"，不一样大的打"×"）	此环节的设计目的在于让幼儿能排除颜色、排列形式的影响，正确判断物体的大小
5. 活动延伸 　　提供各种小的形状，让幼儿拼出各种大的图形或图案，然后，判断这些图形或图案是否一样大	让幼儿在拼图形或图案的亲自操作活动中感知图形的大小，幼儿体验得更加深刻

　　以上的活动案例展示的量的守恒教学的基本过程如下。

　　（1）创设问题情景，引发解决问题的需要　学前儿童的需要是他们学习数学的动力。教师应通过创设问题情景，引发学前儿童解决问题的需要，从而调动他们学习的积极性，变"教师要我学"为"我自己要学"。

（2）进行量的比较，感受量的守恒 量的守恒的教学要求紧紧围绕量的守恒的概念所蕴涵的内容展开，即应让学前儿童学会排除颜色、形状和摆列形式等因素的干扰，正确判断物体的量。常用的方法有：运用变式判断物体的量；用同等量的两份物体进行比较；用数判断量的守恒；添加干扰因素进行判断等。其中，用同等量的两份物体进行比较一般需要经过三个步骤：第一步，让学前儿童确定两份等量物体是相等的。第二步，将其中的一份改变形式，并向他们提出比较的要求。第三步，还原变式量，并与原形量作比较，以验证它们是一样的。

（3）通过各种手段，巩固对量的守恒的认识 量的守恒的感知既是教学的一个难点，又是教学的一个重点，因此，要求教师采用多种形式和手段，以加强感知和认识。但不管采用哪种手段和形式，教师都应注意紧紧围绕量的守恒的内容来开展。在量的守恒的教学中，经常涉及整体和部分的问题，因此，在这一环节，教师应有意识地渗透这一思想，让学前儿童体验到整体和部分的关系。

实·训·练·习

【内容】

在小班的一次数学教育活动中，老师出示两根长度相等的铁丝，把两根铁丝并排放好，两端对齐，请幼儿判断两根铁丝是否一样长。然后，老师又把这两根铁丝挂起来，一根挂得略高些，另一根挂得略低些，请幼儿判断两根铁丝是否一样长。接着，老师又把这两根铁丝并排放好，其中一根是直的，另一根弯曲些，请幼儿判断两根铁丝是否一样长。

请根据这一案例回答：

（1）这一活动的主要内容是什么？你是怎么知道？

（2）请你谈谈这一活动的组织过程。

【指导】

1. 展示案例，提出问题和要求。

2. 学生尝试分析问题。

3. 学生汇报分析的结果。

4. 教师评点和小结。

3．量的相对性教学的基本过程

活动案例 中班数学活动——比比绳子的长短（表9-3）

活动目标：

1. 体验参与认识物体长短相对性的乐趣。

2. 能用语言表达对高矮相对性的认识。

3. 初步感知物体长短的相对性。

活动准备：

1. 不同长短、颜色的绳子、彩带和木棍人手三根。
2. 不同长短、颜色的铅笔、毛线人手四根（条）。

表9-3 比比绳子的长短

活动过程	设计意图
1. 幼儿比较不同长短、颜色的绳子 （1）教师提出比较绳子的要求 　教师为每个幼儿提供红、黄、绿不同颜色、不同长短的三根绳子 　教师："老师为你们准备的三根绳子，你们分别比一比，看哪根长？哪根短？" （2）幼儿比较绳子 （3）幼儿汇报比较的结果	① 先让幼儿感知，以积累感性经验 ② 提供不同颜色的绳子，是为了便于幼儿表达，区分不同的绳子
2. 向幼儿提出认识长短相对性的问题 　教师："有的小朋友说，黄色的绳子比红色的绳子短，有的小朋友却说，黄色的绳子比绿色的绳子长，那到底黄色的绳子是长还是短？"	① 教师的提问引发幼儿的积极思考 ② 从幼儿看似矛盾的讲述中提出问题，能使幼儿通过思考、讨论和操作，获得对新的数学经验的认识
3. 幼儿讨论，初步认识长短的相对性 （1）幼儿讨论 （2）幼儿汇报讨论的情况 （3）师幼小结 　师幼总结："看黄色的绳子是长还是短要看它与谁比，如果与红色的绳子比，它就短。如果与绿色的绳子比，它就长。"	教师的小结要以幼儿的探索、讨论等经验为基础，同时用幼儿能理解的语言表达出来
4. 分组比较各种材料，巩固对长短相对性的认识 　第一组：比较三条长短不同的彩带 　第二组：比较三根长短不同的木棍 　第三组：比较四根长短不同的铅笔 　第四组：比较四条长短不同的毛线	① 教师提供材料，让幼儿在操作中进一步巩固对长短相对性的认识 ② 分组操作，目的在于让幼儿获得多样化的操作经验，也是巩固幼儿对长短相对性认识的一种有效的手段
5. 寻找生活中相对长短的物体 　教师引导幼儿在教室、幼儿园、家中寻找相对长短的物体	① 此环节的设计，目的在于把数学知识和幼儿的生活经验结合起来，使幼儿体会到生活中处处有数学 ② 此环节的设计，也是巩固幼儿对长短相对性认识的一种有效的手段

以上活动案例向我们展示的量的相对性教学的基本过程如下。

（1）比较三个物体量，初步感知量的相对性　这一做法一般必须经过下面三个步骤。

第一步，用不同特征的三个物体，分别比较它们量的差异。如，教师可为每个学前儿童提供红、黄、绿不同颜色、不同长短的三根绳子，要求学前儿童分别比较它们的长短。在学前儿童分别对三根绳子进行充分的两两比较后，教师再要求他们汇报比较的结果和发现。此时，学前儿童会有不同的汇报结果："黄色的绳子比红色的绳子短，比绿色的绳子长。""黄色的绳子比绿色的绳子长。""黄色的绳子比红色的绳子短。""绿色的绳子比黄色的和红色的绳子都短。""红色的绳子比黄色的绳子长。"等。

第二步，向学前儿童提出认识相对性的问题。在学前儿童充分汇报后，教师应向他们提出认识相对性的问题。教师可以指着黄色的绳子问："有的小朋友说，黄色的绳子比红色的绳子短，有的小朋友却说，黄色的绳子比绿色的绳子长，那到底黄色的绳子是长还是短？"然后，要求学前儿童之间进行讨论。

第三步，建立初步的量的相对性的思想。对于教师提出的问题，学前儿童可能会回答："黄色的绳子不长也不短。""黄色的绳子很长又很短。"这时，教师应进一步提问："为什么黄色的绳子不长也不短？"或"为什么黄色的绳子很长又很短？"学前儿童会把他们讨论的情况说出来："因为黄色的绳子比红色的绳子短，比绿色的绳子长。"这说明他们已体验到长短的相对性。此时，教师就可以及时地总结："看黄色的绳子是长还是短要看它与谁比，如果与红色的绳子比，它就短。如果与绿色的绳子比，它就长。"

（2）通过各种方法，巩固对量的相对性的认识 对量的相对性的认识需要通过学前儿童不断地操作和游戏来巩固。教师应通过各种手段，让他们去进一步理解和体验。如，请班级里的三名高矮不同的小朋友，比较身高的相对性；提供每人三条长短不同的彩带，让学前儿童操作比较长短的相对性；提供每人三个大小不同的皮球，让他们在玩中体验大小的相对性，等等。

（3）密切生活联系，寻找物体量的相对性 生活中的物体的量充满着相对性，生活中的物体又是学前儿童所熟悉的，把量的相对性的认识与他们生活中的物体联系起来，能加强他们对量的相对性的理解，同时，为学前儿童能把所认识的量的相对性知识运用于生活创造条件。在学前儿童寻找量的相对性的同时，教师应有意识地引导他们把寻找的结果讲述出来，这样可以使他们对于量的相对性的感知在语言的调节下更加清晰。

4．自然测量教学的基本过程

自然测量，是指利用自然物测量物体量的方法。通过自然测量可以使数、量、形密切结合；可以加深学前儿童对空间形式和数量关系的理解；可以初步培养他们动力操作能力和解决简单实际度量问题的兴趣和能力。

活动案例 **大班数学活动——我们的房间有多大？**（表9-4）

活动目标：

1. 能积极地参与测量活动。
2. 初步掌握自然测量的方法，学会记录测量的结果。
3. 了解测量工具的长短与测量结果的关系。

活动准备：

1. 大象玩具一个。
2. 自然测量工具许多。
3. 大记录表一张，小记录表人手一张。

表9-4　我们的房间有多大

活动过程	设计意图
1. 创设问题情景，导入测量活动 　　教师："大象要建一间像我们这间教室一样大的房子才够住，可是，不知道教室有多大，怎么办？"	问题情景的创设，有利于激发幼儿测量的兴趣，同时，使幼儿的学习与他们的生活紧密联系起来
2. 幼儿探索测量房间的方法 （1）选择测量的工具 　　教师："要测量教室、地板砖、门、窗户等的长度，应该用什么工具来测量比较合适？" （2）探索测量的方法 　　教师："想想看，怎么才能准确地测量教室、地板砖、门、窗户等的长度？" 　　幼儿测量，教师根据测量的要素进行指导	① 此环节的设计，体现了"幼儿为先"的设计理念 ② 测量工具的选择、测量方法的探索，可以发挥幼儿思维发散性的功能 ③ 此环节的设计，还有利于为幼儿积累一定的测量经验，为下一个环节测量方法的掌握作一定铺垫
3. 教师示范讲解测量的方法 （1）幼儿汇报测量的方法 （2）教师示范测量的方法 　　测量的要领：① 从顶点开始测量；② 沿边缘直线测量；③ 在测量工具的另一端做个记号，第二次测量时，要从记号开始接下去量；④ 测量一次，数一个数，数到的最后一个数就是测量的结果	① 技能的掌握要求教师准确地示范 ② 可根据幼儿的理解情况，掌握示范的次数
4. 幼儿再次测量房间 （1）讲解测量表格的记录方法 　　教师出示测量记录表，结合测量活动，讲解测量表格的记录方法 （2）提出测量的要求 　　测量的要求： 　　① 根据教师刚才讲的方法测量 　　② 幼儿测量，教师指导 　　指导重点 　　① 指导幼儿掌握测量的方法 　　② 指导幼儿正确地记录 　　③ 指导幼儿理解测量工具和测量结果的关系	① 由于有前面自己所积累的测量经验，以及教师的讲解示范，此环节的设计，对于幼儿初步掌握测量的技能是可行的 ② 要求幼儿记录测量表，是测量的要求 ③ 幼儿是否能真正地掌握测量的技能与教师是否明确指导内容，以及是否熟练掌握指导的方法是密切联系的
5. 交流、分享测量的过程和结果 （1）交流、讨论测量的方法 　　请个别幼儿示范测量的方法，师幼进行判断和纠正 （2）交流、讨论测量表的记录 　　请个别幼儿结合记录表，说说："你是怎么记录的？表中的数据表示什么意思？" （3）引导幼儿讨论测量工具和测量结果的关系 　　结合记录表，引导幼儿分析：为什么测量同一长度会有不同的测量结果？ 　　小结归纳：测量同一长度，测量的工具越长，测量的次数越少，测量的工具越短，测量的次数越多	① 交流、分享是幼儿探索活动的重要组成部分，也是提升有关测量经验的必然要求 ② 此环节需要幼儿分享的测量经验较多，需要教师有层次地组织。先分享测量方法，再分享记录方法，最后分享测量工具和测量结果的关系。难度逐步增加

以上活动案例向我们展示的自然测量教学的基本过程如下。

（1）创设问题情境，引发测量的需要　引发学前儿童对测量的需要可以使测量活动取得事倍功半的效果，而创设问题情境可以引发学前儿童解决有关测量问题的需要，从而调动他们参与测量活动的积极性，为活动的开展创设一个良好的开端。

（2）选择测量工具，探索测量的方法　选择什么工具进行测量？如何对物体的量进行测量？这是学前儿童测量时必须解决的问题。教师可以提供多样化的测量工具，引导他们根据所要测量的物体的量的特征，选择合适的测量工具进行测量。这一做法，一是体现了学前儿童在学习中的主体地位；二是可以让学前儿童体验到不同的量应用不同的测量工具进行测量。

（3）汇报测量情况，示范测量的方法　在学前儿童有了几次的完整测量操作后，教师应组织他们对自己的测量方法进行汇报。在学前儿童汇报和示范时，教师应对照测量的要领，对他们测量中出现的问题进行重点的引导和纠正，以使他们明确正确的测量方法。如，当学前儿童出现没有从起点开始进行测量时，教师可通过提问引发他们思考："这一小段没有量到，行吗？"当学前儿童出现没有沿边缘直线测量时，教师可以提问："要测量地板砖长度，这样量对吗？"

在学前儿童汇报测量的情况后，教师应与他们一起对如何正确测量进行经验的提升。由于测量技能的学习和掌握对于学前儿童来说毕竟是一件比较难的事情，它离不开教师完整的示范讲解，因此，在为学前儿童梳理完测量技能的经验后，教师的示范讲解应是必不可少的，它有助于学前儿童对测量技能的完整把握。

测量的技能或要领主要有：① 从顶点开始测量；② 沿边缘直线测量；③ 在测量工具的另一端做个记号，第二次测量时，要从记号开始接下去量；④ 测量一次，数一个数，数到的最后一个数就是测量的结果，或者测量后，再数数一共测量了几次。

（4）提出测量要求，巩固测量的技能　学前儿童测量技能的形成不能依靠教师的示范讲解来完成，必须通过他们亲自多次的测量来感受和体验，因此，在教师讲解示范，学前儿童对测量的要领有了基本的认识后，教师必须创设环境，让学前儿童通过自己亲手的测量去学习和巩固测量的方法，体验测量的要领。

为了使学前儿童再次的测量更具目的性，并在测量中掌握正确的测量方法。在他们再次测量之前，教师应向他们提出明确的要求，主要包括：测量的方法要求、表格的记录要求和测量时应遵循的常规要求等。

为了培养学前儿童对测量结果进行记录的能力，为测量后对测量工具的长短和测量结果的关系进行讨论提供直观的依据。在学前儿童再次测量之前，教师还应向他们讲解示范测量记录表的记录方法。

在学前儿童测量的过程中，教师应加强对他们的指导。教师指导的主要任务有：① 指导学前儿童掌握测量的方法；② 指导学前儿童正确地记录；③ 指导学前儿童理解测量工具和测量结果的关系。

（5）分享测量成果，讨论测量的记录　当学前儿童已充分测量后，教师应组织他们交流、分享自己的测量经验和发现。教师应先请个别学前儿童讲述、示范自己的测量方法，然后，与其他学前儿童一起进行评价。对的给予肯定，错的帮助其纠正，以让他们进一步明确测量的方法。接着，应与他们一起分析、讨论他们所记录的测量记录表，明确表中的数据所代表的意思。同时，应引导他们讨论"为什么测量同样的长度（如墙体的长度）所记录的数据不一样？"在学前儿童讨论的过程中，教师应引导他们发现（也可以引导比较测量工具的不同）：测量同一长度，测量的工具越长，测量的次数越少，测量的工具越短，测量的次数越多。这实际上是向他们渗透函数的基本思想。

实·训·练·习

【内容】

观摩有关量的教学活动 。

【指导】

1. 布置见习任务。
2. 学生下园见习。

   要求：

   （1）带好笔记本，认真记录。

   （2）遵守见习要求。

3. 组织学生分组讨论见习内容。

   讨论重点：

   有关量的教学的基本过程。

4. 各组代表发言。

5. 教师评价、总结。

实·训·练·习

【内容】

有关量的教学的活动设计 。

【指导】

1. 布置作业。

   第一组：设计小班认识常见量的活动计划。

   第二组：设计中班认识量的相对性的活动计划。

   第三组：设计大班认识量的守恒的活动计划。

   第四组：设计大班自然测量的活动计划。

2. 修改、讲评作业。

3. 提出试教要求。

（1）根据修改要求，对活动计划进行修改。

（2）熟悉教案，准备脱稿试教。

（3）准备好教具。

实·训·练·习

【内容】

有关量的教学活动的试教与评价。

【指导】

1. 提出要求。

2. 学生试教。

（1）试教学生宣读活动目标。

（2）学生试教，其余学生观摩、记录。

3. 学生评价。

重点评价组织活动的过程是否符合要求。

4. 教师总结。

任务二 初步掌握排序教学的设计和组织

排序，是指根据一定的规则，把一组物体排列成序的活动。在幼儿园进行排序的教学，可以进一步加强学前儿童对物体的数和量的认识，可以促进他们对序列概念和数序概念的理解，可以促进他们可逆性、传递性和双重性等思维能力的发展，对于他们的观察能力、比较能力和判断能力的发展也有积极的促进作用。

一 幼儿园教学的几种排序形式

1．按物体的外部特征排序

（1）按物体的颜色排序。

例如：

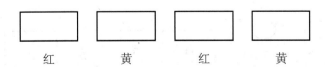

红　　　　黄　　　　红　　　　黄

（2）按物体的形状排序。

例如：

2．按物体量的差异排序

主要包括按物体的大小、长短、高矮、粗细等量的差异排序。在这些排序中，又主要有正、逆排序两种形式。

（1）正排序。

例如：

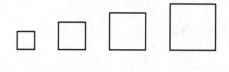

（2）逆排序。

例如：

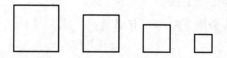

3．按数量和数字排序

（1）按数量和数字的逐一递增或递减排序。

例如：

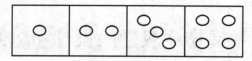

（逐一递增排序）

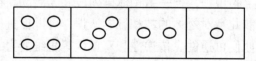

（逐一递减排序）

（2）按数量和数字的递增或递减排序。

例如：

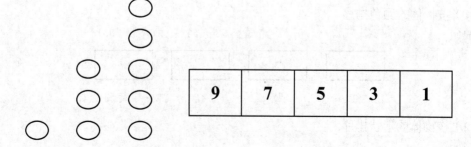

（3）按数量和数字的特定规则排序。

例如：

4．按特定的规则排序

这种排序形式所包含的内容十分丰富，只要物体的排列遵循一定的规则，都可以称为按特定的规则排序。因此，上面所介绍的三种排序形式，严格意义上说，也可以列为按特定的规则排序。

例如：

二 教学目的

1．小班的教学目的
（1）能按物体的名称进行排序。
（2）能按物体的外部特征（颜色和形状）进行排序。
（3）能按物体量的差异（大小和长短）进行3个物体的正排序。

2．中班的教学目的
（1）能按物体量的差异进行5个物体的正逆排序。
（2）能按物体数的差异进行5个物体的正逆排序。
（3）能按特定的规则排序。

3．大班的教学目的
（1）能按物体量的差异进行10个物体的正逆排序，初步感知序列之间的可逆性、传递性和双重性。
（2）能按数或数字的差异进行10个物体的正逆排序。
（3）能按一定的规律排列物体，感知排序的常见模式。
（4）能对10个物体自由排序。

三 基本过程

学前儿童排序的教学应遵循一定的规律：即从小数量的排序 → 大数量的排序；从按次序规则排序 → 按特定规则排序；从参照排序 → 独立排序；从按量的差异排序 → 按物体的数量排序；从正排序 → 逆排序。

> **活动案例** 中班数学活动——服装设计师（表9-5）
>
> **活动目标：**
> 1. 体验排序活动的乐趣。
> 2. 能按物体高矮的差异进行5个物体的正逆排序。
> 3. 初步感受物体的正逆排序。
>
> **活动准备：**
> 1. 示范用的服装若干套。
> 2. 有错误的、未完成的、有空缺的排序图案各一件。
> 3. 供幼儿设计用的服装及其他材料许多。
> 4. 时装表演用的音乐一盒。

表 9-5 服装设计师

活动过程	设计意图
1. 服装表演展示，发现图案规律 　　个别幼儿穿着服装进行展示，教师引导幼儿发现服装中装饰图案的排列规律	① 把排序内容和服装表演结合起来，是数学和生活结合的具体体现 ② 为幼儿创设一个发现排序规律的情景
2. 完善服装图案，巩固认识规律 （1）修改错误图案 　　提供有排序错误的图案的服装，让幼儿修改 （2）续排完成图案 　　提供有未完成的排序图案的服装，让幼儿续排 （3）填空完成图案 　　提供有空缺的排序图案的服装，让幼儿补充	通过改错、续排、填空等练习活动，巩固对排序规律的认识
3. 设计服装图案，感知体验规律 （1）提出设计要求 　　① 按从高到矮或从矮到高设计图案 　　② 注意排列物体的一端应对齐 　　③ 设计的服装应漂亮、整洁 （2）幼儿设计图案 教师指导： ① 提醒幼儿按老师的要求设计图案 ② 指导幼儿在同一基线上进行排序 ③ 对错误的、有困难的幼儿进行指导	① 根据排序内容的特点以及幼儿对于该内容的学习特点，提出"一端应对齐"的要求，体现要求的针对性 ② 把对美的要求也融入进来，体现对幼儿学习品质的要求

续表

活动过程	设计意图
（3）分享设计图案 　要求幼儿展示自己设计的服装，引导其他幼儿进行评价	
4. 服装表演展示，体验设计快乐 　幼儿穿上自己设计的服装，进行时装表演	让幼儿体会数学学习的乐趣，体验数学的美

以上活动案例向我们展示的排序教学的基本过程如下。

1. 感知和辨认物体的特征和量的差异

物体的排序其实上是按物体的特征和量的差异，把一组物体排列成序的活动。因此，感知和辨认物体的特征和量的差异是学前儿童进行正确排序的前提。感知和辨认做得越充分，越有利于下一环节的排序活动。尤其是对于小班的学前儿童，由于他们对物体的特征的认识能力还较差，教师更应提供充足的时间让他们进行观察。对于中、大班的学前儿童来说，由于他们对物体特征的感知能力已有明显的发展，因此，有些排序活动就直接省略了这一环节，进入下一个环节——观察范例，发现排序规律。

2. 观察教师的排序活动或排序范例

在学前儿童对物体的特征和量的差异有了充分的感知后，教师可以把排序的整个活动展示出来，这对于学前儿童尤其是小班学前儿童来说是十分必要的，因为可以让他们看到物体排序的完整过程，感知物体排序的特点。

教师在进行示范排序之前，应向学前儿童提出具体的观察要求，让他们带着明确的任务，观察和发现物体排序的规律。在初次进行排序教学时，教师应让学前儿童明确排序的一个重要特征，即重复性。因为在教学实践中发现，有的学前儿童没有明确排序的特征，把随意排列物体也看成是排序活动。

观察排序范例是指教师把完整的排序作品展示出来，然后引导学前儿童发现其中的排序规律。这种形式相对于教师的示范排序学前儿童学习起来较难。因为在教师的示范排序过程中，实际上是在向学前儿童逐一分析排序中的每一个物体的特征，它有利于学前儿童对物体排序特征的理解，而观察排序范例，学前儿童则看不到物体排序的过程，需要自己学会对范例中的物体进行逐一的观察和分析，才能从中发现物体的排序规律，因此，这种教学形式更多的是在学前儿童对排序活动有了一定经验后采用。

3. 通过"填空、续排、改错"等形式练习

填空、续排、改错等练习形式是排序活动经常采用的、较为有效的教学形式。它可以强化学前儿童对前面所感知的排序类型的理解，同时，为后面的操作练习作铺垫。填空，是指教师提供有空缺的排序形式，让学前儿童在空缺处填上合适的小图形，使图形按一定规律排列成序。续排，是指教师提供没有完成的排序形式，让学前儿童根据图形的排序规律继续完成图形的排序活动。改错，是指教师提供有错误的排序形式，让学前

儿童进行改正的活动。

例如：

（填空）

（续排）

（改错）

4．提出排序的基本要求

为了确保学前儿童的排序活动更具目的性和方向性，在学前儿童亲自排序前，教师应向他们提出明确的排序基本要求，主要有：① 排序的规则，即按什么规则来排列物体。② 排序的方向，即是横向排列还是纵向排列。横向排列是按物体的长短排列的要求，而纵向排列是按物体的高矮排列的要求。③ 排序的起始线，即在按物体的长短排列时，物体的左边应对齐；按物体的高矮排列时，物体的下边应对齐。④ 排序的常规要求。教师应根据排序活动的具体情况，特别是根据活动目标，向学前儿童提出具体的常规要求，让他们在排序中遵守执行。

5．指导学前儿童进行排序

在学前儿童排序操作的过程中，教师应加强对他们的排序活动的指导，具体的任务是：① 提醒学前儿童按老师的要求进行排序。如，提醒他们说："老师刚才是要求你们做什么？"以便学前儿童把注意力集中于排序物体上。② 根据排序中出现的困难问题进行帮助和指导。教师应注意观察学前儿童在排序中出现的种种情况，尤其是关注他们出现的问题和困难，然后，采取有针对性的指导策略。如，发现有的学前儿童分组排序，可要求他们应把所有物体按一定的规则排列。发现他们没有在同一基线上进行排序，应引导他们发现排序物体的一边没有对齐。③ 引导学前儿童寻找简便的办法。对于中、大班的学前儿童，尤其是大班的学前儿童，可以向他们提出："想一想，用什么办法可以排得又快又对？"以引导他们寻找简便的办法，提高排序的正确率。④ 启发学前儿童探索并理解物体序列中的可逆性、传递性和双重性。对于中班的学前儿童，在他们进行逆排序后，可提问他们"你现在排的和刚才排的有什么不一样"，而对于大班的学前儿童，则可以向他们提出认识传递性和双重性的要求。如认识传递性，可问"你怎么知道黄棍比红棍长"（传递性A>C）；认识双重性，可以指着一列排序的物体中的一个，问"这个比前面的一个、比后面的一个大或小？"

6．讨论分享排序的结果

学前儿童排序操作结束后，教师可以组织他们先自由地交流各自的排序作品，以分享他人的经验。然后，再请个别学前儿童介绍自己的排序作品和经验，而其他学前儿童则进行评价或帮助解决其排序过程中出现的问题。当然，在学前儿童的排序操作中，如果教师发现绝大部分学前儿童已掌握了所要学习的排序内容，个别出现问题的学前儿童也在教师的指导中得到基本解决，那么，教师可以考虑不必再让他们进行评价，只让他们相互交流和分享排序作品就可以了。

实·训·练·习

【内容】

为了让幼儿通过动手操作学习按规律排序，一位老师准备了许多不同颜色的珠子投放到活动区中。考虑到幼儿发展水平不同，要求孩子自由排序。活动区一开放，孩子们兴趣很高，并且玩得很投入。一连几天，孩子们都选择这个活动区，但是教师通过观察发现，孩子们的兴趣主要集中于游戏材料。大多数孩子是在随意地穿珠子，比较谁的珠子穿得多、谁的珠子穿得少，根本对穿珠子的规律不感兴趣。

试问：针对上述孩子的表现，你认为该不该给予孩子指导？如果需要指导，教师应该怎样指导？

【指导】

1. 展示案例，提出讨论的问题。
2. 学生分组讨论。
3. 学生汇报讨论的结果。
4. 教师评点和小结。

实·训·练·习

【内容】

有关排序教学的活动设计。

【指导】

1. 布置作业。

第一组：设计按物体的外部特征排序的活动计划。

第二组：设计按物体的量的差异排序的活动计划。

第三组：设计按物体的数量排序的活动计划。

第四组：设计按特定规律排序的活动计划。

2. 修改、讲评作业。
3. 提出试教要求。

（1）根据修改要求，对活动计划进行修改。

（2）熟悉教案，准备脱稿试教。

（3）准备好教具。

实·训·练·习

【内容】

有关排序教学内容的试教与评价。

【指导】

1. 提出要求。

要求：

（1）应认真按活动设计的过程组织活动。

（2）应准备好笔和纸，做好评价和记录工作。

（3）重点评价活动的组织过程。

2. 学生试教。

（1）试教学生宣读活动目标。

（2）学生试教，其余学生观摩、记录。

3. 学生评价。

重点评价组织活动的过程是否符合要求。

4. 教师总结。

学前儿童感知形体概念和等分概念的教学目的是什么？这两个内容的基本教学过程和方法如何？这是本项目需要回答的问题。

任务一 初步掌握几何形体教学的设计和组织

几何形体的教学可以促进学前儿童空间想象能力和解决问题能力的发展，可以使数和形的知识有机结合，使学前儿童对物体特征的认识更加完整和全面。

一 教学目的

1．小班的教学目的

（1）认识圆形、正方形和三角形的基本特征，能正确说出它们的名称。

（2）能在周围环境中找出和圆形、正方形和三角形相似的物体。

2．中班的教学目的

（1）认识长方形、半圆形、椭圆形和梯形的基本特征，能正确说出它们的名称。

（2）能在周围环境中找出和长方形、半圆形、椭圆形和梯形相似的物体。

（3）能不受颜色、大小和摆放位置的影响，正确辨认图形。

（4）能对平面图形进行比较，找出它们的异同。初步理解平面图形之间的简单关系。

3．大班的教学目的

（1）认识球体、正方体、长方体、圆柱体的基本特征，能正确说出它们的名称。

（2）能在周围环境中找出和球体、正方体、长方体、圆柱体形相似的物体。

（3）能对图形进行比较，能区分平面图形和立体图形，知道平面图形只有长短、宽窄，立体图形有长短、宽窄和高矮（厚薄）。

二 基本过程

几何形体的教学主要包括平面图形的教学、立体图形的教学、图形守恒的教学、图形的转换教学等内容。几何图形的教学主要应根据几何图形的概念特征来组织。

活动案例 小班数学活动——认识三角形（表10-1）

活动目标：

1．喜欢参与认识三角形的活动。

2. 能找出和三角形相似的物体。

3. 初步感知三角形的名称和基本特征。

活动准备：

1. 每人礼盒一个（里有红领巾、小卡片、小旗子、三角板等三角形的物体）。

2. 图形图案若干个。

3. 摸箱一个（里有各种形状的卡片许多）。

表 10-1　认识三角形

活动过程	设计意图
1. 提供各种三角形物体，提出探索要求 （1）提供各种三角形物体 　教师："熊猫妈妈送我们班每个小朋友一盒礼物，请小朋友打开礼盒，看看里面有什么礼物？" （2）提出探索要求 　教师："请小朋友用手摸摸看，这些礼物的边在哪里？角在哪里？每一件礼物有几条边？几个角？"	① 直接提供材料，让幼儿进行探索，体现了幼儿学习的主体地位 ② 要求根据所要探索的内容以及发现这些内容的方法提出，有利于达到目标
2. 幼儿感知三角形的基本特征，教师指导 教师指导的重点： （1）引导幼儿用手触摸，寻找边和角 （2）引导幼儿有顺序地点数礼物的边和角 （3）引导幼儿充分感知每一件礼物	指导要抓住重点，才能达到探索的要求
3. 幼儿汇报、交流探索的结果 （1）请个别幼儿汇报自己的探索结果 　教师："你刚才玩了什么礼物？它有几条边？几个角？"（教师注意请不同的幼儿汇报不同礼物的边和角） （2）教师提升经验 　教师提问："刚才，小朋友告诉了我们很多礼物的边和角，那么，谁能告诉老师，这些礼物有什么共同的特点？" 　教师小结："红领巾、小卡片、小旗子、三角板，他们都有共同的特点，那就是它们都有3条边、3个角。我们把这种有3条边3个角的图形，叫作三角形。"	① 请幼儿汇报不同礼物的边和角，为提升经验做准备 ② 这样的总结有利于幼儿概括能力的提高 ③ 这样的总结体现了从个别到一般的思维发展过程
4. 寻找三角形 （1）帮三角形找家 　出示若干座三角形的家和许多不同形状的卡片，要求幼儿找出三角形，并放在三角形的家中 （2）寻找图案中的三角形 （3）寻找教室和周围生活中的三角形	① 寻找法的运用有助于把所学的数学知识与生活结合起来 ② 采用寻找法的三种形式，可以让幼儿充分寻找和发现生活中的三角形，也有利于幼儿发散思维的培养

续表

活动过程	设计意图
5. 游戏:摸箱 　　玩法:把各种不同形状的卡片放在箱子里,要求幼儿眼睛不看,用手触摸卡片,并判断摸的是什么形状的卡片,有什么特点,然后拿出来进行验证	① 游戏的采用能提高幼儿学习的积极性,并巩固前面所学的知识 ② 采用感官性游戏,对幼儿学习难度有提高,也符合小班幼儿学习的特点

以上活动案例向我们展示的几何形体教学的基本过程如下。

1．创设环境，提出探索要求

学前儿童对几何形体特征的认识必须通过他们亲身的感知、探索来实现，而创设探索环境、提供充足的物质材料则是确保学前儿童充分感知和探索的前提。为了使几何形体概念建立在最广泛的物体形状特征的认识上，教师应提供多样化的物体让学前儿童充分感知和探索。如认识三角形，教师应提供诸如红领巾、小卡片、小旗子、三角板等材料，在他们对这些材料进行充分的感知和探索后，再总结出三角形的特征。

2．感知、探索，教师指导

学前儿童亲自的感知和探索是他们获得几何形体特征的根本保证。在学前儿童感知、探索的过程中，教师一方面要创设轻松愉快的探索气氛，让他们自由探索，相互交流，另一方面要加强对探索活动的指导。指导的重点应是：指导学前儿童感知几何图形的特征；调动他们的各种感官参与；引导他们探索多样化的物体；鼓励他们相互交流和表达等。

3．汇报、交流，教师总结、提升

总结、提升学前儿童在操作过程中所积累的经验是教师指导的一个重要任务，因此，在学前儿童充分感知和探索图形特征的基础上，教师应让学前儿童汇报自己的探索、发现，交流各自的经验和体会，在此基础上，教师再总结和概括，让学前儿童初步形成几何图形的概念。

教师在对图形的特征进行概括，展示图形的概念时，一定要遵循科学性的原则，即所概括的图形概念是正确的，是学前儿童所能理解的，能反映图形的基本特征。下面是各种常见图形概念的表达内容。

圆形——圆圆的，外周摸起来滑滑的，没有角的。

正方形——有4条一样长的边，4个一样大的角。

三角形——有3条边，3个角。

长方形——有4条边，对边相等，有4个一样大的角。

半圆形——圆形的一半；有一条直线和一条连接直线两端的弧线。

椭圆形——边是圆滑的，没有角的；上下、左右对折的两条折痕不一样长。

梯形——有4条边，其中2条边平行，并且不一样长，另2条边是斜边。

球体——从各个角度看都是圆的，可以向四面八方滚动。

正方体——有6个面，这6个面是一样大的正方形。

圆柱体——上下2个面是一样大的圆形，中间一样粗。

长方体——有6个面，有的6个面都是长方形的；有的4个面是长方形的，2个面是正方形的。

圆锥体——底面是圆形的，上面有一个尖尖的顶点，侧面展开是扇形的。

4．寻找、表达，运用所学知识

学前儿童生活的周围事物都是由各种形状构成的，引导学前儿童寻找并表达周围事物的形状，不仅有利于加深对所学的形状特征的认识，而且能使他们从周围事物中寻找到几何形体的物质原形，让他们理解到几何形体和生活的联系。在学前儿童寻找和表达的过程中，教师应注意引导他们把平面图形和立体图形区别开。同时，在他们寻找的过程中，教师应有意识地把形、数、分类和统计等相关知识结合起来。

5．游戏、操作，巩固对图形特征的认识

游戏和操作是常常用来巩固学前儿童对图形特征进行认识的方法，这些方法和类型有许多，教师应根据教学目的的需要和教学过程的具体情况，灵活地加以选择和应用。下面介绍几种常见的、有效的类型。

附：学前儿童常见的认识图形的操作活动

（1）图形分类，即把相同的图形放在一起。

（2）分割图形，即把一个图形分割成几个图形，以理解图形之间的关系。

（3）拼合图形，即用几何图形拼出图案，以达到数、形的结合，理解图形之间的关系。

（4）涂色活动，即按要求把不同的图形涂上不同的颜色，以区别和认识图形。

（5）制作图形，即提供制作的材料，让幼儿自制图形。

附：学前儿童常见的认识图形的游戏

（1）玩具游戏，即提供玩具，让幼儿在玩玩具的过程中认识图形。如提供镶嵌板、投放盒等，幼儿根据玩具中镂空的形状，选择相应形状的几何板或几何物，镶嵌或投放进去。

（2）摸箱游戏，即幼儿眼睛不看，用手触摸箱子或口袋中的几何形体，并进行判断。

（3）找家游戏，即幼儿带上各种形状的胸卡，然后寻找相应形状的家。

（4）找朋友游戏，即幼儿带上各种形状的胸卡，然后寻找带着相同形状胸卡的小朋友。

> **资料链接**
>
> **小班数学活动——图形游乐场**
>
> **一、活动目标**
>
> 1. 喜欢参与认识图形的游戏。
> 2. 能寻找图形，并对图形进行分类、排序、组合。

3. 巩固对圆形、三角形、正方形的认识。

二、活动准备

1. 知识经验：

（1）已感知过三角形、圆形、正方形的外形特征。

（2）学习过简单的分类和排序。

2. 材料准备：

（1）三角形、圆形、正方形挂饰。

（2）三种图形标记的大门。

（3）分组操作材料：图形组合、图形排序、图形找家、图形分类。

三、活动过程

1. 以"到图形游乐场"为题引入，激发幼儿参与兴趣。

（1）幼儿听音乐开火车去旅游。

（2）幼儿根据挂饰上的图形从相应的大门进入游乐场。

2. 引导幼儿观察游乐场内的玩具或图片，鼓励幼儿自由交谈。

问题：

游乐场有什么？是什么形状的？

生活中还有什么东西的面也是圆形、三角形、正方形的？

3. 分组游戏，重点指导幼儿根据图形特征分类、排序、组合

（1）图形分类：按图形特征分类。

（2）图形找家：按图形、颜色、大小特征分类。

（3）图形组合：选择形状卡片组合成图案。

（4）图形排序：按特定规律排序。

4. 集体游戏：找朋友

幼儿寻找与自己一样形状挂饰的朋友并拉拉手。

5. 幼儿找朋友后搭火车从相应的大门开车离开游乐场

（活动设计：泉州市第一幼儿园黄真猛老师）

实·训·练·习

【内容】

某小班教师设计了一个"铺路"的教学活动，教师准备了彩色立体房子，纸制小路（上面镂刻不同形状、不同大小的图形），形状、大小不同的几何图形多个，让幼儿想办法把小兔家门前路上的坑填平，注意引导幼儿利用图形的转换关系解决铺路中遇到的困难。幼儿完成任务获得了很大的成就感。

你对这一活动有什么看法？为什么？

【指导】

1. 展示案例，提出分析的问题。
2. 学生分析问题。
3. 学生汇报。
4. 师生评议。

实·训·练·习

【内容】

设计有关认识几何图形的活动计划并写出设计意图（表10-2）。

【指导】

1. 布置作业。

   第一组：设计小班认识平面图形的活动计划及意图。

   第二组：设计中班认识平面图形的活动计划及意图。

   第三组：设计大班认识立体图形的活动计划及意图。

2. 修改、讲评作业。

3. 提出试教要求。

   （1）根据修改要求，对活动计划进行修改。

   （2）熟悉教案，准备脱稿试教。

   （3）准备好教具。

表 10-2　活动计划及设计意图

计划内容	设计意图
活动名称：	
活动目标： 1. 2. 3	
活动准备： 1. 2. 3	
活动过程： 1. 2. 3.	

实·训·练·习

【内容】

有关认识几何形体教学内容的试教与评价。

【指导】

1. 提出要求。

2. 学生分组试教。

（1）试教学生宣读活动目标。

（2）学生试教。

（3）学生评价。

3. 各组派代表试教。

4. 全班学生评议。

重点评价组织活动的过程是否符合要求。

5. 教师评价。

任务二 初步掌握等分教学的设计和组织

等分就是将一个整体分成相等的几个部分的过程。进行等分教学，可以加强学前儿童对几何图形的认识，进一步让他们理解图形之间的转换关系。同时，可以让学前儿童理解整体和部分之间的关系。

一 教学目的

（1）理解等分、二等分、四等分的含义，积累二分之一、四分之一等经验。
（2）学会用多种方法把一个物体或形体分成相等的2份或4份。
（3）理解图形之间的转换关系，掌握整体和部分的关系。

二 基本过程

幼儿园的等分教学主要是进行二等分和四等分的教学，分两个课时分别进行。这一内容属于大班的教学内容，一般采用折叠法和分割法两种方法进行教学。

活动案例 大班数学活动——分一分（表10-3）

活动目标：
1. 愿意积极地思考等分的方法。
2. 学会探索物体等分的多种方法。
3. 感知许多物体可以分成相等的两份，理解二等分的含义。

活动准备：
1. 幼儿每人一块大饼（教具）。
2. 食物教具：海带、面条；萝卜片、薄饼；豆腐块、蛋糕；红枣、花生仁。
3. 等分或不等分的图形。

表10-3 分一分

活动过程	设计意图
1. 故事导入 　狗熊妈妈给两只小狗熊一块圆圆的大饼，狗熊妈妈说："你们俩只要想想办法就能吃到一样多的大饼。"两只狗熊想了半天都没想出分大饼的好办法。请小朋友帮助它们，让它们吃到一样大的大饼，怎么分呢？	① 故事是幼儿喜欢的，采用这种形式能调动幼儿学习的积极性 ② 幼儿具体同情心，让幼儿帮助别人，也是幼儿所愿意的，能使活动成为他们所需要的

续表

活 动 过 程	设 计 意 图
2. 尝试等分大饼 　　幼儿每人一块大饼（教具），尝试等分。教师指导幼儿等分并验证	让幼儿亲自操作和体验，符合幼儿数学学习的特点
3. 幼儿汇报等分情况 　　教师："谁来告诉我，你是怎样把圆圆的大饼分成了一样大的两份？" 　　"你是怎么知道分出来的两份是一样的？"	问题指向幼儿等分的过程，其价值性比指向结果更大
4. 分组等分食物 　　第一组：把海带、面条剪成一样长的2段，感受长度的二等分 　　第二组：把萝卜片、薄饼切成一样大的2块，感受面积的二等分 　　第三组：把豆腐块、蛋糕切成一样大的2块，感知体积的二等分 　　第四组：把红枣、花生仁分成数量一样多的两份，感受数量的二等分 　　教师重点指导： 　　（1）指导幼儿感知两等分 　　（2）指导幼儿寻找多种等分的方法 　　（3）指导幼儿感知整体和部分的关系	① 让幼儿体验等分不同难度、不同种类的材料，有利于幼儿积累更广泛意义的等分经验 ② 应尽量让幼儿换组操作 ③ 通过教师的指导，能发挥内容更大的价值 ——学会多种等分的方法；感知整体和部分的关系
5. 分享与小结 （1）幼儿交流、汇报等分的情况 （2）教师小结、提升 　　教师："我们把海带、面条剪成一样长的2段，把萝卜片、薄饼切成一样大的2块，把豆腐块、蛋糕切成一样大的2块，把红枣、花生仁分成一样多的两份，这种把物体分成相等的两份，叫二等分。" （3）比较整体和部分大小 　　教师引导幼儿比较原来的物体和分成后的一份的大小关系 　　教师小结：整体比等分后的每一份大，反过来，等分后的每一份比整体小，而且正是原来那一份的一半，我们把这一半叫做整体的二分之一	① 分享与小结能达到整理、提升经验的目的 ② 需要教师用准确的、幼儿能理解的语言，并结合幼儿已获得的探索经验来解释 ③ 这是等分这一内容所蕴含的一个教育价值，教师应注意挖掘
6. 判断等分或不等分 　　提供能等分和不能等分的物体，让幼儿在物体下的括号里打上"√"或"×"。 　　♡　　　　　⬡ 　　（　　）　　（　　） 　　▱　　　　　▱ 　　（　　）　　（　　）	① 这一环节的设计，能巩固幼儿对等分概念的理解 ② 这一环节的设计也是提高幼儿判断能力的一个做法

学前儿童数学教育

续表

活动过程	设计意图
延伸活动： 　请幼儿回家找找家里的什么东西可以二等分，什么东西不可以二等分，并动手尝试一下	把幼儿的学习活动延伸到幼儿的生活中去

从上面活动案例的展示，我们可以初步概括出等分教学的基本过程如下。

1．创设情境，提出等分要求

等分活动在日常生活中经常遇到，教师可以通过创设生活化的问题情境，激发学前儿童解决问题的欲望，从而达到导入活动的目的。学前儿童往往具有帮助别人解决困难的强烈愿望，因此，这种做法可以激起他们内在的这种愿望，从而愿意全身心地投入到活动中。如上面的"分一分"的活动设计中，教师创设一个帮助两只小狗熊平分大饼的情境的做法，正是利用学前儿童的这种善良的心理来达到良好的导入活动的效果。

2．尝试等分，教师巡回指导

只有让学前儿童亲自等分物体，才能使他们积累等分的经验，理解等分的概念，学到等分的多种方法。教师为学前儿童提供的等分的材料，一要充足，以便让他们充分操作。二要类型多样，即有长度的、有面积的、有体积的、还有数量的，以便让学前儿童积累多方面的等分经验，使他们所获得的等分概念建立在多样化的等分物体的基础上。三要容易操作，不易破脆。四要安全，即等分的工具不能伤害到学前儿童。

加强指导是教师的职责。教师应根据活动目标，有重点地进行指导。一是指导学前儿童按老师的要求把物体进行等分，并进行验证。二是指导学前儿童寻找多种等分的方法，促进他们思维发散性的发展。三是初步感知整体和部分的关系。

3．汇报交流，教师小结提升

学前儿童完成等分的操作活动以后，教师应提供机会，让他们进行汇报、交流。通过汇报、交流，可以使他们积累的感性经验更加清晰，更具条理性，也可以为教师的进一步小结、提升提供丰富的感性材料。教师的小结、提升主要是让学前儿童理解二等分、四等分的含义。同时，作为等分教学的一个重要任务，还要让学前儿童体验整体和部分的关系。

4．多种方法，巩固等分经验

学前儿童初步积累的等分经验需要通过多种方法和形式来加以巩固和丰富。教师可以通过让学前儿童进行游戏和操作，或通过提供图形、图案等方式，让他们进行判断。如在游戏"找朋友"中，教师把各种几何图形等分成两份，一份在桌子上，一份在参加游戏的学前儿童手中。游戏开始后，学前儿童去寻找和自己手中的一份同样大小的图形，并把两份图形拼成一个整体，看谁找得又快又对。

实·训·练·习

【内容】

设计等分教学的活动计划。

【指导】

1. 布置作业。

第一组：设计二等分教学的活动计划。

第二组：设计四等分教学的活动计划。

2. 修改、讲评作业。

3. 提出试教要求。

（1）根据修改要求，对活动计划进行修改。

（2）熟悉教案，脱稿试教。

（3）准备好教具。

实·训·练·习

【内容】

有关等分教学内容的试教与评价。

【指导】

1. 提出要求。

2. 学生分组试教并评议。

3. 各组派代表试教，全班学生评议。

重点评价组织活动的过程是否符合要求。

4. 教师小结。

项目十一

学前儿童感知方位和时间概念的教学

任务一　初步掌握方位教学的设计和组织

　　物体占有一定的空间位置，并且与周围的物体存在着空间上的相互关系，这就是物体的空间方位。空间方位的教学主要是引导学前儿童认识物体的上下、前后和左右，使他们认识一些初步的空间概念，并发展他们空间知觉能力和空间想象能力。

一　教学目的

1．小班的教学目的

（1）认识自身的上下、前后部位。

（2）以自身为中心，辨别并说出近处物体的上下方位。

（3）以自身为中心，辨别并说出近处物体的前后方位。

2．中班的教学目的

（1）以客体为中心，辨别并说出物体的上下、前后、里外方位。

（2）扩大对上下、前后的认识范围。

（3）认识上下、前后的相对性。

（4）会按指定的上下、前后方位运动。

3．大班的教学目的

（1）认识自身的左右部位。

（2）以自身为中心，辨别并说出物体的左右方位。

（3）以他人为中心，辨别并说出物体的左右方位。

（4）初步会按指定的左右方位运动。

二　基本过程

　　认识空间方位的教学主要包括认识上下、前后、里外、左右方位，其教学内容的安排应遵循从以自身为中心到以客体为中心、从近处区域到远处区域的规律。

　　认识各空间方位教学的基本过程如下。

1. 以自身为中心认识空间方位

学前儿童认识上下、前后和左右等空间方位都是从认识自身开始认识的，然后，再以自身为中心逐步认识周围物体的空间方位。因此，空间方位的教学首先应引导学前儿童寻找自己身体中不同部位的空间位置。如，上有头，下有脚；前有胸，后有背；左有左手，右有右手，等等。

2. 以他人为中心认识空间方位

这里的他人是指同伴和小动物。同伴和小动物与学前儿童一样，本身具有明显的上下、前后和左右的空间方位，这有利于学前儿童的感知和理解。学前儿童在感知同伴和小动物的空间方位时，可以通过想象，把自己身体的位置"迁移"到同伴和小动物的位置。教学时，可以先让他们以同伴为中心认识空间方位，然后再以小动物为中心认识空间方位。因为相对于小动物而言，学前儿童更容易把同伴的位置"迁移"到自己的身上。

以他人为中心认识物体的空间方位经常结合认识空间方位的相对性。一般情况下，可以使他人处于与学前儿童同一方向的位置上让他们辨别，然后调整他人的方向，使之处于与学前儿童相对的方向，再让他们感知和辨别。如，先请学前儿童辨别，与自己坐在同一排的学前儿童的左边有谁？右边有谁？再请他们辨别，坐在自己对面的学前儿童的左边有谁？右边有谁？最后再引导他们发现，左右边会因为学前儿童坐的方向或位置的移动而改变。

3. 以他物为中心认识空间方位

以他物为中心认识物体的空间方位对于学前儿童来说较为困难，因为此时的"他物"本身往往没有明显的上下、前后和左右的空间方位，学前儿童在感知时较难进行"迁移"。因此，以他物为中心认识空间方位的教学一般安排的内容是认识上下和前后的空间方位，左右对于学前儿童来说很难，建议在幼儿园不必进行这一方面的教学。

以他物为中心认识空间方位的教学，应在学前儿童充分理解以自己为中心和以他人为中心的基础上进行。可以考虑把内容相对分成若干课时分别进行教学。教学时，教师应创设条件，让学前儿童进行充分的感知、观察、操作和交流，亲自体验物体的空间位置。必要的时候，对于较难理解的空间方位，教师可以采用讲解演示的方法，帮助学前儿童理解。

4. 巩固对空间方位的认识

无论是以自身为中心认识空间方位的教学，还是以他人和他物为中心认识空间方位的教学，都需要组织学前儿童及时地复习，以巩固对所感知的空间方位的认识。巩固主要是采用操作、游戏和寻找等方法进行的。常见的如："捉迷藏"、"我说你做"、"开汽车"、"说（做）相反"等。

学前儿童数学教育

活动案例 大班数学活动——认识左右（表11-1）

活动目标：

1. 对认识左右的活动感兴趣。

2. 能以自身为中心区别左右。

3. 能较迅速地判断左右方位。

活动准备：

1. 配对材料：纸和笔、筷子和碗、鼠标和键盘、书和笔等。

2. 游戏材料：枪、书、玩具等。

表 11-1　认识左右

活动过程	设计意图
1. 认识自己身体的左右 （1）认识自己的左右手 　　配对提供纸和笔、筷子和碗、鼠标和键盘、书和笔等材料，要求幼儿自由玩耍，想想"用哪一只手做什么？" 　　认识自己的左右手，知道：左手是扶纸的，右手是拿笔的；左手是拿碗的，右手是拿筷子的；左手是拿书的，右手是拿笔画的，等等 （2）认识身体的左右部位 　　教师提出认识身体左右部位的要求： "你身上靠左手的这边还有什么？（左眼、左耳、左脚、左鼻孔、左腿等）靠右手这边有些什么？（右眼、右耳、右脚、右鼻孔、右腿等）" 　　教师小结：靠左手这一边叫左边，靠右手这一边叫右边	① 先以自我为中心来认识左右 ② 幼儿最早认识的左右，是自己的左右手，而左右手的认识又是以左右手的日常功能为依据的 ③ 从左右手的认识逐步拓展到自身左右边的认识
2. 通过游戏，巩固对左右的认识 （1）游戏："听口令做动作" 　　左手摸右耳；右手摸右眼；左手拍左腿、左手拍右腿；右脚跳一跳；左脚跳一跳等 （2）游戏：学当解放军 　　玩法：用右手敬礼；左手扛枪；向右转；向左转；向左看齐；向右看齐；左脚抬起来；右脚抬起来；左脚向前跨一步、右脚向前跨一步等	① 以游戏为手段来认识左右，增加了幼儿认识的趣味性 ② 这一环节可以培养思维的敏捷性 ③ 把左右的认识拓展到左右的运动方向
3. 认识自己的左边和右边 　　教师："你的左边是谁？在活动室里，你的左边有什么？" "你的右边是谁？在活动室里，你的右边有什么？"	拓展左右的认识范围——自身以外的左右边
4. 游戏："我说你做" 　　教师："把书拿到你的左边，把笔拿到你的右边。" "用你的左手把小狗（玩具）拿到你的右边，用你的右手把小猫拿到你的左边。"	① 巩固左右的认识范围——自身以外的左右边 ② 这一环节可以培养思维的敏捷性

实·训·练·习

【内容】

观看有关空间方位活动的录像。

【指导】

1. 布置观看任务。

要求：

（1）观看前，复习有关内容。

（2）观看时，认真做好记录。

（3）观看后，及时写好评价。

2. 学生观看录像。

3. 学生评议活动。

4. 教师小结归纳。

实·训·练·习

【内容】

设计空间方位活动计划。

【指导】

1. 布置作业。

要求：

（1）自由选择一种空间方位并设计成活动计划。

（2）格式完整、过程符合要求。

（3）重要的组织语言、提问和指导内容应写出。

2. 修改、讲评作业。

3. 提出试教要求。

（1）根据修改要求，对活动计划进行修改。

（2）熟悉教案，准备脱稿试教。

（3）准备好教具。

实·训·练·习

【内容】

空间方位活动的试教与评价。

【指导】

1. 提出要求。

（1）试教的同学应认真按活动设计的过程组织活动。

（2）配合的同学（扮演幼儿）应认真做好配合工作。

（3）评价的同学应准备好笔和纸，做好评价和记录工作。

（4）重点评价组织过程。

2. 学生试教。

（1）试教学生宣读活动目标。

（2）学生试教，其余学生观摩、记录。

3. 学生评价。

重点评价组织活动是否合理。

4. 教师总结。

任务二　初步掌握时间教学的设计和组织

　　学前儿童认识时间实际上是一种时间知觉的问题，是对客观事物运动和变化的延续性和顺序性的认识。对学前儿童进行时间的教学，不仅可以发展他们的时间知觉，使其养成良好的时间观念和生活习惯，而且可以加深他们对序列关系的认识，以及对整体和部分关系的认识。

一　教学目的

1．小班的教学目的

（1）初步理解早晨和晚上、白天和黑夜的含义。

（2）能正确地运用"早晨"、"晚上"、"白天"和"黑夜"等时间词汇。

2．中班的教学目的

（1）理解昨天、今天和明天的含义及其更替。

（2）能正确地运用"昨天"、"今天"和"明天"等时间词汇。

3．大班的教学目的

（1）认识钟表，学会看整点和半点。

（2）学会看日历，认识星期、季节和年。

二 基本过程

认识时间的教学主要包括认识白天和黑夜；认识昨天、今天和明天；认识钟表等内容。这些内容分别安排在不同的年龄班，教学时应与学前儿童生活紧密结合，并注意采用操作、游戏等直观的手段进行。

1. 认识昨天、今天和明天教学的基本过程

活动案例 大班数学活动——认识昨天、今天和明天（表11-2）

活动目标：

1. 懂得应珍惜时间，应做好每一天的事情。
2. 学会正确使用"昨天"、"今天"、"明天"等词汇。
3. 能初步理解"昨天"、"今天"、"明天"的含义及顺序。

活动准备：

1. 知识准备：要求幼儿事前向家长了解今天的日期；要求幼儿回家看天气预报。
2. 材料准备：挂历人手一本；笔和纸人手一张。

表11-2 认识昨天、今天和明天

活动过程	设计意图
1. 师幼交谈一天生活，理解"今天"的含义 　教师："什么时候来幼儿园？""早上还做了什么事？""我们什么时候吃饭、睡觉？"（中午）"下午，我们做了什么事情？""什么时候回家？回家经常做什么事？" 　教师小结：原来，一天分早上（上午）、中午、下午和晚上。	① "今天"对于幼儿来说是抽象的，因此，要与幼儿的生活经验结合起来进行 ② 教师的小结有利于幼儿理解"今天"的时间所指
2. 寻找挂历中"昨天"、"今天"、"明天"的位置 （1）寻找"今天"的位置 　教师："今天是几月几日？你们能不能在挂历上找一找今天的位置？" （2）寻找"昨天"的位置并理解其含义。 　教师："你们知道昨天在日历上的哪个位置吗？这个位置在'今天'的前面还是后面？" 　"昨天的天气怎么样？" 　"昨天你在哪里？做了什么事情？" 　小结：昨天就是今天的前一天，已经过去的那一天 （3）寻找"明天"的位置并理解其含义 　教师："你们知道明天在日历上的哪个位置吗？这个位置在'今天'的前面还是后面？" 　"你们看天气预报，明天的天气将是怎么样？" 　"明天你准备做什么事情？" 　小结：明天就是今天的后一天，是还没到来的那一天。 　教师总结：今天、昨天、明天是三个好朋友，今天的前一天是昨天，已经过去；今天的后面一天是明天，它还没有到来	① 借助挂历进行认识，可以使抽象的时间认识具体化，有利于帮助幼儿理解 ② 以"今天"为中心来认识，符合"昨天"、"今天"、"明天"这一内容的内在逻辑，对于幼儿逻辑思维的发展也有帮助 ③ 教师的小结有利于幼儿完整地、逻辑地理解所学的内容

续表

活动过程	设计意图
3. 故事表演，理解"昨天"、"今天"、"明天"及其顺序 （1）教师提出观看的要求 　"小熊什么时候做了什么事？" （2）小熊表演"昨天"、"今天"、"明天"所做的或即将做的事 （3）幼儿按小熊表演的顺序，排出相应的图片	以幼儿喜欢的故事表演的形式来让幼儿进一步理解"昨天"、"今天"、"明天"，可以提高幼儿学习的兴趣，也能帮助他们理解
4. 幼儿绘画，加深对"昨天"、"今天"、"明天"及其顺序的理解 　要求幼儿按昨天、今天、明天的顺序，画出自己已经做的事情，并讲述给老师或同伴听	① 通过绘画的形式，可以加深幼儿对"昨天"、"今天"、"明天"的理解 ② 可以把幼儿的生活经验联系起来
5. 故事讲述：《等明天》 　有一只小猴子昨天就想盖房子，可是它很懒惰，说今天是个好日子，要等到今天盖，可是到了今天它又偷懒了，说等明天吧！到了明天它能盖好房子吗？为什么？ 　结束：时间一天天过得很快，我们可不能像小猴一样把昨天的事情留到今天做，把今天的事情留到明天做，这样事情永远做不好	通过故事对幼儿进行珍惜时间的教育。可以避免空洞的说教，提高教育的有效性

从上面活动案例的展示，我们可以初步概括出"昨天"、"今天"、"明天"教学的基本过程如下。

（1）结合生活经验，理解"昨天"、"今天"、"明天"的含义　"昨天"、"今天"、"明天"对于学前儿童来说是抽象的，要让他们理解这些抽象的时间概念，应该借助于学前儿童生活中已有的经验。因为学前儿童对时间概念的理解是通过日常生活中对时间关系的体验逐步发展起来的。

"昨天"和"明天"是相对于"今天"而言的，因此，教学时必须以"今天"为突破口来组织，首先让学前儿童理解"今天"的含义，然后再引导他们发现"今天"的前一天就是"昨天"，"今天"的后一天就是"明天"。这样的教学安排体现了它们之间固有的逻辑规律，有利于学前儿童的理解。

（2）通过各种方法，理解"昨天"、"今天"、"明天"的顺序　"昨天"、"今天"、"明天"是按一定的顺序排列的，对这种顺序的教学将有助于学前儿童进一步理解它们的含义，也是对这一教学内容的深化。因此，在初步理解"昨天"、"今天"、"明天"的含义后，应通过操作和游戏等方法，让学前儿童理解它们之间的顺序关系。为此，在教学时，教师应把这种顺序关系突出出来。如在上面的活动中，无论是要求学前儿童按小熊表演的顺序排出图片，还是按顺序绘画，都是为了突出对这种顺序关系的理解。

（3）通过故事、讨论等形式，教育学前儿童珍惜时间　"昨天"、"今天"、"明天"是时间流动性的一种表现形式，也同时蕴涵着时间不可逆性的特征。过了昨天就是今天，过了今天就是明天。时间是不断流动的，也是不可逆的。如何把"昨天"、"今天"、"明天"所蕴涵的这一教育价值挖掘出来并让学前儿童理解，是教师进行这一内容教学必须考虑的。通过故事和讨论等形式进行教育，可以帮助学前儿童理解珍惜时间的重要意义，懂得如何珍惜时间的方法。

2．认识整点和半点教学的基本过程

活动案例 大班数学活动——认识整点和半点（表11-3）

活动目标：

1. 初步懂得应按时做事，珍惜时间。

2. 学会看、读、记录整点和半点。

3. 能发现时针和分针的运行规律。

活动准备：

1. 知识准备：幼儿已认识时钟，了解钟面的结构。

2. 物质准备：钟面结构有错的各种时钟；大钟若干个；各种幼儿操作用钟许多；笔和纸人手一份。

表 11-3 认识整点和半点

活动过程	设计意图
1. 修理钟面 　幼儿当修钟师傅，修理各种时钟。有没有数字或指针的；有只有一只指针的；有数字排列错误的，等等	这一环节的设计，既起到复习前面知识的作用，又为下面认识整点和半点提供一定的知识准备
2. 观察时针和分针的运行特点 （1）出示大一点的时钟，要求幼儿观察时针和分针的运行特点 （2）幼儿交流、表达自己的发现 （3）教师结合拨钟活动进行小结 　教师小结：分针走得快，时针走得慢，分针走一圈，时针走一步（格）；时钟里的指针是朝1、2……12的顺序走动的，这样的方向就叫顺时针方向	① 此环节的设计，是幼儿认识整点所必须的 ② 教师的小结为幼儿准确地认识时针和分针的关系提供了保障
3. 认识整点 （1）创设探索情景 　教师出示三个拨好钟点的时钟，向幼儿提出探索的要求："小熊3点钟要去上班，小猴5点钟要回家，小马7点钟要看动画片，可是，它们不会看时钟，你们能不能帮助他们？" （2）幼儿观看时钟 　教师引导幼儿发现，三个时钟的分针和时针指向的相同点和不同点。 （3）教师归纳小结 　教师："分针都是指向12，时针分别指向3、5、7。指向数字3的，就表示3点；指向数字5的，就表示是5点；指向数字7的，就表示7点。"（依次类推） 　教师："3点用3:00表示；5点用5:00表示；7点用7:00表示。"（依次类推） （4）游戏："我报时，你拨针" 　教师结合幼儿的生活内容，报出一个整点，幼儿拨针并记录	① 此环节的设计改变了以前直接由教师告诉幼儿几点怎么看的做法，而是通过创设探索情境，让幼儿自己去发现整点的规律 ② 小结包括两个部分，一部分是如何看整点，另一部分是如何表示整点的记录方法 ③ 通过游戏，达到复习的作用 ④ 结合幼儿的生活经验，让幼儿更好地认识时间
4. 认识半点 （1）教师出示三只钟，提出探索要求 （2）幼儿探索、交流	① 在整点的基础上认识半点，是幼儿认识的提高 ② 同样让幼儿探索

续表

活动过程	设计意图
（3）教师小结 　　教师："分针都是指向6，时针分别指向两个数字中间。时针指向数字2和3的中间，就表示是2点半；时针指向数字5和6中间的，就表示5点半；指向数字7和8中间的，就表示7点半。"（依次类推） 　　教师："2点半用2：30表示；5点半用5：30表示；7点半用7：30表示。"（依次类推） （4）游戏："我报时，你拨针" 　　教师结合幼儿的生活内容，报出一个半点，幼儿拨针并记录	③教师的小结是必要的 ④让幼儿在操作性游戏中巩固对半点的认识
5．游戏：老狼老狼几点钟 　　玩法：教师和幼儿一起游戏。当教师说出一个时间（整点或半点）后，幼儿停下来，拨手中的时钟。拨对的幼儿继续游戏，拨错的幼儿被老狼吃掉（暂时离开游戏）	这个游戏是对前面学习内容的综合复习

　　从上面的活动案例，我们可以初步概括出"整点和半点"教学的基本过程如下。

　　（1）认识时针和分针的运行特点　整点和半点是时针和分针运行在特定位置的结果，引导学前儿童发现时针和分针的运行特点，有助于帮助他们理解和认识整点和半点。因此，在学前儿童认识整点和半点之前，安排这一环节是有必要的。由于所要发现的运行特点具有特殊的要求（观察分针从数字12开始运行；运行一周；时针走一格），如果只让学前儿童自由地探索，他们是较难做到的。因此，此环节可以采用集体的形式，由教师组织全体学前儿童观察时针和分针的运行特点。这样，学前儿童可以在教师的要求下，观察分针从数字12开始走一整圈，而时针走一格的运行特点。

　　（2）探索、认识整点和半点　对于整点和半点的认识，以前的做法更多是由教师采用讲解演示的办法，告诉学前儿童时针和分针的位置。其实，整点和半点的指针位置是有固定规律的。整点，分针都是指向12，而时针指向几，就表示是几点。半点，分针都是指向6，而时针则指向两个数字的中间。这个规律应通过创设一定的情境，提供多种整点或半点的时钟，让学前儿童从中探索和发现。在学前儿童探索、交流的基础上，教师的及时小结和归纳是必要的，可以让学前儿童在感知的基础上，获得更加明确的整点和半点的时间概念。

　　（3）巩固对整点和半点的认识　整点和半点的认识对于学前儿童来说是抽象的，在他们探索、发现其指针的规律性位置后，教师应通过操作和游戏等方法，及时让学前儿童得到练习。通过操作活动，可以使抽象的时间概念在具体的、可感知的经验基础上得以内化。通过游戏活动，可以使单调的时间概念的学习变得生动、有趣，为学前儿童所接受。这是两种有效的学习方式。这两种方式的运用都应与学前儿童的日常生活相联系，这样才能为他们所理解和接受。如在游戏"我报时，你拨针"中，教师所报的时间应尽量是学前儿童一日生活内容的活动时间。

参考文献

［1］教育部基础教育司组织编写.《幼儿园教育指导纲要（试行）》解读. 南京：江苏教育出版社，2002.

［2］李季湄，冯晓霞主编.《3～6岁儿童学习和发展指南》解读. 北京：人民教育出版社，2013.

［3］贾宗萍主编. 儿童早期数学能力开发. 南京：东南大学出版社，2004.

［4］宋乃庆，张奠宙. 小学数学教育概论. 北京：高等教育出版社，2008.

［5］田慧生等. 活动教育引论. 北京：教育科学出版社，2000.

［6］周小川等. 新课程视野中的数学教育. 成都：四川大学出版社，2003.

［7］徐斌艳编著. 数学教育展望. 上海：华东师范大学出版社，2001.

［8］林嘉绥，李丹玲. 学前儿童数学教育. 北京：北京师范大学出版社，2000.

［9］［苏］列乌申娜. 学前儿童初步数概念的形成. 曹筱宁，成有信，朴永馨译. 北京：人民教育出版社，1982.

［10］周欣. 儿童数概念的早期发展. 上海：华东师范大学出版社，2004.

［11］张俊主编. 学前儿童科学与数学教育. 苏州：苏州大学出版社，2001.

［12］庄爱平，王岳林主编. 幼儿数学教育. 天津：南开大学出版社，2011.

［13］课程教材研究所数学课程教材研究开发中心. 数学实践. 北京：人民教育出版社，2003.

［14］庄爱平，吴宝珊. 幼儿园区域活动系列化材料. 天津：南开大学出版社，2012.

［15］幼儿数概念研究协作小组. 国内九个地区3～7岁儿童数概念和运算能力发展的初步研究. 心理学报，1979，（1）：108-117.

［16］吕静，王伟红. 婴幼儿数概念的发生的研究. 心理科学通讯，1984，（3）：3-9.

［17］林嘉绥. 儿童对部分与整体关系认识发展的实验研究——4～7岁儿童数的组成和分解. 心理学报，1981，（2）：159-167.

［18］丁祖荫，哈咏梅. 幼儿形状辨认能力的发展. 南京师大学报：社会科学版，1985，（3）：11-20.

［19］缪文慧. 初中数学综合实践活动的实践与反思. 内蒙古师范大学学报：教育科学版，2010，（8）：125-128.

［20］何丽燕. 试论小组活动在小学数学课堂教学中的运用. 现代阅读，2011，（5）：166.

［21］董林伟. 积累数学活动经验，培养学生应用意识和创新意识. 江苏教育研究，2009，（11）：39-43.

［22］张卫星. 如何让学生的数学操作活动更有价值. 教育实践与研究，2009，（12）：44-46.

［23］郭绍青. 参与式小组教学活动. 电化教育研究，2006，（9）：52-54，58.

［24］庄爱平. "现实数学"的基本思想及其对幼儿数学教育的启示. 幼儿教育：教科版，2006，（6）：23-26.

［25］梁伟芬. 数学实践活动课的"五性". 教学探索，2006，（10）.

［26］庄爱平. 幼儿数学实践活动的组织和实施. 通化师范学院学报，2013，（12）72-74.

［27］庄爱平. 两种幼儿数学操作形式的实施. 学前教育，2013，（11）.

［28］庄爱平. 幼儿数学实践活动内容选择"二三四". 陇东学院学报，2013，（1）：105-107.

［29］钱如俊. 小学数学实践活动的思考. 教学与管理，2002，（7）：29-30.

［30］周小红. 数学"实践活动与综合应用"教学思考. 教育科研论坛，2006，（7）：41-42.